わかりやすい
労働衛生管理

元労働基準監督官・労働衛生コンサルタント
角森 洋子 著

経営書院

はじめに

2022年に労働安全衛生法を大きく変える労働安全衛生規則等の改正が二つありました。一つ目は、「(石綿則の規制根拠である) 安衛法第22条は労働者と同じ場所で働く労働者でない者も保護する趣旨」とした「建設アスベスト訴訟」の最高裁判決を踏まえ、特別則の改正が行われたことです。これにより、労働安全衛生法の目的として、労働者以外の者の保護もあることが明確になり、労働安全衛生規則等の改正により、作業を請け負わせる一人親方等や、同じ場所で作業を行う労働者以外の人に対しても、労働者と同等の保護が図られるよう、新たに一定の措置を実施することが事業者に義務付けられました (第16章の請負人に対する措置参照)。二つ目は、化学物質の管理について、限られた数の特定の化学物質に対して特別則で個別具体的な規制を行う方式から、危険性・有害性が確認された全ての物質を対象として、事業者に、リスクアセスメントの実施を義務付け、その結果により、ばく露を最小限とすること、国が定める濃度基準がある物質は、ばく露が濃度基準を下回ること、達成等のための手段については、リスクアセスメントの結果に基づき、事業者が適切に選択することとするという自律管理方式に転換するものでした。これについては、第10章化学物質の自律的管理に解説いたしました。その他にも、2021年12月1日の事務所衛生基準規則の改正、2021年4月20日の熱中症予防基本対策要綱の策定 (これにより、平17.7.29　基安発第0729001号及び平21.6.19　基発第0619001号通達は廃止)、2023年4月20日の騒音障害防止のためのガイドラインの改訂、2021年9月14日の「血管病変等を著しく増悪させる業務による脳血管疾患及び虚血性心疾患等の認定基準」の改正等多くの改正が行われました。

このように労働安全衛生規則等の改正が頻繁に行われることもあり、労働安全衛生法は難解だといわれています。その理由として、第一に条文には何をしなければならないのか具体的に書かれていないことです。例えば同法22条には、「事業者は、次の健康障害を防止するため必要な措置を講じなければならない。」として、「原材料、ガス、蒸気、粉じん、酸素欠乏空気、病原体等による健康障害」を始め4つの有害な環境による健康障害を防止するため必要な措置を講じる義務が規定されています。具体的な措置は労働安全衛生規則始めとする規則に規定されているので、それらを読まないとわかりません。第二に、労働安全衛生規則等の条文を読んでも書かれていないことがあり、それが通達に示されていることがあるので、通達を読む必要があります。第三に、自主的な安全衛生管理が推奨されており、その助けになるものとして多数の指針・ガイドラインがあります。例えば、騒音作業については労働安全衛生規則で騒音の測定や騒音伝ぱの防止措置等を義務付け、望ましい騒音障害防止対策を体系化した「騒音障害防止のためのガイドライン」(改訂令5.4.20　基発0420第２号）が示されています。第四に、頻繁に改正されるので改正情報に気を付けなければならないことです。

このような労働安全衛生法の理解のために、第１章では労働安全衛生法の体系について解説しました。また、具体的な措置が法令・指針・通達のどこに規定されているかを確認していただくために根拠条文・通達番号を示し、多くの指針・ガイドラインについてはインターネットで確認できるようにURLを掲載しましたので、できる限り条文や通達の原文をご確認ください。実際に寄せられた質問をＱ＆Ａとして紹介したこと、実務のポイントを配することにより、少しでもわかりやすくすることを心掛けました。

2023年11月

角森洋子

目　次

はじめに

第1章　労働安全衛生法とは

第2章　安全衛生管理体制

第3章　自主的な安全衛生活動

第4章　安全衛生教育

第5章 健康診断

第6章 過重労働対策

第7章 メンタルヘルス対策

第8章　病者の就業禁止、受動喫煙防止対策、高年齢労働者の安全と健康確保対策

第9章　騒音障害防止対策、熱中症予防対策、腰痛予防対策、情報機器作業の労働衛生管理

第10章　化学物質の自律的管理

第11章　特別規則による規制

第12章　労働安全衛生規則衛生基準、事務所則

第13章　作業環境測定、呼吸用保護具

第14章　健康情報の管理

第15章　パワーハラスメント対策

第16章　派遣・請負への対応

第17章　脳・心臓疾患、精神障害の労災認定基準

第18章　安全配慮義務とは何か

第1章 労働安全衛生法とは

1 労働安全衛生法の制定

日本国憲法27条２項の「賃金、就業時間、休息その他の勤労条件に関する基準は、法律でこれを定める。」を受けて1947年に制定された労働基準法には、その第５章安全および衛生に14箇条にわたり危害防止のための規定、すなわち、危害の防止（第42条～第45条）、安全装置（第46条）、性能検査（第47条）、有害物の製造禁止（第48条）、安全衛生教育（第50条）、健康診断（第52条）などが設けられていました。そして、同法に基づく労働安全衛生規則が定められていました。

その後、ボイラー及び圧力容器安全規則を始めとする規則が制定され、さらに、1960年にじん肺法、1964年に労働災害防止団体等に関する法律（1972年改正により、労働災害防止団体法）が制定されています。

1959年：ボイラー及び圧力容器安全規則、電離放射線障害防止規則および労働基準法第48条（製造禁止）の有害物を指定する省令
1960年：高気圧障害防止規則
1962年：クレーン等安全規則
1967年：鉛中毒予防規則
1968年：四アルキル鉛中毒予防規則
1971年：特定化学物質障害予防規則
1972年：酸素欠乏症等予防規則、事務所衛生基準規則

1955～73年の20年近くの間、国民総生産が対前年比10％も増加するというような日本経済の高度成長は、公害問題を引き起こしただけでなく、労働災害の面でも災害の大型化※１や新工法・新技術による災害※２、新たな職業病※３を発生させました。

当時の労働基準法とそれに基づく規則による安全衛生対策は、急激に変化する産業社会の実態に対応できるものではないとして、1972年に労働安全衛生法が制定、施行されました。

※１：三井ポリケミカル千葉工場でエチレンガスが爆発し、工場建屋の屋根が吹っ飛び、24人が重軽傷を負った。
大阪の地下鉄工事現場のガス爆発や長崎の蒸気タービンロータの破裂事故により一般市民を巻き込んだ多数の死者が出た。
※２：新工法のリングビームが崩壊して８人が死亡した東京・荒川の橋脚工事における事故
※３：チエーンソーによる白ろう病、キーパンチャーやレジ作業の頸肩腕症候群、不凍爆薬の増大によるニトログリコール中毒、染料の中間体として使用されるベンジジン中毒

労働安全衛生法において、改正前の労働基準法に比べて強化された事項は以下のとおりです。

① 主たる義務者が「事業者」とされた。
② 総括安全衛生管理者制度が設けられた。
③ 安全衛生委員会制度が省令から法律へ格上げ、強化された。
④ 安全衛生教育規定が強化された。
⑤ 製造流通段階における規制が強化された。
⑥ 健康管理手帳制度が創設された。
⑦ 検査代行機関等の制度が整備された。
⑧ 産業安全専門官と労働衛生専門官の制度が創設された。
⑨ 安全・衛生コンサルタント制度が創設された。

2 労働安全衛生法の体系

本来、契約というものは、その内容については当事者の自由に委ねられていますが、経済的弱者である労働者に本来の意味での契約の自由などはなく、労働契約において労働者は常に弱い立場に置かれ、歴史的に低賃金や長時間労働などの不利な条件を強いられてきました。

前述の憲法27条２項は、こうした歴史的経緯をふまえて、契約自由の原則を修正し、労働条件の設定に国が関与し、労働者の立場を保護しようとする趣旨に基づく規定です。本条の趣旨は、労働基準法、労働安全衛生法など多くの法律によって具体化されています。

労働安全衛生法の制定・改正には国会の議決が必要です（憲法59条)。法律のすぐ下位のものとして政令があり、労働安全衛生法施行令がこれに該当しますが、これは内閣が制定します（憲法73条６号)。政令の下には省令があり、労働安全衛生規則等がこれに該当しますが、大臣が制定します（国家行政組織法12条１項)。

その他に、告示、公示があります。さらに、法、政令、規則、告示をどのように解釈するかについておびただしい通達があります。

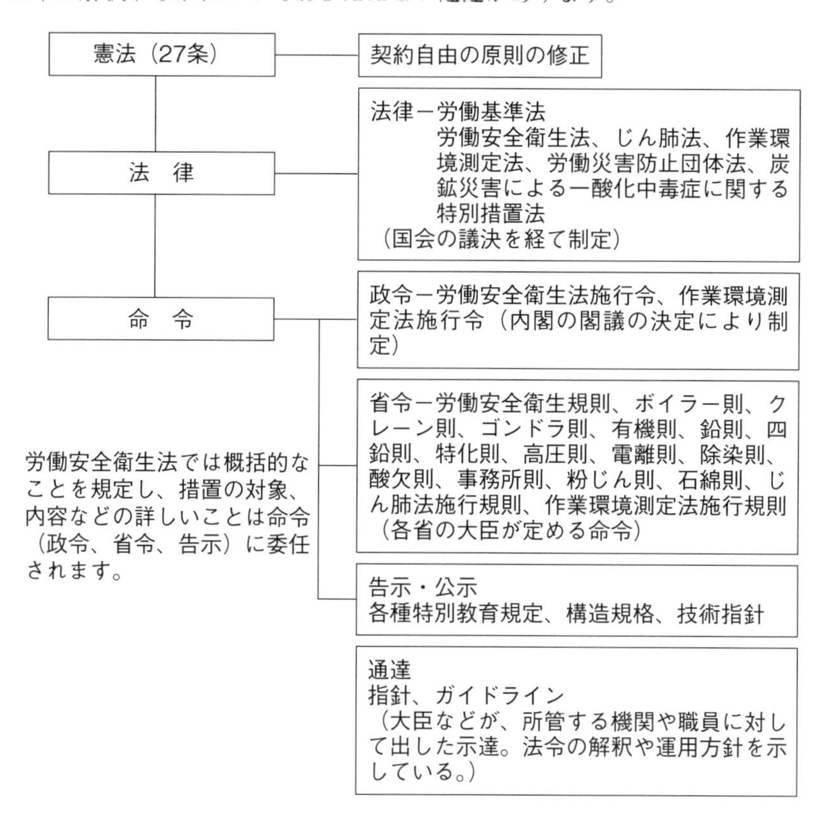

例えば、作業環境測定については以下のように規定されています。

労働安全衛生法65条　事業者は、有害な業務を行う屋内作業場その他の作業場で、政令で定めるものについて、厚生労働省令で定めるところにより、必要な作業環境測定を行い、及びその結果を記録しておかなければならない。

2　前項の規定による作業環境測定は、厚生労働大臣の定める作業環境測定基準に従つて行わなければならない。

政令：労働安全衛生法施行令21条（作業環境測定を行うべき作業場）

厚生労働省令の一つ

労働安全衛生規則587条（作業環境測定を行うべき作業場）

告示：作業環境測定基準（昭51. 4. 22労働省告示第46号）

通達……「労働安全衛生法および同法施行令の施行について」（昭和47. 9. 18基発602号）他

用語の意味などを示している。

通達、告示、公示は以下のホームページで公表されています（全部ではない）。

厚生労働省　法令等データベースサービス　―通知検索―

https://www.mhlw.go.jp/hourei/html/tsuchi/contents.html

安全衛生情報センターホームページ：告示一覧

https://www.jaish.gr.jp/user/anzen/hor/kokuji.html

安全衛生情報センターホームページ：通達一覧

http://www.jaish.gr.jp/user/anzen/hor/tsutatsu.html

通達の番号の見方（発基、基発など）

厚生労働事務次官が発した通達：令和○年○月○日　発基第○○号
厚生労働省労働基準局長が発した通達：令和○年○月○日　基発第○○号
照会に対して厚生労働省労働基準局長が発した通達：令和○年○月○日
基収第○○号
厚生労働省労働基準局安全衛生部化学物質対策課長：基安化発第○○号
厚生労働省労働基準局安全衛生部労働衛生課長：基安労発第○○号
厚生労働省労働基準局安全衛生部計画課長：基安計発第○○号

厚生労働省労働基準局の組織

部局	課
労働基準局	総務課、監督課、労働保険徴収課
安全衛生部	計画課、安全課、労働衛生課、化学物質対策課
労災補償部	労災管理課、補償課、労災保険業務室
勤労者生活部	企画課、勤労者生活課

3　告示、公示、指針の性格

告示	法令を補充するためのもの（定義的な内容や細目的な基準に関して、地域や時期によって相違や変更の余地がある場合に、告示で定めるよう規定されることが多い）、事実の通知によって一定の法律効果を発生させるもの、単に事実を通知するもの、がある。法律を補完する場合の「告示」は大臣が発する。
公示	一定の事柄を周知させるため、公衆が知ることのできる状態に置くこと。法令用語としては、「公告」あるいは「公示」というのは基本的に「公布」や「告示」や「（狭義の）公告」や「（狭義の）公示」等の通知公表行為を指す一般的な名称であるとのこと。
指針	法律、政令あるいは省令にも該当しない。例えば、「事業場における労働者の健康保持増進のための指針」は、労働安全衛生法70条の２第１項の規定に基づいて厚生労働大臣が公表したもの。そこには厚生労働大臣は、同法69条１項の事業者が講ずべき健康の保持増進のための措置に関して、その適切かつ有効な実施を図るため必要な指針を公表するものとする、と規定されている。このように厚生労働大臣が指針を公表できるという条文は労働安全衛生法には９つ（19条の２、28条、45条、57条の３、60条の２、65条、66条の５、70条の２、71条の３）ある。これらの指針は、労働基準局長通達として出される各要綱やガイドラインと同様に罰則がない。
要綱、ガイドライン	厚生労働省労働基準局長が、その指揮監督下にある都道府県労働局長に対して、要綱やガイドラインの内容によって関係者を指導することを命令した文書。したがって、その文書の拘束を受けるのは、指揮監督下にある都道府県労働局長以下に限られる。指針は、労働安全衛生法の適用される事業者が対象。

4 労働安全衛生法の基本

(1) 労働基準法との関係

労働安全衛生法は、形式的には労働基準法から分離独立したものとなっていますが、安全衛生に関する事項は労働者の労働条件の重要な一端を占めるものであり、第１条（目的）、第３条第１項（事業者の責務）、附則第４条による改正後の労働基準法42条等の規定により、労働安全衛生法と労働条件についての一般法である労働基準法とは、一体としての関係に立つものであることが明らかにされています。

(2) 法の目的

この法律は、労働災害の防止のための危害防止基準の確立、責任体制の明確化および自主的活動の促進の措置を講ずる等その防止に関する総合的計画的な対策を推進することにより職場における労働者の安全と健康を確保するとともに、快適な職場環境の形成を促進することを目的とすると定められています（安衛法１条）。

さらに、「安衛法第22条は労働者と同じ場所で働く労働者でない者も保護する趣旨」とした建設アスベスト訴訟の最高裁の判決（令和３年５月17日）を踏まえ、同条に基づく省令の規定について、危険有害な作業を行う事業者は、

① 労働者以外の者にも危険有害な作業を請け負わせる場合は、請負人（一人親方、下請業者）に対しても、労働者と同等の保護措置を実施すること

② 同じ作業場所にいる労働者以外の者（他の作業を行っている一人親方や他社の労働者、資材搬入業者、警備員など、契約関係は問わない）に対しても、労働者と同等の保護措置を実施すること

とされ、労働者以外の者の保護も目的とすることとなりました。

(3) 法の適用単位

事業場とは、主として場所的概念により決まり、一定の相関連する組織下において継続的に行われる作業の一体をいうものです。そして、事業場の業種はその企業全体の事業内容によるものではなく、当該事業場における事業内容で判断されることになります。事業場の定義については、安衛法におい

ても労基法と同様の考え方で以下のようになります。

・同一場所にあるものは原則として一つの事業場

・場所的に分散しているものは、場所毎に別の事業場

　製鉄所は製造業、その製鉄所の本社は「その他の業種」

・複数の店舗を持っているが、どこも２～３人の規模で直近上位の事業場で管理している……直近上位の事業場と一体にして一つの事業場

・同じ場所でも業態が違う場合は別の業種、別の事業場

　パン工場（小売店に卸す）の横に直営パン屋……工場は製造業、パン屋は小売業

　（町のパン屋……作ってその場で売るのは小売業）

事業場の規模とは常時使用する労働者数をいいますが、労働者には正社員だけでなく、契約社員、パートタイム労働者、アルバイト等の臨時労働者や、派遣社員、出向社員も含めることとされています。

業種については、労働安全衛生法施行通達（昭47. 9. 18発基第91号）の「第二、四　事業場の業種のとらえ方」で以下の行政解釈が示されています。

(1)　事業場の業種の区分については、その業態によって個別に決するものとし、経営や人事等の管理事務をもっぱら行っている本社、支店などは、その管理する系列の事業場の業種とは無関係に決定するものとする。

　たとえば、製鉄所は製造業とされるが、当該製鉄所を管理する本社は、労働安全衛生法施行令第２条第３号の「その他の業種」とすること。

(2)　この法律の中で用いている業種で、次の表の左欄に掲げるものに属する事業は、同表の右欄に掲げる労働基準法８条※各号の事業とすること。

労働安全衛生法の業種分類	※労働基準法別表１の事業 （旧労働基準法８条各号の事業）
イ林業	第６号の事業（造林、伐木、造材、集材または運材を行なう事業に限る。）
ロ鉱業	第２号の事業
ハ建設業	第３号の事業
ニ運送業	第４号および第５号の事業

ホ清掃業	第15号の事業（焼却または清掃の事業に限る。）
ヘ通信業	第11号の事業
ト土石採取業	第２号の事業（鉱山保安法適用事業以外の事業に限る。）
チその他の業種	第６号から第10号までおよび第12号から第17号までの事業（第６号の事業のうち造林、伐木、造材、集材または運材を行なうものならびに第15号の事業のうち焼却または清掃の事業を除く。）

また、造船業に属する事業は、災防法の施行規則13条に置かれていた定義と同じく、船舶の製造、改造または修理の事業をさす。

なお、次の業種に属する事業（「物の加工業」に属する事業のうち、学校附設の給食の事業を除く。）は、労働基準法第８条第１号の事業とする。

製造業（物の加工業を含む）、電気業、ガス業、水道業、熱供給業、自動車整備業、機械修理業

(4) 事業者の責務

ア　事業者

事業者とは、法人企業であれば当該法人（法人の代表者ではない）、個人企業であれば事業経営者を指しています。労働基準法上の義務主体である「使用者」（法人、社長、部長、課長など）と異なり、事業経営の利益の帰属主体そのものを義務主体としてとらえ、その安全衛生上の責任を明確にしています。

イ　事業者の特例

①　建設業のジョイントベンチャー（共同企業体）の特例（安衛法５条）

ジョイントベンチャー（共同企業体）の代表者を選任し、その代表が当該事業の事業者とみなされます。

②　派遣法による特例

派遣法45条により労働安全衛生法の適用に関する特例が規定されており、安衛法の各条文について、派遣元、派遣先またはその両者のうち、最も適当なものを「事業者」としてこれらの条文を適用することとされています。

特に、派遣先を「事業者」とみなす場合には、労働契約関係ではなく、指揮命令関係のみを有するものを事業者とみなし、労働安全衛生法の規定を適用することとしています。

Q1－1　労働安全衛生規則には、しばしば、「その他、厚生労働大臣が定めるもの」などという記述があります。定めてあるのかないのかよくわからないのですが、何を見れば書いてあるのでしょうか。

A　たとえば、専属産業医の選任について、労働安全衛生規則13条１項３号のカで、「その他厚生労働大臣が定める業務」と規定されています。これについては、現在のところ定められていません。一方、元方安全衛生管理者の資格について、労働安全衛生規則18条の４第３号に「その他厚生労働大臣が定める者」とあり、これについては、昭和55年労働省告示82号により定められています。

これらの違いは、条文の記載内容を見ただけではわかりません。法令集で調べてもわからない場合は労働基準監督署で聞いていただくのがよいと思います。

(5) 法令用語

ア　又は・若しくは

ＡかＢ、ＡかＢかＣ、というように単純に横ならび的につないでいく選択的列挙の場合は、「又は」が使われます。

選択の列挙が２段階になる場合は、小さい列挙について「若しくは」が用いられ、大きい列挙について「又は」が用いられます。つまり、まずＡとＢのどちらかを選択し、それとＣとが選択になる場合は、「Ａ若しくはＢ又はＣ」となります。

（保健指導等）

安衛法66条の７　事業者は、**第66条第１項の規定による健康診断**若しくは当該健康診断に係る**同条ただし書の規定による健康診断**（自分の選んだ医師による健康診断）又は**第66条の2の規定による健康診断（深夜業の自**

発的健康診断）の結果、特に健康の保持に努める必要があると認める労働者に対し、医師、又は保健師による保健指導を行うように努めなければならない。

イ　及び・並びに

Ａ、Ｂが並列の場合は、「Ａ及びＢ」、Ａ、Ｂ、Ｃが並列の場合は、「Ａ、Ｂ及びＣ」というように、単純な並列の場合は「及び」が用いられます。

並列の接続関係が２段階になる場合は、小さい接続について「及び」が用いられ、大きい接続について「並びに」が用いられます。つまり、まずＡとＢが並列になり、それらとＣとが並列になる場合は、「Ａ及びＢ並びにＣ」となります。

安衛法23条　事業者は、労働者を就業させる建設物その他の作業場について、**通路、床面、階段等の保全**並びに**換気、採光、照明、保温、防湿、休養、避難**及び**清潔に必要な措置その他労働者の健康、風紀及び生命の保持のため必要な措置**を講じなければならない。

ウ　超える、以上

超えるという場合には、基準となる数値を含みません。例えば、労働基準法で「８時間を超える」という場合には、８時間を含みません。以上という場合には、基準となる数値を含みます。例えば、「25％以上」という場合には、25％を含みます。

エ　直ちに、すみやかに、遅滞なく

「直ちに」とは、言い換えれば、「すぐに」で即時性が高いものです。次が、「すみやかに」、最後に、「遅滞なく」とだんだん即時性が薄められます。

「速やかに」とはおおむね２週間以内をいうものであること（平30.9.7　基発0907第２号）。

面接指導の実施方法等（安衛則第52条の３関係）で、「第２項の「遅滞なく」とは、概ね１月以内をいうこと。オ　第３項の「遅滞なく」とは、申出後、概ね１月以内をいうこと。」（平成18.2.24　基発224003）。

安衛法25条　事業者は、労働災害発生の急迫した危険があるときは、直ちに作業を中止し、労働者を作業場から退避させる等必要な措置を講じなければならない。

銃砲刀剣類等所持取締法違反被告事件（大阪高裁　昭和37.12.10判決）
…「すみやかに」は、「直ちに」「遅滞なく」という用語とともに時間的即時性を表わすものとして用いられるが、これらは区別して用いられており、その即時性は、最も強いものが「直ちに」であり、ついで「すみやかに」、さらに「遅滞なく」の順に弱まつており、「遅滞なく」は正当な又は合理的な理由による遅滞は許容されるものと解されている。

オ　臨時、常時

粉じん障害防止規則７条に「臨時の粉じん作業を行う場合等の適用除外」の条文が存在し、その解釈をしている昭和54年７月26日付け基発第382号で次のように示されております。

① 「臨時」とは１期間をもって終了し、くり返されない作業であって、かつ当該作業を行う期間が概ね３月を超えない場合
② 「作業を行う期間が短い場合」とは作業を行う期間が１月を超えず、かつ、当該作業の日から６月以内の間に次の作業が行われないことが明らかな場合
③ 「作業を行う時間が短い場合」とは、連日に行われる場合にあっては、１日当たり当該作業時間が最大１時間以内である時をいい、連日行われない場合にあっては当該作業時間の１日当たりの平均が概ね１時間以内である場合

参考　安全衛生情報センターの法令改正一覧
https://www.jaish.gr.jp/information/horei.html
安全衛生情報センターの通達一覧
https://www.jaish.gr.jp/user/anzen/hor/tsutatsu.html
厚生労働省　新着情報配信サービス
http://www.mhlw.go.jp/mailmagazine/shinchaku.html

第2章 安全衛生管理体制

事業場規模別・業種別　安全衛生管理組織図

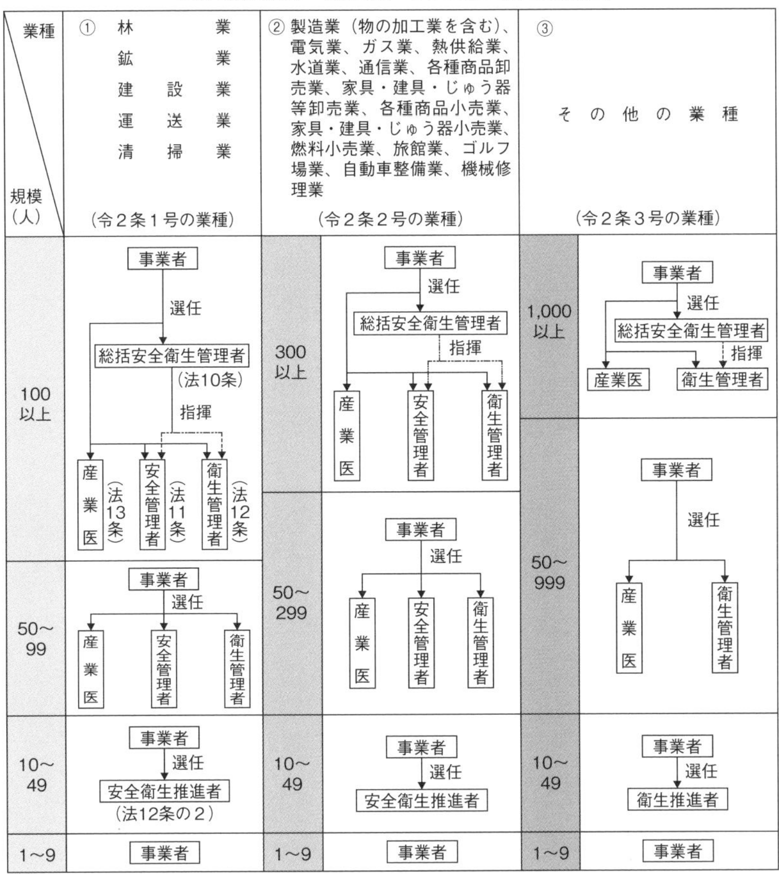

（注）「令」：労働安全衛生法施行令、「法」：労働安全衛生法

1　50人以上の事業場で設けるべき体制

労働安全衛生法は、「労働災害の防止のための危害防止基準の確立、責任体制の明確化および自主的活動の促進の措置を講ずる等その防止に関する総

合的計画的な対策を推進することにより職場における労働者の安全と健康を確保するとともに、快適な職場環境の形成を促進する」ことを目的としています（安衛法１条）。この目的にあるように、自主的安全衛生管理活動を的確に推進するために、全業種で安全衛生管理組織を設置し（安衛法10条から14条）、これら労働災害防止に従事する者の業務に関する能力向上を図るための教育、講習を実施するよう努めなければならないとされています。

（1）総括安全衛生管理者

ア　総括安全衛生管理者の選任

安全衛生管理は生産ラインと一体的に行われることが有効なので、以下の業種、規模の事業場において、当該事業の実施を統括する者※を総括安全衛生管理者に選任して、安全衛生管理を統括管理させなければならないことを明確にしています（安衛法10条）。

総括安全衛生管理者は、その選任すべき事由が発生した日から14日以内に選任し、遅滞なく所轄労働基準監督署長へ報告する必要があります（安衛則２条）。

※当該事業場において、その事業の実施を実質的統括管理する権限および責任を有する者（工場長など）

総括安全衛生管理者が旅行、疾病、事故その他やむを得ない事由によって職務を行なうことができないときは代理者を選任しなければなりません（安衛則３条）。

規模別、業種別、総括安全衛生管理者の選任義務（安衛令２条）

業種	規模
林業、鉱業、建設業、運送業、清掃業	100人
製造業（物の加工業を含む。）、電気業、ガス業、熱供給業、水道業、通信業、各種商品卸売業、家具・建具・じゅう器等卸売業、各種商品小売業、家具・建具・じゅう器小売業、燃料小売業、旅館業、ゴルフ場業、自動車整備業、機械修理業	300人
その他の業種	1,000人

イ　総括安全衛生管理者の職務

総括安全衛生管理者の職務は、安全管理者、衛生管理者などを指揮するとともに、次の業務を統括管理することとされています（安衛法10条１項、安衛則３条の２)。

総括安全衛生管理者の職務
1　労働者の危険または健康障害を防止するための措置に関すること
2　労働者の安全または衛生のための教育の実施に関すること
3　健康診断の実施その他健康の保持増進のための措置に関すること
4　労働災害の原因の調査および再発防止対策に関すること
5　その他労働災害を防止するため必要な業務
・安全衛生に関する方針の表明に関すること
・危険性または有害性等に調査およびその結果に基づき講ずる措置に関すること
・安全衛生計画の作成、実施、評価および改善に関すること

ウ　都道府県労働局長の勧告

都道府県労働局長は、労働災害を防止するため必要があると認めるときは、総括安全衛生管理者の業務の執行について事業者に勧告することができます（安衛法10条３項)。

労働災害を防止するため必要があると認めるときとは、当該事業場の労働災害の発生率が他の同業種、同規模の事業場と比べて高く、それが総括安全衛生管理者の不適切な業務執行に基づくものであると考えられる場合等をいうとされています（昭47.9.18　基発602号)。

(2) 安全管理者

次頁の表の工業的業種の規模50人以上の事業場では、総括安全衛生管理者の業務のうち安全に係る技術的事項を管理する者として安全管理者を選任する義務があります（安衛法11条)。

安全管理者の選任は次によります。

①　選任すべき事由が発生した日から14日以内に行うこと（安衛則４条１項１号)。

②　その事業場に専属の者を選任すること。ただし、２人以上の安全管理者を選任する場合において、当該安全管理者の中に労働安全コンサルタント

がいるときは、当該者のうち１人についてはこの限りでないこと（安衛則４条１項２号）。

③　安全管理者を選任したときは、事業者は、遅滞なく、選任報告書を所轄労働基準監督署長に提出すること（安衛則４条２項）。

安全管理者が旅行、疾病、事故その他やむを得ない事由によって職務を行なうことができないときは、代理者を選任しなければなりません（安衛則４条２項）。

林業、鉱業、建設業、運送業、清掃業、製造業（物の加工業を含む。）、電気業、ガス業、熱供給業、水道業、通信業、各種商品卸売業、家具・建具・じゅう器等卸売業、各種商品小売業、家具・建具・じゅう器小売業、燃料小売業、旅館業、ゴルフ場業、自動車整備業、機械修理業	常時50人以上

ア　安全管理者の人数

安全管理者の人数については法令に規定されていませんが、事業場の規模、作業の態様等の実態に則し、必要な場合には２人以上の安全管理者を選任するように努めなければならないとされています(昭41.1.22　基発46号)。

化学設備（安衛令９条の３第１号）のうち、発熱反応が行われる反応器等異常化学反応またはこれに類する異常な事態により爆発、火災等を生ずるおそれのあるもの（配管を除く。）を設置する事業場であって、所轄都道府県労働局長が指定するものにあっては、指定された生産施設の単位について、操業中、常時、安全に係る技術的事項を管理するのに必要な数の安全管理者を選任しなければなりません（安衛則４条１項３号）。

次に該当する事業場については、安全管理者のうち少なくとも一人を専任の安全管理者（専ら安全管理を行う者）としなければなりません（安衛則４条１項４号）。

安全管理者のうち少なくとも1名を専任としなければならない事業場

業　　種	事業場の規模
1　建設業、有機化学工業製品製造業、石油製品製造業	300人以上
2　無機化学工業製品製造業、化学肥料製造業、道路貨物運送業、港湾運送業	500人以上

3　紙・パルプ製造業、鉄鋼業、造船業	1,000人以上
4　安衛令２条１号および２号の業種（１から３までの業種を除く）	2,000人以上

イ　安全管理者の資格（安衛則５条）

①　厚生労働大臣の定める研修※を修了した者で、次のいずれかに該当する者。

［1］大学の理科系の課程を卒業し、その後２年以上産業安全の実務を経験した者

［2］高等学校等の理科系の課程を卒業し、その後４年以上産業安全の実務を経験した者

［3］その他厚生労働大臣が定める者

理科系統以外の大学を卒業後４年以上、同高等学校を卒業後６年以上産業安全の実務を経験した者、７年以上産業安全の実務を経験した者等

②　労働安全コンサルタント

※安全管理者選任時研修（「労働安全衛生規則第５条第１号の規定に基づき厚生労働大臣が定める研修」（平18.2.16厚生労働省告示24号））

③　①、②のほか厚生労働大臣が定める者

次の［1］～［6］に該当する者で、厚生労働大臣が定める研修を修了した者（昭47労告138号、最終改正平25厚労告１号）。

［1］大学、高等専門学校の理科系統の課程以外を卒業した者等で、その後４年以上産業安全の実務経験を有するもの

［2］高等学校、中等教育学校の理科系統の学科以外を卒業した者等で、その後６年以上産業安全の実務経験を有するもの

［3］職業能力開発促進法施行規則９条の専門課程の高度職業訓練のうち同令別表６を修了した者で、その後２年以上産業安全の実務経験を有するもの

［4］同条の普通課程の普通職業訓練のうち同令別表２を修了した者で、その後４年以上産業安全の実務経験を有するもの

［5］職業訓練法施行規則の一部を改正する省令附則２条１項の専修訓練課程の普通職業訓練を修了した者で、その後５年以上産業安全の実務経験

を有するもの

［6］７年以上産業安全の実務経験を有する者

ウ　安全管理者の職務

安全管理者には、総括安全衛生管理者の職務のうち安全に関する技術的事項を管理させなければなりません。安全管理者は、作業場等を巡視し、設備、作業方法等に危険のおそれがあるときは、直ちに、その危険を防止するため必要な措置を講じなければなりません（安衛則６条１項）。

このような職務を行うために、事業者は、安全管理者に対し、安全に関する措置をなし得る権限を与えなければなりません（安衛則６条２項）。

安全管理者は、主に次の業務を行うことになっています（昭47.9.18　基発601号の１）。

1　建設物、設備、作業場所または作業方法に危険がある場合における応急措置または適当な防止の措置
2　安全装置、保護具その他危険防止のための設備・器具の定期的点検および整備
3　作業の安全についての教育および訓練
4　発生した災害原因の調査および対策の検討
5　消防および避難の訓練
6　作業主任者その他安全に関する補助者の監督
7　安全に関する資料の作成、収集および重要事項の記録
8　その事業の労働者が行なう作業が他の事業の労働者が行なう作業と同一の場所において行なわれる場合における安全に関し、必要な措置

エ　労働基準監督署長の命令

労働基準監督署長は、労働災害を防止するため必要があると認めるときは、事業者に対し、安全管理者の増員または解任を命ずることができるとされています（安衛法11条２項）。

(3) 衛生管理者

すべての業種で、常時50人以上の事業場では、総括安全衛生管理者の業務のうち衛生に係る技術的事項を管理する者として衛生管理者を選任する義務があります（安衛法12条）。

衛生管理者の選任は次によります。

① 選任すべき事由が発生した日から14日以内に行うこと（安衛則７条１項１号）。

② その事業場に専属の者を選任すること。ただし、２人以上の衛生管理者を選任する場合において、当該衛生管理者の中に労働安全コンサルタントがいるときは、当該者のうち１人についてはこの限りでないこと（安衛則７条１項２号）。

③ 衛生管理者を選任したときは、事業者は、遅滞なく、選任報告書を所轄労働基準監督署長に提出すること（安衛則７条２項）。

衛生管理者が旅行、疾病、事故その他やむを得ない事由によって職務を行なうことができないときは、代理者を選任しなければなりません（安衛則７条２項）。

衛生管理者の選任数（安衛則７条１項４号）

事業場の規模 （常時使用する労働者数）	衛生管理者数
50人以上200人以下	１人
200人を超え500人以下	２人
500人を超え1,000以下	３人
1,000人を超え2,000人以下	４人
2,000人を超え3,000人以下	５人
3,000人を超える場合	６人

○衛生管理者のうち少なくとも１人を専任（通常の勤務時間を専ら衛生管理者の業務に費やすもの）の衛生管理者としなければならない事業場（安衛則７条１項５号）

① 常時1,000人を超える労働者を使用する事業場

② 常時500人を超える労働者を使用する事業場で、坑内労働または以下の有害な業務（労基則18条）に常時30人以上の労働者を従事させるもの

[1] 多量の高熱物体を取り扱う業務および著しく暑熱な場所における業務

[2] 多量の低温物体を取り扱う業務および著しく寒冷な場所における業務

[3] ラジウム放射線、エックス線その他の有害放射線にさらされる業務

[4] 土石、獣毛等のじんあいまたは粉末を著しく飛散する場所における業務

[5] 異常気圧下における業務

[6] 削岩機、鋲打機等の使用によって身体に著しい振動を与える業務

[7] 重量物の取扱い等重激なる業務

[8] ボイラー製造等強烈な騒音を発する場所における業務

[9] 鉛、水銀、クロム、砒素、黄りん、弗素、塩素、塩酸、硝酸、亜硫酸、硫酸、一酸化炭素、二硫化炭素、青酸、ベンゼン、アニリン、その他これに準ずる有害物の粉じん、蒸気またはガスを発散する場所における業務

○衛生管理者のうち少なくとも１人を衛生工学衛生管理者免許所持者から選任しなければならない事業場（安衛則７条１項６号）

・常時500人を超える労働者を使用する事業場で、坑内労働または労働基準法施行規則18条１号、３号から５号まで若しくは９号に掲げる業務※に常時30人以上の労働者を従事させるもの

前記衛生管理者のうち１人を専任としなければならない事業場②の[1]、[3]～[5]、[9]の業務

ア　衛生管理者の資格要件（安衛法12条１項、安衛則10条、衛生管理者規程４条）

衛生管理者は以下の者のうちから選任しなければなりません。

衛生管理者免許を有する者（第一種衛生管理者、第二種衛生管理者、衛生工学衛生管理者）

次の者については衛生管理者免許を必要としません。

・医師

・歯科医師
・労働衛生コンサルタント
・保健体育若しくは保健の教科について中学校教諭免許状若しくは高等学校教諭免許状または養護教諭免許状を有する者で、学校教育法１条の学校に在職する者（常時勤務に服する者に限る。）
・大学または高等専門学校において保健体育に関する科目担当の教授、准教授または講師（常時勤務に服する者に限る。）

衛生工学衛生管理者免許を受けることができる者（衛生管理者規程４条）
次の各号に掲げる者で、衛生工学衛生管理者講習を修了したもの。
・労働衛生コンサルタント試験に合格した者
・安衛則別表第４第１種衛生管理者免許の項第１号および第３号に掲げる者
・作業環境測定士となる資格を有する者

業　　種	資　　格
農林水産業、鉱業、建設業、製造業（物の加工業を含む。）、電気業、ガス業、水道業、熱供給業、運送業、自動車整備業、機械修理業、医療業および清掃業その他の業種	第一種衛生管理者免許もしくは衛生工学衛生管理者免許を有する者または医師、歯科医師、労働衛生コンサルタントなど
上記以外の業種	上記のほか、第二種衛生管理者免許を有する者

イ　衛生管理者の職務（昭47.9.18　基発601号の１）。

衛生管理者の職務とは、労働安全衛生法10条に規定する総括安全衛生管理者の職務のうち以下の衛生管理に係る技術的事項とされています。

1　健康に異常のある者の発見および処置
2　作業環境の衛生上の調査
3　作業条件、施設等の衛生上の改善
4　労働衛生保護具、救急用具等の点検および整備
5　衛生教育、健康相談その他労働者の健康保持に必要な事項
6　労働者の負傷および疾病、それによる死亡、欠勤および移動に関する統計の作成

7　その事業の労働者が行う作業が、他の事業の労働者が行う作業と同一の場所において行われる場合における衛生に関し必要な措置
8　その他衛生日誌の記載等職務上の記録の整備等

ウ　衛生工学衛生管理者の職務（安衛則12条）

衛生工学衛生管理者の職務については、総括安全衛生管理者の行うべき業務のうち、衛生に係る技術的事項で衛生工学に関するものの管理と規定されており、具体的事項は以下のとおりです（昭47. 9. 18　基発601号の１）。

1　作業環境の測定およびその評価に関すること
2　作業環境内の労働衛生関係施設の設計、施工、点検、改善に関すること
3　作業方法の衛生工学的改善に関すること
4　その他職務上の記録の整備に関すること　等

エ　定期巡視と権限の付与（安衛則11条）

衛生管理者は、少なくとも毎週一回作業場等を巡視し、設備、作業方法または衛生状態に有害のおそれがあるときは、直ちに、労働者の健康障害を防止するため必要な措置を講じなければなりません（安衛則11条１項）。

事業者は衛生管理者に、衛生に関する措置をなしうる権限を与えなければなりません（安衛則11条２項）。4　産業保健スタッフの職務参照

(4) 産業医

ア　産業医の選任

常時50人以上の労働者を使用するすべての事業場で、産業医を選任しなければなりません（安衛法13条１項、安衛令５条）。

①　選任すべき事由が発生した日から14日以内に行うこと（安衛則13条１項１号）。

②　次に掲げる者（[1]及び[2]については、事業場の運営について利害関係を有しない者を除く。）を産業医に選任してはならないこと（安衛則13条

１項２号)。

［1］事業者が法人の場合は当該法人の代表者

［2］事業者が法人でない場合は事業を営む個人

［3］事業場においてその事業の実施を統括管理する者

③　産業医を選任したときは、事業者は、遅滞なく、選任報告書（安衛則様式３）を所轄労働基準監督署長に提出すること（安衛則13条２項)。

産業医の人数と嘱託か専属か（安衛則13条1項3号、4号）

	50～499人	500人～999人で※の事業場	1,000人～3,000人	3,001人以上
人数、嘱託か専属か	１人以上 嘱託可	１人以上 専属	１人以上 専属	２人以上 専属

※特定業務（安衛則13条１項３号）に常時500人以上の労働者を従事させる事業場

イ　産業医の資格要件（安衛則14条２項）

医師であって、次のいずれかの要件を備えた者

①　厚生労働大臣の定める研修（日本医師会の産業医学基礎研修、産業医科大学の産業医学基本講座）の修了者

②　産業医の養成課程を設置している産業医科大学その他の大学で、厚生労働大臣が指定するものにおいて当該課程を修めて卒業し、その大学が行う実習を履修した者

③　労働衛生コンサルタント試験に合格した者で、その試験区分が保健衛生であるもの

④　大学において労働衛生に関する科目を担当する教授、准教授または常勤講師の経験のある者

⑤　平成10年９月末時点において、産業医としての経験が３年以上である者（経過措置)

ウ　産業医の独立性・中立性の強化

（ア）必要な医学的知識に基づく誠実な職務遂行（安衛法13条３項）

産業医が、産業医学の専門的立場から、独立性をもって職務を行うことが

できるよう、産業医は、産業医学に関する知識に基づいて、誠実にその職務を行わなければなりません。

（イ）産業医の知識・能力の向上（安衛則14条７項）

産業医は、産業医学に関する知識・能力の維持向上に努めなければならなりません。

（ウ）辞任・解任時の衛生委員会等への報告（安衛則13条４項）

産業医が離任した場合には、事業者は遅滞なく（概ね１月以内）その旨・その理由を衛生委員会または安全衛生委員会に報告しなければなりません。

産業医の辞任や解任の理由が産業医自身の健康上の問題であるなどの場合には、産業医の意向を確認した上で、「一身上の都合により」、「契約期間満了により」などと報告しても差し支えないとされています（平30.12.28　基発1228第16号）。

エ　産業医の権限の充実・強化

（ア）産業医の権限の具体化（安衛則14条の４第１項、第２項）

① 事業者または総括安全衛生管理者に対して意見を述べること。

② 労働者の健康管理等を実施するために必要な情報を労働者から収集すること。

○作業場等を巡視する際などに、対面により労働者から必要な情報を収集する方法

○事業者から提供された労働時間に関する情報、労働者の業務に関する情報等を勘案して選定した労働者を対象に、職場や業務の状況に関するアンケート調査を実施するなど文書による方法等

（イ）労働者からの情報収集の際の配慮

産業医は、情報の収集対象となった労働者に人事上の評価・処遇等において、事業者が不利益を生じさせないようにしなければなりません。

事業者は、産業医が情報を収集する際の情報の具体的な取扱い（対象労働者の選定方法、情報の収集方法、情報を取り扱う者の範囲、提供された情報の取扱い等）について、あらかじめ衛生委員会等において審議し、決定しておくことが望ましいとされています。

（ウ）労働者の健康を確保するため緊急の必要がある場合において、労働者に対して必要な措置をとるべきことを指示すること

○保護具等を使用せずに、有害な化学物質を取り扱うことにより、労働災害が発生する危険のある場合のほか、熱中症等の徴候があり、健康を確保するため緊急の措置が必要と考えられる場合など

キ　産業医に対する情報提供（安衛則14条の２第１項）

産業医が産業医学の専門的立場から労働者の健康確保のためにより一層効果的な活動を行いやすい環境を整備するため、事業者は、産業医に対して、以下の情報を提供しなければなりません。

産業医に対する情報提供とその時期

産業医等に提供する情報	情報提供の時期
①健康診断、②長時間労働者に対する面接指導、③ストレスチェックに基づく面接指導実施後の既に講じた措置または講じようとする措置の内容に関する情報（措置を講じない場合は、その旨・その理由）	①〜③の結果についての医師または歯科医師からの意見聴取を行った後、遅滞なく提供すること。
時間外・休日労働時間が１月当たり80時間を超えた労働者の氏名・当該労働者に係る当該超えた時間に関する情報（高度プロフェッショナル制度対象労働者については、１週間当たりの健康管理時間が40時間を超えた場合におけるその超えた時間（健康管理時間の超過時間））	当該超えた時間の算定を行った後、速やかに（おおむね２週間以内）提供すること。
労働者の業務に関する情報であって産業医が労働者の健康管理等を適切に行うために必要と認めるもの	産業医から当該情報の提供を求められた後、速やかに提供すること。

ク　産業医の職務

事業者は、産業医に、以下の労働者の健康管理その他の労働安全衛生規則14条で定める事項を行わせなければなりません（安衛法13条１項、安衛則14条１項、３項）。

1　健康診断の実施およびその結果に基づく労働者の健康を保持するための措置に関すること
2　長時間労働者の面接指導と事後措置に関すること
3　ストレスチェックの実施および面接指導と事後措置に関すること
4　作業環境の維持管理に関すること
5　作業の管理に関すること
6　１から５に掲げるもののほか、労働者の健康管理に関すること
7　健康教育、健康相談その他労働者の健康の保持増進を図るための措置に関すること
8　衛生教育に関すること
9　労働者の健康障害の原因の調査および再発防止のための措置に関すること

ケ　事業者等への勧告

産業医は、労働者の健康を確保するため必要があると認めるときは、事業者に対し、労働者の健康管理等について必要な勧告をすることができるとされ、事業者は、産業医の勧告を受けたときは、これを尊重しなければなりません（安衛法13条５項）。

産業医は、上記の各号の職務について、総括安全衛生管理者に対して勧告し、また、衛生管理者に対して指導し、若しくは助言することができます（安衛則14条３項）。

事業者は、産業医が事業者に労働安全衛生法13条５項の規定による勧告をしたことまたは総括安全衛生管理者に勧告し、衛生管理者に指導・助言をしたことを理由として、解任その他不利益な取扱いをすることが禁止されています（安衛則14条４項）。

事業者は、産業医に対し、その職務を（下記の事項を含む。）をなし得る権限を与えなければなりません（安衛則14条の４）。

コ　産業医による職場巡視（安衛則15条）

産業医は、少なくとも毎月１回（産業医が、事業者から、毎月１回以上、

次に掲げる情報の提供を受けている場合であつて、事業者の同意を得ているときは、少なくとも２月に１回)、作業場等を巡視し、作業方法または衛生状態に有害のおそれがあるときは、直ちに、労働者の健康障害を防止するため必要な措置を講じなければなりません。

①　衛生管理者が行う巡視の結果

②　①のほか、労働者の健康障害を防止し、または労働者の健康を保持するために必要な情報であって、衛生委員会または安全衛生委員会における調査審議を経て事業者が産業医に提供することとしたもの

③　休憩時間を除き１週間当たり40時間を超えて労働させた場合におけるその超えた時間が１か月当たり80時間を超えた労働者の氏名及び当該労働者に係る超えた時間に関する情報（該当する労働者がいない場合はいないという情報)

産業医の言動に対する損害賠償請求事件（大阪地裁　平成23.10.25判決）

〈事件の概要〉

自律神経失調症により休職中であった労働者が、勤務先の産業医である被告との面談時に、詰問口調で非難されるなどしたため、病状が悪化し、このことによって復職時期が遅れるとともに、精神的苦痛を被ったとして、不法行為による損害賠償請求を行った。

〈判決の内容〉

労働者は、自律神経失調症で勤務先を休職していたが、本件面談のころには、職場復帰に向けての話合いが行われるほど、症状は回復しつつあり、主治医は2009年年１月ころの職場復帰を想定していた。

ところが、本件面談後、原告は、心身のバランスを崩し、精神安定剤を服用することが増え、一時は首をつることまで具体的に考えるほどの精神状態に陥り、復職の時期も2009年４月27日にずれ込んだ。

原告の病状悪化は、本件面談により引き起こされたものであるといえ、休業損害について、2009年１月の仕事始めには復職できる高度の蓋然性があったにもかかわらず、本件面談時の被告の言動により、自律神経失調症が悪化し、同年４月27日まで復職が遅れることとなった。この間、原告は給与を減額されていた（合計42万4,575円）ところ、うち少

なくとも30万円については、被告の面談における言動と相当因果関係のある損害に当たる。

Q2−1　当社の嘱託産業医は法定の職務を行っていないのですが、どうすればよいでしょうか。(労務担当者)

A　法定の職務をやってもらうために、以下のことを実施してみてください。

①　嘱託産業医への情報提供

(安全) 衛生委員会に産業医が欠席する場合は、調査審議する項目について事前に衛生管理者等に意見を述べてもらい委員会で伝達させる。

嘱託産業医が欠席した場合には議事録等を送付して必要な意見を聴取し、次回の安全衛生委員会に反映する。

②　産業医の予定の考慮

嘱託産業医は診療業務があるので、安全衛生委員会の日程調整についても産業医の予定も考慮して決める。年間計画を立てる時に、産業医の予定を考慮して職場巡視などを決める。

しかし、産業医の委嘱時は、安全衛生委員会への出席が義務付けられていなかったなど当時の契約内容と現在の仕事の内容が変わっている、企業が成長して仕事が増えている、それに伴い報酬を上げないと職務の遂行は難しいなどの事情があれば、契約内容を見直す必要もあると思います。

契約内容の見直しをしても産業医の職務遂行が困難ならば、産業医を変えることも考えなければなりません。

Q2−2　当工場は3,200人の労働者がおり、今まで専属産業医を選任しておりました。このたびその医師が退職したので、後任に精神科医を選任することになったのですが、適当な医師がみつかりません。安衛則13条はわかりにくいのですが、２人の内１人は委嘱可という解釈はできないのでしょうか。

A　常時1,000人以上の労働者を使用する事業場については、専属の産業医を選任しなければなりません（安衛則13条１項３号）。さらに、常時3,000人をこえる労働者を使用する事業場は、２人以上の産業医を選任する義務があります（同規則13条１項４号）。したがって、3,200人の労働者がいる事業場では、２名の専属産業医を選任しなければなりません。

ところで、産業医を選任することができないやむを得ない事由がある場合で、所轄都道府県労働局長の許可を受けたときは、これらの規定によらないことができる旨の特例が設けられています（安衛則13条３項）。労働安全衛生規則の施行通達（平成47.9.18基発601号の１）によると、この許可制度の具体的運用に関しては、おって通達する予定があるとされていますが、その後具体的運用は示されていません。さらに、同通達では、「当面、本条１項２号または３号に該当する場合であって、専属の者の退職等やむをえない事由で専属の産業医がえられないときには、嘱託の産業医を選任し、専属の産業医の選任に相当する業務を行なわせるとともに、当該事業場内の診療所等に保健婦、看護婦、衛生検査技師等をおくことにより衛生管理が円滑に行なわれることを条件とし、かつ、期間を限って許可すること。」と明記されています。どうしてもみつからないということであれば、適当な精神科医がみつかるまで、都道府県労働局長の許可を得て、嘱託産業医を選任するという対処方法もあるということです。

2　50人未満の事業場の体制

(1) 安全衛生推進者・衛生推進者

10人以上50人未満の事業場においては、安衛令２条１号および２号の業種（参照　第２章１、(2) 安全管理者）は安全衛生推進者を同条３号の業種は衛生推進者を選任しなければなりません（安衛法12条の２）。

(2) 安全衛生推進者の職務

1　労働者の危険または健康障害を防止するための措置に関すること。
2　労働者の安全または衛生のための教育の実施に関すること。
3　健康診断の実施その他健康の保持増進のための措置に関すること。
4　労働災害の原因の調査および再発防止対策に関すること。
5　安全衛生に関する方針の表明に関すること。
6　労働安全衛生法28条の2第1項または57条の3第1項および第2項の危険性または有害性等の調査およびその結果に基づき講ずる措置に関すること。
7　安全衛生に関する計画の作成、実施、評価および改善に関すること。

小売業、社会福祉施設、飲食店などの業種では安全衛生推進者の選任義務はないが、労働災害が多いことから「労働安全衛生法施行令第2条第3号に掲げる業種における安全推進者の配置等に係るガイドライン」(平26.3.28　基発0328第6号)により、安全推進者の配置が望ましいとされています。

(3) 衛生推進者の職務

上記の業務のうち衛生に係る業務

なお、通達により、安全衛生推進者または衛生推進者の職務は具体的には、次のようなものであることが示されています(昭63.9.16　基発602号)。

1　施設、設備等(安全装置、労働衛生関係設備、保護具等を含む。)の点検および使用状況の確認並びにこれらの結果に基づく必要な措置に関すること。
2　作業環境の点検(作業環境測定を含む。)および作業方法の点検並びにこれらの結果に基づく必要な措置に関すること。
3　健康診断および健康の保持増進のための措置に関すること。
4　安全衛生教育に関すること。
5　常な事態における応急措置に関すること。
6　労働災害の原因の調査および再発防止対策に関すること。
7　安全衛生情報の収集および労働災害、疾病・休業等の統計に関すること。
８　関係行政機関に対する安全衛生に係る各種報告、届出等に関すること。

安全衛生推進者または衛生推進者は、安全管理者または衛生管理者が安全衛生業務の技術的事項を管理する者であるのに対して、安全衛生業務について権限と責任を有する者の指揮を受けて当該業務を担当する者であることとされています。

（4）50人未満の事業場の産業医（安衛法13条の２）

常時使用する労働者数が50人未満の事業場においては、労働者の健康管理等を行うのに必要な医学に関する知識を有する医師その他厚生労働省令で定める者に労働者の健康管理等の全部または一部を行わせるように努めなければなりません（安衛法13条の２）。その他厚生労働省で定める者とは労働者の健康管理等を行うのに必要な知識を有する保健師と定められています（安衛則15条の２）。

これを受けて、国は、労働者の健康管理等に関する相談、情報の提供その他の必要な援助を行うように努めることとされています(安衛法19条の３)。国の具体的援助としては地域産業保健センター事業による労働者の健康管理等に関する相談、情報等の提供があります（平8. 9. 13　基発566号）

《実務のポイント～地域産業保健センターの利用》

地域窓口（地域産業保健センター）は、労働者数50人未満の小規模事業場の事業者や労働者に対して、次の事業を原則として無料で提供しています。ほぼ、労働基準監督署の管轄ごとに設置されています。

（１）　長時間労働者への医師による面接指導の相談

地域窓口（地域産業保健センター）を活用するなどして、面接指導または面接指導に準ずる必要な措置を講ずることができます。

（２）　健康相談窓口の開設

健康診断結果に基づいた健康管理、作業関連疾患の予防方法、メンタルヘルスに関すること、日常生活における健康保持増進の方法などについて医師や保健師が健康相談に応じてくれます。

なお、一部のセンター（各都道府県１～４か所程度）では、休日・夜間にも利用できるよう窓口の開設等を行っています。

（３） 個別訪問による産業保健指導の実施

医師等が、訪問指導を希望する事業場を個別に訪問し、健康診断結果に基づいた健康管理等に関して指導、助言をしてくれます。

また、医師が作業場の巡視を行い、改善が必要な場合には助言を行うとともに、労働者から寄せられる健康診断の結果評価等の健康問題に関する相談にも応じています。

さらに、事業主からの相談内容や要望に応じて、産業保健総合支援センターと連携し、専門スタッフが事業場を訪問し、メンタルヘルス対策、作業環境管理、作業管理等状況に即した労働衛生管理の総合的な助言・指導を行っています。

（４） 産業保健情報の提供

産業医としての要件を満たす医師、労働衛生コンサルタント、医療機関、労働衛生機関等の名簿を作成し、希望する事業場に情報提供しています。

３ 作業主任者

危険有害業務等の労働災害を防止するための管理を必要とする作業については、免許・技能講習を修了した者のうちから、作業の区分に応じて作業主任者を選任して作業の指揮その他の厚生労働省令（安衛則130条を始め各規則）で定められた事項を行わせなければなりません（安衛法14条）。作業主任者は資格を必要とし、作業ごとに選任しなければならず、その職務についてもそれぞれ労働安全衛生規則等の規則で具体的に決められています。作業主任者を選任しなければならない作業（安衛令６条）は下表のとおりです。

作業主任者一覧表（安衛令６条）（安全関係を除く）

作業主任者名	資格	規　　則
１　高圧室内作業主任者	免許	高圧則10条
２　ガス溶接作業主任者	免許	安衛則314条
５　エックス線作業主任者	免許	電離則46条
５の２　ガンマ線透過写真撮影作業主任者	免許	電離則52条の２
18　特定化学物質および四アルキル鉛等作業主任者	技能講習	特化則27条、四鉛則14条
18　金属アーク溶接等作業主任者	技能講習	特化則28条の２
19　鉛作業主任者	技能講習	鉛則33条
20　特定化学物質および四アルキル鉛等作業主任者	技能講習	四鉛則14条
21　第一種、第二種酸素欠乏危険作業主任者	技能講習	酸欠則11条
22　有機溶剤作業主任者	技能講習	有機則19条
23　石綿作業主任者	技能講習	石綿則14条

○**化学物質管理責任者**と**保護具着用管理責任者**については第10章４、（３）化学物質の管理体制　参照

４　産業保健スタッフの職務

（1）衛生管理者による職場巡視

ア　職場巡視の目的

健康に異常のある者の発見および措置、作業環境の衛生上の調査、作業条件、施設等の衛生上の改善などの衛生管理者の職務を遂行するためには職場の実態を知ることが不可欠なので、少なくとも週１回作業場を巡視し、設備、作業方法または衛生状態を点検し、その結果有害のおそれがあるときには、労働者の健康障害を防止するための応急措置を講じなければならないとされています（安衛則11条１項）。

イ　職場巡視の時期

時間や曜日によって作業内容が違うこともあるので、時間や曜日を変えて巡視します。また、深夜勤務がある職場では、夜間の巡視もしなければなりませんし、平常勤務の職場で遅くまで残業している場合には過重労働やサービス残業などの実態が無いか調査する必要があります。労働災害は非定常作業（設備点検、清掃、修理等）に発生することが多いので、非定常作業が行われる時間外にも行います。

ウ　職場巡視の準備

①　チェックリストの作成

チェックリストを作成し、それを持って巡視します。評価が低い原因を討議するためにチェックリストは５点法などにより数量化します。

〈参考〉
茨城産業保健推進センターの「職場の衛生管理チェックリスト集」
https://ibarakis.johas.go.jp/wp/wp-content/uploads/2018/05/001all.pdf

②　職場巡視に必要な情報

以下の情報を得ておきます。

1　職場の組織：職制組織、安全衛生組織、作業主任者等
2　主な工程、設備の状況特に局所排気装置等の換気設備の性能、レイアウト図を用意して記入しておく。
3　原材料の種類、毒性、使用量等（SDS）
4　関連する法令、指針、通達
5　災害事例：自社、他社※
6　安全衛生管理規程、作業手順
7　作業環境測定結果
8　健康診断結果：定期健康診断、特殊健康診断の有所見者の有無
9　労働衛生教育実施状況
10　非定常作業

※厚生労働省「職場のあんぜんサイト」災害事例
https://anzeninfo.mhlw.go.jp/anzen/sai/saigai_index.html

③　用意する道具

温度計や湿度計、照度計、風速計、騒音計等の測定器具、カメラ、服装、衛生管理者であることを示す腕章など、ヘルメットや安全靴などが義務付けられている職場であれば必要な保護具を用意します。

エ　職場巡視の実際

巡視の際は視覚だけではなく、聴覚や嗅覚も使います。また、労働災害は定常作業よりも点検、修理、清掃、異常処理などの非定常作業時に多く発生するので、非定常作業を想定した観点で巡視することも必要です。

局所排気装置については、スモークテスターや風速計を利用して制御風速が維持できているかなどの点検も必要です。

呼吸用保護具、保護衣類（手袋や防護服）、保護眼鏡および保護面などの使用状況や保管状態の確認もチェック項目の一つです。

食堂やトイレ、休憩室、更衣室等についても、労働安全衛生規則の規定を満たしているか確認します。

オ　事後措置

巡視後は巡視記録を作成し、（安全）衛生委員会および総括安全衛生管理者あるいは事業者へ報告します。（安全）衛生委員会では対策の検討を行い、対策の実施計画をたてて、改善をします。

（2）産業保健師の職務

企業に勤める保健師のことを産業保健師といいます。事業所規模別の保健師・看護師の雇用・活用については、労働者が1,000人以上の事業所では80％を超えています（令和２年度　労働者健康安全機構による調査）。

一方、50人未満の事業場については、労働安全衛生法13条の２で、労働者の健康管理等を行うのに必要な医学に関する知識を有する医師または保健師に労働者の健康管理等の全部または一部を行わせるように努めなければならないと定めています。その他厚生労働省令で定める者として、労働者の健康管理等を行うのに必要な知識を有する保健師としています（安衛則15条の２）。

また、厚生労働省の通達の中でも、保健師の役割に言及されているものがあり、事業場における労働衛生管理において重要な役割を担っています。

○労働安全衛生法66条の９の必要な措置として労働安全衛生規則52条の８第１項の「面接指導に準ずる措置」には、労働者に対して保健師等による保健指導を行うこと（平18.2.24　基発0224003）。

○「労働者の心の健康の保持増進のための指針」

産業医等の助言、指導等を得ながら事業場のメンタルヘルスケアの推進の実務を担当する事業場内メンタルヘルス推進担当者を、事業場内産業保健スタッフ等の中から選任するよう努めること。事業場内メンタルヘルス推進担当者としては、衛生管理者等や常勤の保健師等から選任することが望ましいこと。

一定規模以上の事業場にあっては、事業場内にまたは企業内に、心の健康づくり専門スタッフや保健師等を確保し、活用することが望ましいこと。

5　安全委員会・衛生委員会

（1）安全委員会・衛生委員会の設置

事業者が負っている、労働災害防止のための措置を講じ、快適な職場環境の実現と労働条件の改善を行うという責務（安衛法３条１項）を果たすにあたっては、労働者の意見を聴き、労働者の関心を高め、労使一体となって行う必要があります。そのために、安全委員会や衛生委員会、あるいは職場懇談会等において、労働者の危険または健康障害を防止するための基本となるべき対策（労働災害の原因および再発防止対策等）などの重要事項について十分な調査審議を行わなければなりません。

下表のように、一定の規模、業種に応じて安全委員会、衛生委員会の設置、運営が義務付けられています(安衛法17条、18条、安衛令８条、９条)。安全委員会と衛生委員会を設けなければならない事業場では、それらに代えて安全衛生委員会を設けることができます（安衛法19条）。

常時使用する労働者数には、パートタイマーや派遣労働者も含まれます。

安全委員会または衛生委員会を設置しなければならない事業場

安全委員会	①　常時使用する労働者が50人以上の事業場で、右の業種に該当するもの	林業、鉱業、建設業、製造業の一部の業種（木材・木製品製造業、化学工業、鉄鋼業、金属製品製造業、輸送用機械器具製造業）、運送業の一部の業種（道路貨物運送業、港湾運送業）、自動車整備業、機械修理業、清掃業
	②　常時使用する労働者が100人以上の事業場で、右の業種に該当するもの	製造業のうち①以外の業種、運送業のうち①以外の業種、電気業、ガス業、熱供給業、水道業、通信業、各種商品卸売業・小売業、家具・建具・じゅう器等卸売業・小売業、燃料小売業、旅館業、ゴルフ場業
衛生委員会	常時使用する労働者が50人以上の事業場（全業種）	

(2) 労働者の意見を聴く機会

労働者数が50人未満の事業者は、安全または衛生に関する事項について、関係労働者の意見を聴くための機会を設けるようにしなければなりません（安衛則23条の２）。「関係労働者の意見を聴くための機会を設ける」とは、安全衛生の委員会、労働者の常会、職場懇談会等労働者の意見を聴くための措置を講ずることをいいます（昭47.9.18　基発601号の２）。

(3) 安全・衛生委員会の基本的な機能

安全・衛生委員会の機能は、労働者の危険または健康障害を防止するための基本となるべき対策（労働災害の原因および再発防止対策等）などの重要事項について調査審議を行い、事業者に意見を述べることおよび安全・衛生委員会の合意事項について実施状況をチェックすることであり、決定機関ではありませんし、労使交渉の場でもありません。

具体的機能は、

①安全衛生管理計画の策定の審議

②安全衛生管理計画による安全衛生に関する施策の審議

③安全衛生に関する施策の実施結果に対する点検

です。安全・衛生委員会が審議し、合意したことを決定・実行するのは事業者の責務です。安全・衛生委員会に決定権を持たせると、事業者の労働災害防止責任があいまいになるおそれがあります。

討議の進め方も、労使の意見の合致を前提としていますので、労使で意見が異なるときに過半数により決定することはふさわしくありません。問題のある事項については、労使が納得のいくまで話し合い、一致した意見に基づいて行動することが望ましいとされています（昭47. 9. 18　基発91号）。

(4) 安全・衛生委員会の構成員と人数

安全・衛生委員会の構成員は以下のとおりです（安衛法19条２項）。

安全・衛生委員会の構成

	安全委員会	衛生委員会
委員の構成	1　総括安全衛生管理者または総括管理者以外の者で当該事業場においてその実施を統括管理する者若しくはこれに準ずる者のうちから事業主が指名した者（１名） 2　安全管理者 3　労働者（安全に関する経験を有する者）	1　総括安全衛生管理者または総括管理者以外の者で事業の実施を統括管理する者若しくはこれに準ずる者のうちから事業主が指名した者（１名） 2　衛生管理者 3　産業医 4　労働者（衛生に関する経験を有する者）

「総括安全衛生管理者または総括管理者以外の者で当該事業場においてその実施を統括管理する者等」以外の委員については、事業者が委員を指名することとされています。この内の半数については、労働者の過半数で組織する労働組合がある場合はその労働組合（過半数で組織する労働組合がない場合は労働者の過半数を代表する者）の推薦に基づき指名しなければなりません。

「総括管理者以外の者で事業の実施を統括管理する者」とは、労働安全衛生法10条の総括安全衛生管理者の選任を必要としない事業場について規定されたものです。「これに準ずる者」とは、事業の実施を統括管理する者以外の者で、その者に準じた地位にある者を意味しており、たとえば副所長、副工場長を指します（昭47. 9. 18　基発602号）。

安全・衛生委員の人数については、事業場の規模、作業の実態に即し、適宜に決定することができるとされています（昭41.1.22　基発46号）。労働者の意見を十分に聴くことができるように、各職場から指名されることが望ましいとされています。

産業医は必ず（安全）衛生委員会の委員に選任されなければなりません（安衛法18条）。嘱託産業医も例外ではありません（昭和63.9.16　基発601号の１）。

Q2−3　約70人の従業員のいる会社ですが、衛生委員会の委員構成が議長、会社側３名、労働側３名の７名です。課長や部長達が会社側委員で、産業医、衛生管理者、総務人事担当が労働側委員となっております。今回、会社側委員の１名が定年退職します。安全衛生委員の補充は必要ですか。会社側２名、労働側３名で委員会を構成しても構わないでしょうか。

A　労働者代表の推薦に基づき指名された委員が半数を超えても差し支えない（平17.1.26　基安計発0126002号）という通達があるので、人数のことだけを考えると会社側２名、労働側３名で委員会を構成しても問題はありません。その理由は、50人から100人程度の小規模事業場などにおいては、労働者数に比べて管理職が少ないため、労働者側の委員の数が会社側委員の数を超える場合があっても可ということにしているのです。

しかし、ご質問の場合の委員の構成を見ると、産業医、衛生管理者、総務人事担当が労働者側委員ということですが、産業医（労働者側推薦でない場合）、衛生管理者、総務人事担当は労働者側委員としてふさわしくないので、会社側委員に変更する必要があります。そうすると、会社側委員は５名、労働者側委員が０名になるので、新たに労働者側委員を５名選任する必要があります。

(5) 安全・衛生委員会の審議事項

ア　安全委員会の調査審議事項（安衛法17条１項、安衛則21条）

①　労働者の危険を防止するための基本となるべき対策に関すること

②　労働災害の原因および再発防止対策で、安全に係るものに関すること

③　その他労働者の危険の防止に関する重要事項

[1] 安全に関する規程の作成に関すること。

[2] 危険性または有害性等の調査およびその結果に基づき講ずる措置のうち、安全に係るものに関すること。（リスクアセスメント）

[3] 安全に関する計画の作成、実施、評価および改善に関すること。

[4] 安全教育の実施計画の作成に関すること。

[5] 厚生労働大臣、都道府県労働局長、労働基準監督署長、労働基準監督官または産業安全専門官から文書※により、命令、指示、勧告または指導を受けた事項のうち、労働者の危害の防止に関すること。

※「文書」とは、勧告書、指導表等をいう（昭53.2.10　基発78号）。

イ　衛生委員会の調査審議事項（安衛法18条１項および安衛則22条）

①　労働者の健康障害を防止するための基本となるべき対策に関すること

②　労働者の健康の保持増進を図るための基本となるべき対策に関すること

③　労働災害の原因および再発防止対策で、衛生に係るものに関すること

④　その他労働者の健康障害の防止および健康の保持増進に関する重要事項

[1] 衛生に関する規程の作成に関すること

[2] 危険性または有害性等の調査およびその結果に基づき講ずる措置のうち衛生に関すること（リスクアセスメント）

[3] 安全衛生に関する計画（衛生に関する部分に限る。）の作成、実施、評価および改善に関すること

[4] 衛生教育の実施計画の作成に関すること

[5] 安衛法57条の４第１項および安衛法57条の５第１項の規定により行われる有害性の調査並びにその結果に対する対策の樹立に関すること

[6] 作業環境測定の結果およびその結果の評価に基づく対策の樹立に関すること

[7] 各種健康診断の結果に対する対策の樹立に関すること

[8] 労働者の健康保持増進を図るための必要な措置の実施計画の作成に関

すること

［9］長時間にわたる労働による労働者の健康障害の防止を図るための対策の樹立に関すること（長時間労働者に対する面接指導の実施に関すること）

この対策の樹立に関することには、以下のⅰからⅵが含まれます（平18.2.24基発0224003号）

ⅰ　長時間にわたる労働による労働者の健康障害の防止対策の実施計画の策定等に関すること

ⅱ　面接指導等の実施方法及び実施体制に関すること

ⅲ　安衛則第52条の３第１項及び第52条の８第３項に規定する労働者の申出が適切に行われるための環境整備に関すること

ⅳ　面接指導等の申出を行ったことにより当該労働者に対して不利益な取扱いが行われることがないようにするための対策に関すること

ⅴ　安衛則第52条の８第２項第２号に規定する事業場で定める必要な措置に係る基準の策定に関すること

ⅵ　事業場における長時間労働による健康障害の防止対策の労働者への周知に関することが含まれること

［10］労働者の精神的健康の保持増進を図るための対策の樹立に関すること（メンタルヘルス対策）

この対策の樹立に関することには、以下の項目があります（平成18.2.24　基発0224003号）。

ⅰ　事業場におけるメンタルヘルス対策の実施計画の策定等に関すること

ⅱ　事業場におけるメンタルヘルス対策の実施体制の整備に関すること

ⅲ　労働者の精神的健康の状況を事業者が把握したことにより当該労働者に対して不利益な取扱いが行われるようなことがないようにするための対策に関すること

ⅳ　労働者の精神的健康の状況に係る健康情報の保護に関すること

ⅴ　事業場におけるメンタルヘルス対策の労働者への周知に関することが含まれること

［11］リスクアセスメントの結果講ずる措置に関すること

ⅰ　労働者が化学物質にばく露される程度を最小限度にするために講ず

る措置に関すること

ⅱ　濃度基準値の設定物質について、労働者がばく露される程度を濃度基準値以下とするために講ずる措置に関すること

ⅲ　リスクアセスメントの結果に基づき事業者が自ら選択して講ずるばく露防止措置の一環として実施した健康診断の結果とその結果に基づき講ずる措置に関すること

ⅳ　濃度基準設定物質について、労働者が濃度基準値を超えてばく露したおそれがあるときに実施した健康診断の結果とその結果に基づき講ずる措置に関すること

[12] 厚生労働大臣、都道府県労働局長、労働基準監督署長、労働基準監督官または労働衛生専門官から文書※により、命令、指示、勧告または指導を受けた事項のうち、労働者の健康障害の防止に関すること

※「文書」とは、勧告書、指導表等をいう（昭53. 2. 10　基発78号）

⑤　産業医から求められた調査審議事項（安衛則23条５項）

安全衛生委員会を見直そう！

三田労働基準監督署

安全衛生委員会等の運営に関することは、労働安全衛生法令で定めていますが、当署において事業場の調査を実施すると、法令に基づいて運営していないところが多数あります。

このため、調査時に不備等が認められた事項を以下に示すのでチェックし、不備事項は自主的に改善してください。

[不備事項]

□　安全衛生委員会等の規程が作成されていない（作成例は裏面参照）

□　平成17年に一部改正した労働安全衛生法令の事項が規程に定められていない（裏面赤色部）

参照　裏面　安全衛生委員会規程作成例

https://jsite.mhlw.go.jp/tokyo-roudoukyoku/library/tokyo-roudoukyoku/notice/kantokusyo/mita/pdf/minaoshi.pdf

□　総括安全衛生管理者、安全管理者、衛生管理者、産業医が委員となっていない（安衛法第17条他）

□　議長（委員長）を総括安全衛生管理者又は総括安全衛生管理者の選

任を必要としない事業場は、事業の実施を統括管理する者（事業場の長又は同等の権限と責任を持つ事業場の副長）となっていない（安衛法第17条他）

□　議長以外の委員の半数が労働者側となっていない(安衛法第17条他)
□　委員会を毎月１回以上開催していない（安衛則第23条）
□　議事録を作成して３年間保存していない（安衛則第23条）
□　委員会の開催の都度、議事の概要を掲示する等により、全労働者に周知していない（安衛則第23条）
□　法令で定める調査審議事項について、調査審議していない（安衛法第17条他）
※特に、健康診断、リスクアセスメント、過重労働、メンタルヘルスが審議されていない
□　委員会を労働時間外に開催しているにもかかわらず、労働者に対して割増賃金を支払っていない（通達）
□　労使の構成員が一覧表等により明確になっていない（指導）
□　産業医が欠席した場合に議事内容を提供していない（指導）
□　委員以外の労働者の意見要望が委員会の調査審議に反映されていない（指導）
□　委員が主要部署から選出されていない（指導）
※主要部署から選出することにより、各部署における問題点の把握や労働者からの意見要望等が委員会に反映されやすくなる
□　労働者数50人未満の事業場において、安全又は衛生に関する事項について、関係労働者の意見を聴くための機会(委員会、職場懇談会等)を設けていない（安衛則第23条の２）

ウ　ガイドラインによる調査審議事項

①　交通労働災害防止対策

陸上貨物運送事業、商業、通信業、建設業等交通労働災害の多い業種では安全衛生委員会において交通労働災害防止に関する事項を調査審議することが求められています(「交通労働災害防止ガイドライン」(平6.2.18　基発83号))。

② **受動喫煙対策**

事業者に対して：衛生委員会等において、労働者の受動喫煙防止対策についての意識・意見を十分に把握し、事業場の実情を把握した上で適切な措置を決定すること。

労働者に対して：事業者が決定した措置や基本方針を理解しつつ、衛生委員会等の代表者を通じる等により、必要な対策について積極的に意見を述べることが望ましいこと。

（「職場における受動喫煙防止のためのガイドライン」（令元. 7. 1　基発0701第1号））

Q2－4 各月の議題はどうやって決めればいいのでしょうか。当社では半年前に衛生委員会の設置をしたばかりです。インターネットなどで議題を探したのですが、早くもネタが切れてしまいました。年に2回産業医が来るときは、巡回報告などがあり格好がつくのですが、それ以外では30分ほどで終わってしまいます。

A インターネットで紹介されている議題は個々の事業場に合ったものではないので、毎月インターネット検索により議題を決めているのでは長続きしません。衛生委員会の議題はそれぞれの事業場の実情にあったものとしなければなりません。以下は、衛生委員会の議題の参考になるものです。

（1）年間計画の策定

事業場では毎年安全衛生管理計画を策定し、目標を定めて計画的に安全衛生管理を実行していく必要があります（第3章参照）。安全衛生管理計画の策定にあたっては、労働者の意見を聴き、労働者の関心を高め、労使一体となって行わなければならないので、安全衛生管理計画の策定も安全衛生委員会の審議事項となります。

また、産業医の年間計画（職場巡視、健康診断、保健指導、衛生管理講話、特定作業者教育）も安全衛生委員会で発表し、産業医活動を安全衛生管理計画の一環として位置づけます。

安全衛生委員会は安全衛生管理計画に定められた安全衛生活動が効果的に実行されるために審議し、活動結果を評価する役割をもっています。また、安全衛生委員による職場巡視、広報活動、安全衛生大会開催などの独自の行事を行うこともあります。

事業場の安全衛生計画と安全衛生委員会の独自の行事を併せて、安全衛生委員会の年間活動計画を立て、それに基づいて運営していくことが必要です。年度末には一年の成果を総括し、その結果を次年度の計画へと発展させていきます。

(2)　議題

安全衛生委員会の議題には報告事項と審議事項があり、これらを明確に分けて審議すると効率的に進行できます。

ア　審議事項

①安全衛生管理計画に基づくもの（安全衛生管理計画の具体化、予測される問題点や解決策など）、②安全衛生委員会の行事、③新たに発生した問題（労働災害、あるいは流行している感染症、健康診断の事後措置や作業環境測定の結果に基づく事後措置など）、④各委員からの提案事項、⑤事務局からの提案などがあります。

厚生労働省は、安全委員会の活性化をはかるために、「大規模製造業における安全管理の強化に係る緊急対策要綱」（平16. 3. 16　基発0316001）を策定し、

○安全委員会で活発な意見交換を行うことが労働災害防止上有効であるため、委員を適切に選任するとともに、事業場の安全体制の検証、作業マニュアルの作成・改訂、設備新設・変更時の安全に係る事前評価等について調査審議するなど、その活性化を図ること。

○災害が発生した場合には、作業標準からの逸脱や指示違反といったヒューマンエラーとして片づけるのではなく、人員配置、教育訓練の有無、納期の設定など、そこに至った背景要因や設備の状態等の物的要因についても掘り下げ、再発防止に繋げるための調査審議等を実施すること。

を指導しています。

また、同業他社や関連する労働災害の状況の報告も議題として取り上げ、同様の災害が発生しないように対策を話し合うことも大切です。

イ　定例の報告事項

・前月の審議結果　・安全衛生管理計画の進捗状況　・各職場の安全衛

生活動状況　・衛生管理者、産業医巡視結果　・作業環境測定結果　・局所排気装置の点検結果　・健康診断結果、事後措置　・面接指導の状況と事後措置　・ストレスチェック（個人情報を除く）　・毎月の労働時間の状況　・年次有給休暇の取得状況　・疾病休業統計　・災害統計　・ヒヤリ、ハット　・法令の改正予定

健康診断結果については、職場の健康管理対策に資することができる内容のものであればよく、個人の病名等プライバシーに関する事項は含みません（昭23.2.10　基発78号）。

ウ　非製造業の衛生委員会の議題

非製造業では、以下のような議題が考えられます。これらについては厚生労働省から指針が示されているものがあります。また、卸・小売業の、「転倒」「切れ・こすれ」「はさまれ・巻き込まれ」対策など、非製造業においても安全管理対策の調査審議も忘れてはいけません。

・事務所衛生基準規則による職場点検　・情報機器作業管理　・腰痛対策　・喫煙対策　・快適職場の形成　・健康保持増進対策　・交通災害対策

(6) 安全・衛生委員会の議事録

安全・衛生委員会の議事内容の内重要なものに関しては記録を作成し、3年間保存しなければなりません（安衛則23条4項）。それにより、労働者に議事内容をすぐに知らせることができます。後日、決定した事項が確実に実行されたか否かの確認をすることもできます。

議事録に記載すべき内容について特に定めがなく、その様式も任意です。後日、合意事項の実施を確認するために、報告事項と合意事項を明確に記録しておく必要があります。補助的に録音機器を使用すると記録漏れがありません。

記載項目（参考）

①開催日時、②場所、③出席者、遅刻者、欠席者、③議題（報告事項と審議事項を明確に分ける）、④議事の概要、⑤合意事項、担当部署、実施時期、⑥その他（関係資料の一覧を含む）

(7) 議事録の周知とその方法

事業者は、安全・衛生委員会等の開催の都度、遅滞なく、その議事の概要を、次のいずれかの方法によって労働者に周知させなければなりません（安衛則23条３項)。議事の概要を周知することにより、合意事項を共有し、確実に実施され、安全衛生委員会がさらに活性化することになります。

周知の方法は以下のとおりです（安衛則23条３項)

① 常時各作業場の見やすい場所に掲示し、または備え付ける
② 書面を労働者に交付する
③ 事業者の使用する電子計算機に備えられたファイルまたは電磁的記録媒体により調整するファイルに記録し、かつ、各作業場に労働者が当該記録の内容を常時確認できる機器を設置する

Q2−5　議事録の作成と保存、周知について教えてください。

1　安全衛生委員会議事録の書式はありませんか。

2　議事録の周知するために社内のホームページにアップしておりますが、書面での掲示をしないといけないのでしょうか。

A　議事録の書式について定めはありません。任意の書式を示します。労働者への周知の方法としては、①常時各作業場の見やすい場所に掲示し、または備え付ける、②書面を労働者に交付する、③事業者の使用する電子計算機に備えられたファイルまたは電磁的記録媒体により調整するファイルに記録し、かつ、各作業場に労働者が当該記録の内容を常時確認できる機器を設置すると定められています(安衛則23条３項)。ホームページは③のその他これに準ずる物に該当すると考えられるので問題ありません。

年度　第　　回　安全衛生委員会議事録（任意の様式）

日　時	年　　月　　日　曜日　　時　　分～　時　　分
場　所	

出席者	会社側
	労働者代表
欠席者	
議事の概要	
合意事項	
備　考	

(8) 調査審議結果の尊重

調査審議事項の結果については、「衛生委員会等において調査審議を行った結果一定の事項について結論を得た場合においては、これに基づいて着実に対策を実施するなど、事業者はこの結論を当然に尊重すべきものであること。」が示されています（「委員会の活性化に関すること」平18.2.24　基発0224003号）。

(9) 嘱託産業医への周知

嘱託産業医は企業の外部にいるので、情報から隔絶される傾向があります。そこで、嘱託産業医が欠席した場合には議事録等を送付して必要な意見を聴取し、次回の（安全）衛生委員会に反映するとさらに委員会の活性化につながります。

Q2−6　当店はパートタイマーを含めて従業員数は約150人で、嘱託産業医をお願いしております。医師は開業医であり、他社の産業医もしているので大変忙しく、衛生委員会には年に2、3回ぐらいしか出席

してもらえません。これではいけないと思いますが、どうすればよいのでしょうか。（衛生管理者）

A　産業医は衛生委員会（安全衛生委員会）の委員に選任されなければなりません（安衛法18条２項）。産業医の出席を衛生委員会の開催要件とするかどうかは、安衛則23条２項の「委員会運営について必要な事項」に該当するので、衛生委員会で検討して決めることができます。

しかし、産業医の出席を衛生委員会の開催要件としないという取り決めをしたとしても、産業医が年に２、３回ぐらいしか出席しないということでは、産業医の職務をはたしているとはいえません。衛生委員会の出席回数を増やすために、年間計画の中で産業医が出席できる日時をあらかじめ決めておくこと、そして、出席できない時を含めて議事録を産業医に渡し、コメントを求めるようにすることが望まれます。もし、現在の産業医が、忙しくてこれ以上衛生委員会への出席回数を増やせないというのであれば、他の医師に委嘱することを検討する必要があるでしょう。

（10）安全・衛生委員会活性化のためのポイント

安全・衛生委員会を活性化するためには多くの事業場で様々な工夫が行われています。それらをまとめると以下のようになります。

・経営トップが安全衛生管理に対する責任を認識し、高い意識を持つ。
・安全・衛生委員会の意見を得て、事業者が決定した事項が確実に実行される。
・安全・衛生委員が職場の意見を集約し、全員が参加する意識を持つ。
・安全・衛生委員の資質向上のために、安全衛生管理に関する講習会への参加を勧奨する。
・安全・衛生委員が自由に意見を述べることができるようにする。
・ラインから出される意見を重視する。
・年間計画を策定し、毎月の活動や議題を決めておき、事業場の状況に応じて適宜に時宜に応じた議題も取り上げる。

・安全・衛生委員会の構成員で職場を巡視する。
・出席状況を良くするために、開催日時は毎月決まった日と時間にする。
・運営の効率化と労働者の意見集約のため、安全・衛生委員会の資料を事前配布し、安全・衛生委員には事前準備を要請する。

（11）労働者意見の反映

ア　委員選任のポイント

安全・衛生委員が選出されていない職場があると、その職場からは意見が上げられにくい上に、安全・衛生委員会での合意事項も徹底されないおそれがあります。主要部署からもれなく選出することにより、各部署における問題点の把握や労働者からの意見要望等が委員会に反映されやすくなります。

安全・衛生委員の安全衛生についての知識・経験が高ければ、発言や提案も多く出され、委員会の討議は活発になります。また、知識・経験が少なくても関心が高ければ、研修によりその知識は増え、能力は高まり、会議の活性化は期待できます。また、男女どちらかに偏った構成や正社員だけの構成では、職場の労働者の意見が反映されにくくなります。安全・衛生委員の選任にあたっては、委員の知識・経験や関心の程度、男女比や年齢構成のバランス、派遣労働者やパートタイマーの選任についても配慮する必要があります。

イ　会議資料の事前配付

開催の都度事前に議題を全社に知らせ、安全・衛生委員には資料を事前に配付します。これは、安全・衛生委員が各職場から、予定された議題に関する具体的内容と新たな提案を集めるために欠かせないことです。

ウ　委員の発言を促す

マンネリ化現象を避けるためには、会社側、労働組合側ともトップばかり発言せず、他の委員が発言するように促し、発言のかたよりを防ぐような運営を心がけることが必要です。

エ　小委員会の活用

安全・衛生委員会は事業場全体の安全衛生管理を取り上げて審議する場であるため、個々の問題について掘り下げて審議することは時間的に無理な場合があります。その欠点を補うために、メンタルヘルス委員会、喫煙対策委員会などの下部組織を設け設置することも一つの方法です。厚生労働省の通達でも、「安全衛生委員会を設けた場合において、必要に応じ、安全または衛生に関する特定の事項に係る委員会を別個に設けても差し支えない。」（昭41.1.22　基発46号）としています。下部組織は独自に活動し、その検討内容や決議事項を定期的に安全・衛生委員会に報告し、あるいは事業場全体としての取組方針等の決定が必要な場合には安全・衛生委員会に依頼議題を提出するようにします。

（12）産業医の活用

月１日程度の産業医契約をしているような場合、産業医の巡視をする上に安全衛生委員会の出席をするのは難しいということならば、契約内容の見直しも必要となります。

嘱託産業医の場合は診療業務があるので、会議の日程調整にあたって産業医の予定も考慮しなければなりません。産業医が欠席する場合は、調査審議する項目について事前に意見を述べてもらい委員会で伝達する、あるいは事後に審議結果等を報告し必要に応じて次回の委員会で意見提言してもらう等の対応が望まれます。

衛生委員会の調査審議の付議事項に過重労働・メンタルヘルス対策の樹立等があり、衛生委員会活動における産業医の役割が大きくなっています。産業医から以下の事項について助言を得るのが望ましいでしょう。

・年間安全衛生活動計画の作成に意見を述べる。特に、衛生教育や健康診断などのスケジュールや内容について、産業医の意見を聴いて年度初めに立案する。
・健康診断や健康管理（健康診断事後措置や長時間労働者の面接指導なども含む）の具体的実施方法について、指導・助言を求める。
・健康診断結果のまとめや健康管理の状況についての報告と課題について説明してもらう。

・事業場の衛生統計などについて意見を聞く。
・年間安全衛生活動計画の実施状況、評価など衛生管理水準の向上に関する意見を聞く。

（13）安全・衛生委員会規程の整備

安全・衛生委員会の機能を十分に発揮させるためには、労働安全衛生法と同規則および就業規則の安全衛生に関する規定だけでは足りないので、それぞれの企業の独自性を織り込んだ安全・衛生委員会規程を作成する必要があります。

東京労働局安全衛生委員会規程作成例
安全衛生関係のパンフレット等（東京労働局版）
https://jsite.mhlw.go.jp/tokyo-roudoukyoku/jirei_toukei/pamphlet_leaflet/anzen_eisei/leaflet1.html

（14）会議時間の設定と賃金保障

安全・衛生委員会の会議は労働時間内に開催されるのが原則です。安全衛生委員会の会議の開催に要する時間は労働時間であり、会議が法定時間外に行われた場合には、参加した労働者に対し、当然割増賃金が支払われなければなりません（昭47.9.18　基発602、昭63.9.16　基発601号の１）。

〈参考文献〉
「リフレッシュ安全衛生委員会　事例にみるキーポイント33」中央労働災害防止協会平成20年
「安全衛生委員会の進め方、活かし方」中央労働災害防止協会平成19年
「安全衛生計画の立て方と活かし方」中央労働災害防止協会平成19年

第3章 自主的な安全衛生活動

1 規制から自律的労働安全活動へ

1960年代、イギリスの人口は約5,200万人でしたが、毎年1,000人の労働災害による死者が出ていました。そこで抜本的な対策が、労働安全衛生に関する委員会（委員長：ローベンス卿）で検討され、①対処療法的に造られてきた法律、規則が多数でかつ複雑になりすぎた、②それらを遵守しても労働災害は減少しない、③これらの規則は、技術や社会情勢の変化についていけない、という分析により、労働安全衛生対策は「技術の進展などに即応するためには法律では一般原則を定め、具体的、詳細な規定は自主的な実践コード（基準）やガイダンスに委ねることが適当」とする報告（ローベンス報告）がなされました。この報告を基に、1974年に新しい労働安全衛生法が制定され、さらに後述のOSHMS（**O**ccupational **S**afety & **H**ealth **M**anagement **S**ystem）の原型と言われるBS8000の規格（安全衛生管理システム規格）を制定しました。それらの改革の結果、2009年４月から2010年３月までの労働災害による死亡者が151人と大幅に低下しているということです。

このような労働安全衛生活動の規制から自律への流れは、米国OSHA（労働安全衛生局）規則などでも取り入れられ、2001年にILOからは「労働安全マネジメントシステムに関するガイドライン」が公表され、国際的なものとなっています。

2 法令遵守だけでは防げない労働災害

日本では、1961年の6,712人をピークに、長期的には減少傾向にあった労働災害による死亡者数は、1998年に1,844件と、2,000件を割り込み、2011年は東日本大震災で2,338人（震災関連を除き1,024人）と増加し、2022年は774人と減少しています。しかし、休業４日以上の死傷者数は2009年の105,718人を底に漸増し（2011年は東日本大震災で2,827人）、2022年は132,355人と増加傾向にあります。

2006年当時、労働災害の減少が停滞あるいは増加した原因として、ベテランの安全衛生管理の担当者が定年等で退職していくなど、安全衛生管理のノウハウの的確な継承が行われていない、また、就業形態の多様化等により、事業場において指揮命令系統が異なる労働者の混在が高まる中で、的確な安全衛生管理を進める仕組みが確立されていないという問題などがあると言われていました。

さらに、労働災害の減少に労働安全衛生法の制定とその遵守が果たした役割は大きいのですが、同法は過去における労働災害をもとに規定が整備されているものなので後追いとなる傾向があり、同法を遵守しているだけでは新たな機械・設備、増大する化学物質の危険性や有害性には対応することができないと言われています。

3 安全衛生マネジメントシステム

厚生労働省は1999年に、OSHMS（労働安全衛生マネジメントシステム）の導入と普及定着に向け、労働安全衛生規則24条の２に基づき「労働安全衛生マネジメントシステムに関する指針」（以下「OSHMS指針」という。）（平11.4.30　労働省告示53号　改正令元.7.1厚生労働省告示54号）を策定しています。指針は、事業者がPDCAサイクルにより継続的に行う自主的な安全衛生活動を促進するための仕組を定めるものです。

2018年３月に労働安全衛生マネジメントシステム（以下「システム」という。）の国際規格であるISO45001が発行されました。ISO45001を翻訳した日本産業規格（JIS Q 45001）が2018年９月に制定され、また、同時に制定されたJIS Q 45100には、従来の指針において取組が求められている事項を含め、安全衛生計画の作成などに当たって参考とできる安全衛生活動、健康確保の取組等の具体的項目が明示されました。

OSHMS指針は2019年７月１日に改正され、従前は事業場ごとにOSHMSを運用することを基本としていたものが、同一法人の複数の事業場を一つの単位として運用できることが明記されました。飲食店や小売業のような多店舗展開事業のように、各店舗が独自に安全衛生活動を行っているのではなく、本社の指導に従って活動している場合は、事業場となる各店舗が独立してOSHMSを運用するよりは、本社がシステムを定めて各店舗がそれを運用する方が実務的ということが改正理由です。

(1) 全社的な推進体制

OSHMSでは、経営トップによる安全衛生方針の表明、次いでシステム管理を担当する各級管理者の指名とそれらの者の役割、責任及び権限を定めてシステムを適正に実施、運用する体制を整備することとされています。また、事業者による定期的なシステムの見直しがなされることとなっており、安全衛生を経営と一体化する仕組みが組み込まれて経営トップの指揮のもとに全社的な安全衛生が推進されるものとなっています。

(2) PDCAサイクル構造の自立的システム

OSHMSとは、事業者が労働災害防止のための安全衛生方針の表明・安全衛生目標の設定・安全衛生計画（Plan）の作成→その実施および運用（Do）→安全衛生計画の実施状況等の日常的な点検（Check）→改善（Act）のPDCAサイクルをらせん状の階段を上るように、連続的かつ継続的な活動として自主的に行い、顕在あるいは潜在する危険性を低減させていくという安全衛生管理のしくみです。

これに加えてシステム監査（OSHMS指針17条）の実施によりチェック機能が働くことになります。したがって、OSHMSが効果的に運用されれば、安全衛生目標の達成を通じて事業場全体の安全衛生水準がスパイラル状に向上することが期待できる自立的システムです。

［PDCAサイクル］

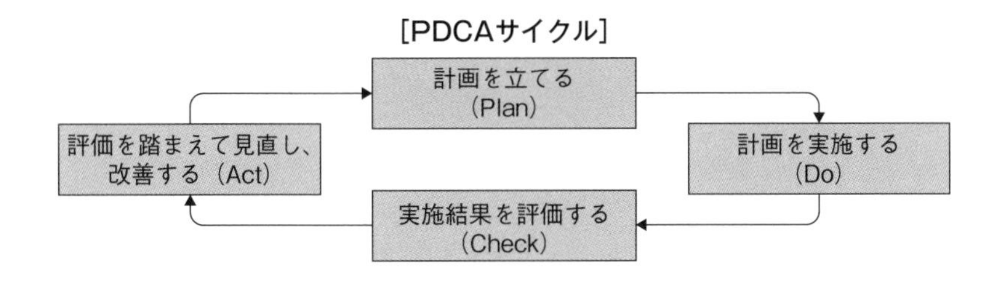

(3) 手順化、明文化及び記録化

OSHMSでは、システムを適正に運用するために関係者の役割、責任及び権限を明確にし（OSHMS指針８条）、文書にして記録することとされています（OSHMS指針９条）。この記録は、安全衛生管理のノウハウが適切に継承されることに役立つものです。手順を重視し、文書により明文化し、そ

の記録を保存することを重視するのはOSHMSの特徴の一つです。

(4) 危険性又は有害性の調査及びその結果に基づく措置

OSHMSでは、労働安全衛生法28条の2および同法57条の3第3項に基づく指針に従って危険性または有害性等の調査を行い、その結果に基づいて労働者の危険又は健康障害を防止するために必要な措置を採るための手順を定めることとしています。いわゆるリスクアセスメントの実施とその結果に基づく必要な措置の実施を定めているものでOSHMSの中心的な内容です。

(5) 労働安全衛生マネジメントシステムの実施方法

事業場でOSHMSを実施する場合には、OSHMS指針に従って仕組みを整備し、運用することが必要です。OSHMS指針に示された具体的な手順は次のとおりです（下図参照）。

[1] 事業者が安全衛生方針を表明する（OSHMS指針5条）

[2] 建設物、設備、原材料、作業方法等の危険性または有害性などを調査し、その結果を踏まえ、労働者の危険または健康障害を防止するために必要な措置を決定する（OSHMS指針10条）

[3] 安全衛生方針に基づき、安全衛生目標を設定する（OSHMS指針11条）

[4] ［2］の実施事項と［3］の安全衛生目標等に基づき、安全衛生計画を作成する（OSHMS指針12条）

[5] 安全衛生計画を適切、かつ、継続的に実施する（OSHMS指針13条）

[6] 安全衛生計画の実施状況等の日常的な点検および改善を行う（OSHMS指針15条）

[7] 定期的に労働安全衛生マネジメントシステムについて監査や見直しを行い、点検および改善を行う（OSHMS指針17条）

[8] ［1］—［7］を繰り返して、継続的（PDCAサイクル）に実施する（OSHMS指針18条）

労働安全衛生マネジメントシステムの概要

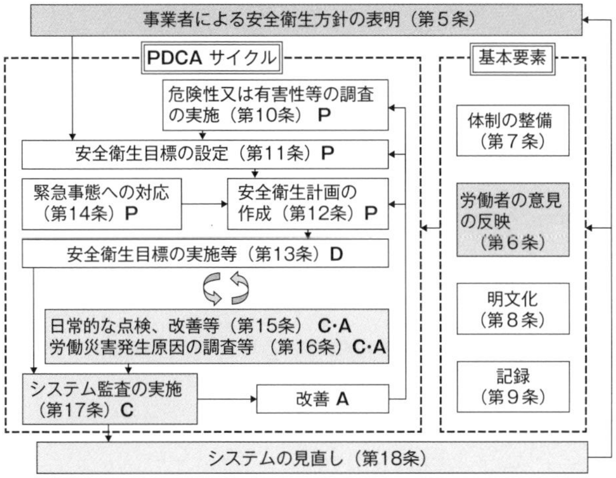

事業者による安全衛生方針の表明（第５条）

PDCA サイクル

危険性又は有害性等の調査の実施（第10条） P

安全衛生目標の設定（第11条） P

緊急事態への対応（第14条） P

安全衛生計画の作成（第12条） P

安全衛生目標の実施等（第13条） D

日常的な点検、改善等（第15条） C･A
労働災害発生原因の調査等 （第16条） C･A

システム監査の実施（第17条） C

改善 A

基本要素

体制の整備（第７条）

労働者の意見の反映（第６条）

明文化（第８条）

記録（第９条）

システムの見直し（第18条）

条文はOSHMS指針の条文

また、労働安全衛生マネジメントシステムが連続的、かつ、継続的に実施されるように次の事項も併せて行うこととされています。

［1］労働安全衛生マネジメントシステムに必要な要件を手順化し、明文化し、記録する（OSHMS指針８・９条）

［2］システム各級管理者の指名等体制の整備を行う（OSHMS指針７条）

［3］労働者の意見を反映させる（OSHMS指針６条）

なお、OSHMS指針12条による安全衛生管理計画（安全衛生推進計画、安全衛生計画とも呼ばれる）は、各都道府県労働局あるいは労働基準監督署が、事業場に対して、直接あるいは労働基準協会等を通じて作成と提出を求めていますが、これは推奨とされています。

年間安全衛生管理計画を作成しましょう！（青森労働局）

https://jsite.mhlw.go.jp/aomori-roudoukyoku/hourei_seido_tetsuzuki/anzen_eisei/hourei_seido/roudoukijun_kenkoanzen_00004.html

4 リスクアセスメントの実施

職場の危険性または有害性を調査し、それらによって生ずる可能性のある負傷や疾病の重篤度と発生の可能性の度合い（リスク）を見積もり、リスク低減の優先度を決め、リスク軽減のための措置を検討し、それに基づいて職場の改善を行うことをリスクアセスメントといいます。OSHMSの運用における安全衛生計画の実施項目の中でリスクアセスメントは中核をなす活動の一つです。

労働安全衛生マネジメントシステムでは、安全衛生方針の表明と安全衛生目標の設定を行った後、安全衛生計画を立てるのですが、そのためにはリスクアセスメントを実施しなければなりません。

安衛法28条の２第２項による指針

・「危険性又は有害性等の調査等に関する指針」（平18.3.10危険性又は有害性等の調査等に関する指針公示第１号）

・「機械の包括的な安全基準に関する指針」（平19.7.31　基発0731001号）
安衛法57条の３第３項による指針

・「化学物質等による危険性又は有害性等の調査等に関する指針」（平27.9.18　危険性又は有害性等の調査等に関する指針公示第３号　改正令5.4.27　基発0427第３号）

(1) リスクアセスメント

ア　安衛法57条の3に基づくリスクアセスメント（義務）

リスクアセスメントの概要は第10章３、（４）参照

イ　安衛法28条の2に基づくリスクアセスメント（努力義務）

「危険性又は有害性等の調査等に関する指針」に基づくリスクアセスメント

対象業種

①　化学物質、化学物質を含有する製剤その他の物で労働者の危険または健康障害を生ずるおそれのあるもの……全業種

②　①以外のもの……製造業(物の加工業を含む。)、林業、鉱業、建設業、運送業、清掃業、電気業、ガス業、熱供給業、水道業、通信業、各種商品卸売業、家具・建具・じゅう器等卸売業、各種商品小売業、家

具・建具・じゅう器小売業、燃料小売業、旅館業、ゴルフ場業、自動車整備業、機械修理業

《参考サイト》

厚生労働省HP　リスクアセスメント等関連資料・教材一覧

http://www.mhlw.go.jp/bunya/roudoukijun/anzeneisei14/index.html

《実務のポイント～一人でやってはいけないリスクアセスメント》

ある事業場で、いろいろやってはいるが休業災害が減らないという悩みがありました。リスクアセスメントもちゃんとやっているということなので、記録を見せていただいたところ、どうも一人でやっているのではないかと思われました。もしかして、これは一人でやっているのではありませんかと尋ねたところ、災害が発生したその職場の職長さんが一人でリスクアセスメントをしているということでした。リスクアセスメントの効果に、「職場全体の安全衛生のリスクに対する共通の認識を持つことができる」とか、「職場全員が参加することにより「危険」に対する感受性が高まる」というのは、皆でやるからこそです。職長さんが一人でやっているのでは、大きな効果は得られません。

(2) 安全配慮義務としてのリスクアセスメント

リスクアセスメントは努力義務とされていますが、行政上の取締法規である労働安全衛生法で努力義務とされているということは、それを実施していない場合に労働基準監督署から法違反を指摘されることはないということにすぎません。

労働災害について、本人や遺族が損害賠償を求めて訴えた民事上の損害賠償請求をめぐる裁判では、安全配慮義務を履行したか否かが問題となります。その際、安全配慮義務の具体的内容を決定する基準は、①労働安全衛生法等の法令、②労働基準法や労働安全衛生法に関する告示、公示、指針、通達、行政指導など、③会社の安全衛生管理規程や作業手順、④労働災害発生の可能性があるかを事前に発見し、その可能性すなわち危険に対する対策を講ずること（危険予知訓練、リスクアセスメントなど）だと分析されていま

す（「裁判例にみる安全配慮義務の実務」安西愈監修）。

コンクリートパイルの鉄筋による死亡災害損害賠償請求事件

（東京地裁　昭61. 12. 26判決）

〈事件の概要〉

日雇い建築労働者Ａが、Ｂ会社工場内の増設工事現場において、総元請会社である被告Y1建設の下請会社である被告Y2工業の従業員の指示を受け、転圧機により地盤固めの作業中、後ずさりで転圧機をロープで引っ張っていた際、足を滑らせて転倒し、パイルから突出していた鉄筋１本に右顔面を打ちつけ、頚髄損傷の傷害を負って死亡した。Ａの遺族であるＸらは、被告Y1建設や下請のY2工業はその支配下に従事する現場作業員に対し、安全配慮義務を負っていたとし、①打ち込まれたパイルから林立している鋭利な鉄筋の先をキャップで覆うなどの措置をとるべき義務、②降雪のため足場が悪いときは、地固め作業を中止すべき義務、③転圧機をロープで引っ張るような危険な作業を行わせてはならない義務、④転圧作業についての具体的な安全教育を施す義務、などがあったにもかかわらず、これを怠ったとし、民法415条または709条に基づき、Y1建設らに対し、約7,640万円余の損害賠償を請求した。

〈判決の内容〉

判決では、Y1らは、自らの支配監督下の工事現場で転圧作業に従事していたＡに対し安全配慮義務を負っていたと解すべきであるとした。Y1らは、安衛法に規定がないことを理由に鉄筋のキャップ装着義務がない旨主張したが、これは採用されなかった。「本件転圧作業遂行上の安全の問題については、本件事故発生に至るまで、被告らにおいてこれを取り上げて検討したことは一度もなく、何らの問題意識も抱いていなかつた」として、本件補助作業を命ずる際は、「危険の存在を十分掌握し、被災した労働者に対し、後ずさりしながら転圧機を牽引するという不安定で危険な作業をしないよう指示するとか、鉄筋の先端にキャップを装着したうえ転圧作業を行わせるなど安全確保のため適宜の措置を採らせるなどの具体的な注意義務を負っていた」としている。

5　日常的な安全衛生活動

(1) KYT（危険予知訓練）

危険予知訓練は、作業や職場にひそむ危険性や有害性等の危険要因を発見し解決する能力を高める手法です。ローマ字のKYTは、危険のK、予知のY、訓練（トレーニング）のTをとったものです。

KYTの基礎手法であるKYT基礎４ラウンド法による危険予知訓練の進め方は、次表のとおりです。

KYT基礎4ラウンド法

準　備	１チーム ５、６人	・役割分担： リーダー・書記・発表・コメント係・メンバー ・イラスト、ボード、KY用紙
導　入	全員起立し、話合いに入る雰囲気づくりをする。 リーダー……整列、番号、あいさつ、健康確認	
第１ラウンド	**現状把握** どんな危険がひそんでいるか	イラストシートの状況の中にひそむ危険を発見し、危険要因とその要因がひきおこす現象を想定して出し合い、チームのみんなで共有する。
第２ラウンド	**本質追及** これが危険のポイント	発見した危険のうち、これが重要だと思われる危険を把握して○印、さらにみんなの合意でしぼりこみ、◎印とアンダーラインをつけ「危険のポイント」とし、指差し唱和で確認する。
第３ラウンド	**対策樹立** あなたならどうする	◎印をつけた危険のポイントを解決するにはどうしたらよいかを考え、具体的な対策案を出し合う。
第４ラウンド	**目標設定** 私達はこうする	対策の中からみんなの合意でしぼりこみ、赤で※印をつけ「重点実施項目」とし、それを実践するための「チーム行動目標」を設定し、指差し唱和で確認する。

(2) 4S活動

４S（よんえす）は、安全で、健康な職場づくり、そして生産性の向上をめざす活動で、整理（Seiri）、整頓（Seiton）、清掃（Seiso）、清潔（Seiketsu）を行う事をいいます。しつけ（Shitsuke）を加えて５Sも普及しています。第三次産業でとりくみやすく、顧客サービスにもつながるということで、厚生労働省も労働災害防止活動の第一歩として小売業や介護保険事業等で、

4S活動に取り組むことを推奨しています。4S活動のポイントは、以下のとおりです。

1　整理	必要なものと不要なものを区分し、不要なものを取り除くこと 区分するための判断基準が必要です。必要と認められていても、その場所に必要か、それだけの量が必要かなどの改善の余地はないかを検討し、よりよい方法が見つかればそれを新しい判断の基準として定めます。
2　整頓	必要なものを、決められた場所に、決められた量だけ、いつでも使える状態に、すぐに取り出せるようにしておくこと 工具・用具のみならず資材・材料を探す無駄を無くすことが出来ます。安全に配慮した置き方をすることが大事です。
3　清掃	ゴミ、ほこり、かす、くずを取り除き、油や溶剤など隅々まできれいに清掃し、仕事をやりやすく、問題点が分かるようにすること 転倒などの災害を防ぐことができます。機械設備にゴミやかすが付着して、製品に影響が出たり機械に不具合が発生することを防ぐことができます。
4　清潔	職場や機械、用具などのゴミや汚れをきれいに取って、清掃した状態を続けること、作業者自身も身体、服装、身の回りを汚れのない状態にしておくことです。
5　しつけ	決めたこと、教わったことを必ず守るように指導することです。 挨拶や言葉づかい、話し方、服装のほか、作業標準を守る、ものを定められた位置に置く、機械機器は決められた方法で取扱操作するなどの仕事の手順を教育することを含みます。

4Sとは、職場の仕事に、必要なものだけが置かれ、必要なものがいつも同じ場所にあり、必要なものが汚れのない状態であり、いつ見ても職場がその状態であって作業者の身体や服装がきれいであるという状態にあるようにする活動のことです。4S活動は、職場を単にきれいにするという表面的なことでは無く、職場の安全と作業者の健康を守り、そして生産性を向上させる教育プログラムであって、この好ましい状態を維持することなのです。

(3) ヒヤリハット報告活動

ヒヤリハットとは、危ないことが起こったが幸い災害には至らなかった事象のことです。ハインリッヒの法則では、1件の重大事故のウラに29件の軽傷事故、300件の無傷事故（ヒヤリハット）があると言われています。ヒヤリハット活動は、この300件のヒヤリハットを集め、事前の対策と危険の認識を深めることで重大な事故を未然に防ぐ活動です。

自身で体験したヒヤリハットを「ヒヤリハット報告書」で安全担当者に報告し、掲示、回覧や朝礼などで作業者全員に周知し、ヒヤッとした経験を共有するなどして活用することです。自分で体験したヒヤリハットだけではなく、他の作業者が体験しているのを見たと言うヒヤリハットや、こうなるのではないか？と予測したヒヤリハットも有効だということです。

ヒヤリハット活動は、労働者の危険感受性（危険なものを危険と感じる感受性）を鋭くして、潜んでいる危険や小さな異常を的確に発見できる感覚を向上させることができます。

《実務のポイント～ヒヤリハット活動からリスクアセスメントへ》

いきなり本格的なリスクアセスメントに取り組んだけれどうまくいかなかったという声も聞きます。既に多くの企業で行われている危険予知訓練やヒヤリハットからリスクアセスメントに移行する方法が労働局のホームページで紹介されています。

● リスクアセスメントへ

ヒヤリハットの報告は、リスクアセスメントへ活用してください。
ヒヤっとした経験をその作業にまつわる危険として、表に記録します。

棚おろし作業

危険源	災害の程度	災害の可能性	リスクレベル
階段側にドアが開き転落しかけた	×	△	Ⅲ
取扱中に物が大きいので落ちてきた	△	○	Ⅰ

実際に事故が起こった場合を考えます。その災害の程度○△×、その災害が発生する可能性○△×を、記載します。実際にヒヤリハットを報告した作業者とともに行うのも良いでしょう。
こうして出来た一覧のうち、災害の程度×、災害の可能性×など、リスクの高いものについて、優先的に対策を検討します。

リスクアセスメントでは、危険に対して優先度を決めて、根本から作業を変えたり、安全のための道具を用意したり、設備に安全装置を設けたりしていきます。

・ドアが階段とは反対側に開くように蝶番を変える。

兵庫労働局作成

（4）安全の見える化

職場に潜む危険などは、視覚的に捉えられないものがあります。それらを可視化（見える化）すること、また、それを活用することによる効果的な安全活動を「見える」安全活動と言います。危険認識や作業上の注意喚起を分かりやすく周知でき、また、一般の労働者も参加しやすいなど、安全確保のための有効なツールです。

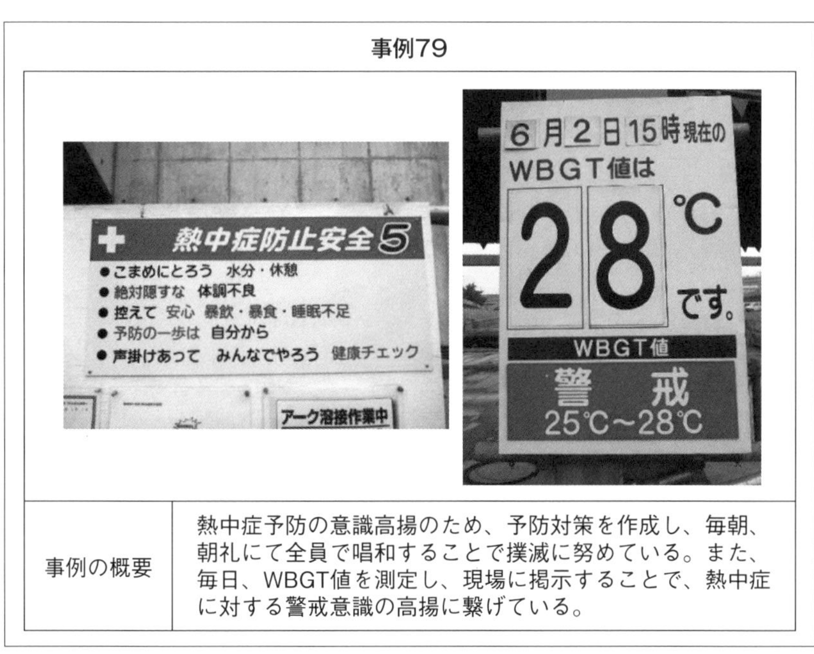

事例の概要	熱中症予防の意識高揚のため、予防対策を作成し、毎朝、朝礼にて全員で唱和することで撲滅に努めている。また、毎日、WBGT値を測定し、現場に掲示することで、熱中症に対する警戒意識の高揚に繋げている。

大阪労働局作成「安全の見える化」事例集

第4章 安全衛生教育

1 安全衛生教育の重要性

労働災害による死傷者数は最も少ない年で2009年に105,718人、その後横ばいを続けて2022年で休業4日以上の死傷者数は132,355人（前年比1,769人増）と過去20年で最多となりました。その中には、安全衛生教育が行われていれば防げたものも少なくありません。正社員の雇入れ時の教育を実施している事業所の割合は正社員で68.4%、正社員以外で61.3%、派遣労働者で60.0%です（平成28年厚生労働省「労働安全衛生調査」）。

例えば、次の災害は有機溶剤によるものですが、その原因の一つに有機溶剤の性質および有害性や、使用済みのガーゼの廃棄方法についての安全衛生教育が不十分であったことがあります。労働者を雇い入れたときには、雇入れ時教育として有機溶剤の正しい取り扱い方法や、呼吸用保護具の着用、作業環境の管理等について教育を行うことが義務づけられています（安衛法59条1項、安衛則35条）。

ゴミ箱に捨てられた有機溶剤を含む布類から揮発した有機溶剤による中毒（製造業）

被災者は災害発生場所にて製造ラインの部品の水拭き作業を行っていたが、作業開始時より有機溶剤の匂いを感じたまま作業を継続していたところ、作業開始から約120分後に頭痛や吐き気等の症状を訴え、医療機関を受診した。作業者は有機溶剤を使用していなかったが、災害発生場所付近では、作業者が作業を開始する前に他の作業者による製造ラインの部品の洗浄作業が行われていた。前の作業では、トルエン等を含有するシンナーを染み込ませたガーゼで部品を払しょくしたが、そのガーゼを付近のごみ箱に密閉することなく廃棄していた。製造ラインの部品の洗浄作業における作業手順は定められていなかった。

原因

・有機溶剤の性質および有害性や、廃棄方法に関する教育が不足していたこと

・製造ラインの部品の洗浄作業における作業手順が定められていなかったこと
・有機溶剤を含ませた布や紙（ウエスや雑巾等）の廃棄物を保管する際に密閉化されていなかったこと

職場のあんぜんサイト労働災害事例　令和３年11月８日追加分

このように、安全衛生教育は、労働者の就業に当たって必要とされる安全衛生に関する知識などを付与するために実施されるもので、労働者に対する安全衛生教育や訓練については、法令上実施することが義務付けられているものと、個々の事業場が独自の判断で実施しているものとがあります。

安全衛生教育は、それぞれの事業場の実態に即して、どのような教育が、どのような対象者に必要なのかを十分検討したうえで教育・訓練計画を立て、これに基づき実施していくことが重要です。

労働安全衛生法に基づく教育等

1　雇入れ時の安全衛生教育（安衛法59条１項）
2　作業変更時の安全衛生教育（同法59条２項）
3　職長等の教育（同法60条）
4　免許、技能講習（同法61条１項、施行令20条）
5　特別教育（同法59条３項、安衛則36条）
6　安全衛生教育及び指針（同法60条の２）
　危険又は有害な業務に現に就いている者に対する安全衛生教育に関する指針（改正令3.3.17　安全衛生教育指針公示第６号）
7　能力向上教育（同法19条の２）
　労働災害の防止のための業務に従事する者に対する能力向上教育に関する指針（改正平18.3.31　能力向上教育指針公示第５号）
8　健康教育等（同法69条）
9　労働災害防止業務従事者講習（同法99条の２）
　安全衛生教育等推進要綱（改正平31.3.28　基発0328第28号）

実施が推奨されている安全衛生教育（概要）

	対象者		教育の種類
①	危険有害業務（就業制限業務および特別教育対象）に準ずる危険有害業務に初めて従事する者		特別教育に準じた教育、危険有害業務従事者教育
②	危険有害業務（就業制限業務および特別教育対象）のうち車両系建設機械等の運転業務に従事する者		危険再認識教育
③	危険有害業務および作業強度の強い業務に従事する者		高齢時教育（おおむね45歳に達したとき）
④	職長等		能力向上教育に準じた教育
⑤	作業指揮者		指名時の教育
⑥	安全衛生責任者		選任時の教育
⑦	特定自主検査に従事する者		能力向上教育に準じた教育
⑧	定期自主検査に従事する者		選任時の教育
⑨	生産技術管理者、設計技術者等		技術者教育
⑩	経営トップ等		安全衛生セミナー
⑪	その他	安全衛生専門家	実務向上研修
		就職予定者	卒業前教育・研修

（安全衛生教育等推進要綱）

安全衛生教育等留意事項

1　安全衛生教育等は、年間安全衛生推進計画等に基づき計画的に実施する必要があります。
2　安全衛生教育の実施担当者（部署）等を定めて必要な管理を行わせるとともに、その記録を確実に整備、保存しておく必要があります。
3　雇入れ時の安全衛生教育は、入社後直ちに実施することが重要です。また、パートタイマーやアルバイト労働者であっても、確実に実施する必要があります。

4　作業内容変更時の安全衛生教育は、転換した作業に就く前に確実に実施する必要があります。
5　職長教育は、新たに職長として発令される前に実施する必要がありますので、あらかじめ職長として発令される可能性のある労働者に対して計画的に受講させるように留意してください。
6　法令に基づく特別教育、免許・技能講習等の必要な有資格者については、受講者や資格者が事業場内にいればよいというものではなく、必要な業務に就く労働者全員に対して受講させたり、資格を取得させる必要があります。
7　安全衛生教育等は、必ずしも自社で行う必要はありませんが、その場合は安全衛生関係団体等が開催する安全衛生講習会や研修等の場に積極的に労働者を参加させることが重要です。
（東京労働局HP　労働安全衛生教育の重要性について）

2　雇入れ時、作業内容変更時の教育

労働者（常時、臨時、日雇等雇用形態を問いません。）を雇い入れたとき、または労働者の作業内容を変更したときは、遅滞なく、当該労働者に対し、その従事する業務に関する安全または衛生のための教育を行わなければなりません（安衛法59条１項、２項）。

教育の具体的な内容は、以下の通りです（安衛則35条）。業種によっては１～４の科目を省略可能でしたが、令和４年の改正で省略はできないことになりました（令和６年４月１日施行）。

1　機械等、原材料等の危険性または有害性およびこれらの取扱い方法に関すること
2　安全装置、有害物抑制装置または保護具の性能およびこれらの取扱い方法に関すること
3　作業手順に関すること
4　作業開始時の点検に関すること
5　当該業務に関して発生するおそれのある疾病の原因および予防に関すること

6　整理、整頓および清掃の保持に関すること
7　事故時等における応急措置および退避に関すること
8　前各号に掲げるもののほか、当該業務に関する安全または衛生のために必要な事項

3　特別教育

事業者は、危険または有害な業務で、一定のものに労働者を従事させるときは、当該業務に関する特別の安全衛生教育（特別教育）を実施しなければなりません（安衛法59条３項）。特別教育の科目の全部または一部について十分な知識および技能を有していると認められる労働者については、当該科目についての特別教育を省略することができます（安衛則37条）。

特別教育を行なったときは、当該特別教育の受講者、科目等の記録を作成して、これを３年間保存しておかなければなりません（安衛則38条）。

安衛法59条に基づく特別教育の必要な対象業務等（安全関係省略）

対象業務	安衛則36条の号数
アーク溶接機を用いて行う金属の溶接、溶断等	3
作業室及び気こう室へ送気するための空気圧縮機を運転する業務	20の２
高圧室内作業に係る作業室への送気の調節を行うためのバルブ又はコックを操作する業務	21
気閘室への送気又は気こう室からの排気の調整を行うためのバルブ又はコックを操作する業務	22
潜水作業者への送気の調節を行うためのバルブ又はコックを操作する業務	23
再圧室を操作する業務	24
高圧室内作業に係る業務	24の２
四アルキル鉛等業務	25
酸素欠乏危険場所における作業に係る業務	26

特殊化学設備の取扱い、整備及び修理の業務（令第20条第５号に規定する第一種圧力容器の整備の業務を除く。）	27
エックス線装置・ガンマ線照射装置を用いて行う透過写真の撮影の業務	28
核燃料物質や原子炉の加工施設、再処理施設・使用施設等の管理区域内で核燃料物質・使用済み燃料やこれらによって汚染された物（原子核分裂生成物を含む）を取り扱う業務	28の２
原子炉施設の管理区域内において、核燃料物質・使用済燃料やこれらによって汚染された物を取り扱う業務	28の３
平成23年３月11日に発生した東北地方太平洋沖地震に伴う原子力発電所の事故により当該原子力発電所から放出された放射性物質により汚染された物であつて、電離則第２条第２項に規定するものの処分の業務	28の４
事故由来廃棄物等（東日本大震災に伴う原子力発電所の事故により放出された放射性物質により汚染された廃棄物等）の処分の業務	28の５
粉じん障害防止規則第２条第１項第３号の特定粉じん作業（設備による注水又は注油をしながら行う粉じん則第３条各号に掲げる作業に該当するものを除く。）に係る業務	29
ずい道等の掘削の作業又はこれに伴うずり、資材等の運搬、覆工のコンクリートの打設等の作業（当該ずい道等の内部において行われるものに限る。）に係る業務	30
廃棄物の焼却施設においてばいじん及び焼却灰その他の燃え殻を取り扱う業務	34
廃棄物の焼却施設に設置された廃棄物焼却炉、集じん機等の設備の保守点検等の業務	35
廃棄物の焼却施設に設置された廃棄物焼却炉、集じん機等の設備の解体等の業務及びこれに伴うばいじん及び焼却灰その他の燃え殻を取り扱う業務	36
石綿含有建築物・工作物・船舶の解体等、石綿の封じ込め・囲い込み	37
東日本大震災により生じた放射性物質により汚染された土壌等に係る土壌等の除染等の業務、廃棄物収集等業務、特定汚染土壌等取扱業務、特定線量下業務	38

Q4−1　金属アーク溶接をする方の粉じん作業特別教育の実施に関し

質問１　粉じん障害防止規則別表第１にある作業（二十の二　金属をアーク溶接する作業、二十一　金属を溶射する場所における作業）を行う場合は、労働安全衛生法59条３項でいう、特別教育を実施する必要があるでしょうか？

質問２「二十一　金属を溶射する場所における作業」は金属を溶射する設備（溶射は密閉された設備内で行う）を扱う作業者もこれに該当するでしょうか？　それとも解放された場所でヒュームが周辺に飛散する場合の作業のみ該当でしょうか？

A　**質問１について**

粉じん則で特別教育の対象となる作業は、特定粉じん作業であり、金属をアーク溶接する作業は特定粉じん作業になっていないので、特別教育をする必要はありません。

金属を溶射する作業は特定粉じん作業になっているので、特別教育をしなければなりません。（安衛法59条　粉じん則（特別の教育）22条　粉じん則（定義等）２条　別表１）

質問２について

前掲条文に密閉設備について適用除外する規定はないので、密閉された設備で行う金属を溶射する作業も特別教育の対象となります。

特別教育テキストの目次　密閉設備の保守点検が教育内容に入っています。

4 職長等教育

建設業、製造業（一部業種を除く※）、電気業、ガス業、自動車整備業、機械修理業において、新たに職務に就くことになった職長その他の作業中の労働者を直接指導または監督する者（作業主任者を除く）に対し、特に必要とされる以下の事項についての安全または衛生のための教育を行わなければなりません。（安衛法60条、安衛則40条）。

下記の事項の十分な知識および技能を有していると認められる者については当該事項の全部または一部を省略することができます（安衛則40条３項）。

① 作業方法の決定および労働者の配置に関すること（２時間）
 [1] 作業手順の定め方
 [2] 労働者の適正な配置の方法
② 労働者に対する指導または監督の方法に関すること（2.5時間）
 [1] 指導および教育方法
 [2] 作業中における監督および指示の方法
③ 労働安全衛生法28条の２第１項または57条の３第１項および２項の危険性または有害性等の調査およびその結果に基づき講ずる措置に関すること（４時間）
 [1] 危険性または有害性等の調査の方法
 [2] 危険性または有害性等の調査の結果に基づき講ずる措置
 [3] 設備、作業等の具体的な改善の方法
④ 異常時等における措置に関すること（1.5時間）
 [1] 異常時における措置
 [2] 災害発生時における措置
⑤ その他現場監督者として行うべき労働災害防止活動に関すること（２時間）
 [1] 作業に係る設備および作業場所の保守管理の方法
 [2] 労働災害防止についての関心の保持および労働災害防止についての労働者の創意工夫を引き出す方法

※製造業の内訳（安衛令19条）

製造業。ただし、次に掲げるものを除く。
イ　たばこ製造業
ロ　繊維工業（紡績業および染色整理業を除く。）
ハ　衣服その他の繊維製品製造業
ニ　紙加工品製造業（セロファン製造業を除く。）
ホ　新聞業、出版業、製本業および印刷物加工業

Q4－2　職長等教育の職長とは、実際の工場のどの職制のことを意味するのでしょうか。

A　「職長その他の作業中の労働者を直接指導または監督する者」と規定されているので、現場で、直接労働者の作業の指揮監督をする立場にある者をいう趣旨であり、ラインの末端の監督者が該当します。名称のいかんを問いません。

5　能力向上教育

事業場における安全衛生の水準の向上を図るため、安全管理者、衛生管理者、安全衛生推進者、衛生推進者その他労働災害の防止のための業務に従事する者に対し、労働災害の動向や技術の進展等を踏まえて、これらの者の能力の向上を図るための教育、講習等を行い、またはこれら教育、講習等を受ける機会を与えるように努めなければなりません（安衛法19条の２第１項）。

このため、厚生労働省では、「労働災害の防止のための業務に従事する者に対する能力向上教育に関する指針」（平元5. 22　能力向上教育指針公示第１号　改正平18. 3. 31　同公示第５号）を示しています（安衛法19条の２第２項）。この指針の概要は次のとおりです。

①　教育の対象者

安全管理者、衛生管理者、安全衛生推進者、衛生推進者、作業主任者、元方安全衛生管理者、店社安全衛生管理者、その他の安全衛生業務従事者

② **種類**

［1］初任時教育……初めてその業務に従事することになったとき

［2］定期教育……その業務に従事して後一定期間ごと

［3］随時教育……事業場において機械設備等に大幅な変更があったとき

別表

安全衛生業務従事者に対する能力向上教育カリキュラム

1　安全管理者能力向上教育（定期または随時）
2　安全衛生推進者能力向上教育（初任時）
3　ガス溶接作業主任者能力向上教育（定期または随時）
4　林業架線作業主任者能力向上教育（定期または随時）
5　ボイラー取扱作業主任者能力向上教育（定期または随時）
6　木材加工用機械作業主任者能力向上教育（定期または随時）
7　プレス機械作業主任者能力向上教育（定期または随時）
8　乾燥設備作業主任者能力向上教育（定期または随時）
9　採石のための掘削作業主任者能力向上教育（定期または随時）
10　船内荷役作業主任者能力向上教育（定期または随時）
11　足場の組立て等作業主任者能力向上教育（定期または随時）
12　木造建築物の組立て等作業主任者能力向上教育（定期または随時）
13　普通第一種圧力容器取扱作業主任者能力向上教育（定期または随時）
14　化学設備関係第一種圧力容器取扱作業主任者能力向上教育（定期または随時）
15　衛生管理者能力向上教育（初任時）
16　衛生管理者能力向上教育（定期または随時）
17　特定化学物質作業主任者能力向上教育（定期または随時）
18　鉛作業主任者能力向上教育（定期または随時）
19　有機溶剤作業主任者能力向上教育（定期または随時）
20　店社安全衛生管理者能力向上教育（初任時）

6　作業手順

雇入れ時および作業内容変更時の教育では「作業手準に関すること」が、職長等教育では、「作業手順の定め方」が教育の内容となっています。このように安全衛生管理にとって作業手順は重要な役割をになっています。作業手順とは、文章化の有無にかかわらず、生産の場にはどこにもあるものです。それを成文化し、危険有害性を取り除いたものが作業手順書となります。その名称は、作業手順、作業標準、安全作業マニュアル、作業指示書などがあります。

作業手順は、作業内容を主な手順に分解し、最も良い順番に並べて、これらの手順ごとに急所（正否、安全、やりやすさなど）を付け加えたものです。作業手順は、正しい作業の進め方であり、生産、品質、安全衛生の観点からの作業のやり方を示すものです。

厚生労働省も、次のように作業標準の作成とそれによる作業を推奨しています。

「職場における腰痛予防対策指針」（平25.6.18　基発0618第1号）

イ　作業標準の策定

腰痛の発生要因を排除または低減できるよう、作業動作、作業姿勢、作業手順、作業時間等について、作業標準を策定すること。

ロ　作業標準の見直し

作業標準は、個々の労働者の健康状態・特性・技能レベル等を考慮して個別の作業内容に応じたものにしていく必要があるため、定期的に確認し、また新しい機器、設備等を導入した場合にも、その都度見直すこと。

以下の労働災害事例のように、作業手順を守らないことが原因となっているものが少なくありません。

〈発生状況〉その他の印刷・製本業

この災害は、ラミネート機の前に立ってラミネート加工された印刷物を受け取り運搬する作業中、急性有機溶剤中毒に罹ったものである。

ラミネート機は、雑誌の表紙、化粧品の箱、ビデオケースのカバーなどの印刷物にポリプロピレンフィルムを貼り付けるものであった。

ラミネート機は、イソブチルアルコールやメタノールなどを含有する接着剤を塗布したポリプロピレンフィルムを加熱して印刷物にラミネートするものであった。

災害発生当日、被災者は、ラミネート機の作業責任者とともに、ラミネート作業を行うように工場責任者から指示され、午前8時30分からラミネート作業に就いた。

被災者の作業は、ラミネート機から作業責任者が取り出したラミネート加工された印刷物を受け取るなどの作業責任者を補助する作業であった。作業開始後、2時間ほど経過した頃、被災者は頭がボーとしたような感じがし、気分が悪くなったが、そのまま作業を継続していた。

昼食後、午後1時から作業を再開したが、午後4時頃になって、吐き気がし、手足が震えてきたので、直ちに病院に収容して診察を受けたところ、急性有機溶剤中毒と診断され、入院加療したものである。

〈原因〉

この災害の原因としては、次のようなことが考えられる。

1　ラミネート加工に使用していた接着剤に、酢酸エチルやメタノールなどの第2種有機溶剤が含有されていたこと。

2　ラミネート機の接着剤の受皿上部に設けられていた局所排気装置が十分に機能していなかったこと、また、接着剤が塗布されたポリプロピレンフィルムの乾燥部の密閉が十分でなかったため、接着剤に含有していた有機溶剤の蒸気が拡散し、ラミネート機の接着剤の受皿の近くで作業していた被災者が拡散した有機溶剤蒸気にばく露したものと考えられること。

3　有害物を取り扱う作業について、作業方法、作業手順、保護具の使用などについての作業マニュアルが作成されていなかったこと。

4　被災者の身体の異常に対して、保護具を着用させるなど有機溶剤作業主任者による異常時の措置が適切に行われなかったこと。

5　作業者が、有機溶剤の有害性に関する知識が十分でなかったこと。

厚生労働省HP職場のあんぜんサイト

第5章 健康診断

1 労働安全衛生法に基づく健康診断とその目的

事業者は、常時使用する労働者※に対して、医師による健康診断を実施しなければなりません（安衛法66条）。

労働安全衛生法による健康診断の目的は、以下のとおりです。

① 労働者の健康状態を把握し適切な健康管理を行う。

② 労働者の健康状態から、職場の有害因子を発見し、その改善を図っていく。

③ 健康上の異常や疾病を早期に発見した場合、就業禁止（休業や配置転換）や就業制限（作業内容や作業時間の制限）などの就業上の措置を講じ、適正な就労を確保する。

※常時使用する労働者とは次のⅰおよびⅱを満たす労働者です。

ⅰ　１年以上使用される予定の者、契約更新により１年以上引き続き使用されている者や６月以上特定業務に従事する予定の者

ⅱ　労働時間が通常の労働者の労働時間の４分の３以上である者

〈パートタイム労働者等の一般健康診断〉

○アルバイトやパートタイム等については、以下の二つの要件を満たす場合は、常時使用する労働者として一般健康診断を実施しなければなりません。

○②に該当しない場合でも、①に該当し、１週間の労働時間が事業場の同種の業務に従事する通常の労働者の１週間の所定労働時間数の概ね２分の１以上である者に対して一般健康診断を実施するのが望ましいとされています。

① 期間の定めのない労働契約により使用される者であること。

期間の定めのある契約により使用される者であっても、更新により１年以上使用されることが予定されている者、および更新により１年以上使用されている者（なお、深夜業など特定業務従事者健診（安衛則45条の健康診断）の対象となる場合は、６か月以上使用されることが予定され、または更新により６か月以上使用されている者）

② １週間の労働時間数が当該事業場において同種の業務に従事する通常の労働者の１週間の所定労働時間数の４分の３以上であること。
（平31.1.30　基発0130第１号、職発0130第６号、雇均発0130第１号、開発0130第１号）

2 一般健康診断

一般健康診断とは、労働者の一般的な健康状態を調べる健康診断（安衛法66条１項）であり、以下のものがあります。

○雇入時の健康診断（安衛則43条）
○定期健康診断（安衛則44条）
○特定業務従事者の健康診断（安衛則45条）
○海外派遣労働者の健康診断（安衛則45条の２）
○給食従業員の検便（安衛則47条）
○深夜業の自発的健康診断（安衛則50条の２）

（1）雇入時の健康診断（安衛則43条）

常時使用する労働者を雇い入れる際の適正配置および入職後の健康管理の基礎資料となるものです。雇入れ時とは、雇い入れの直前または直後をいいます（昭23.1.16　基発83号、昭33.2.13　基発90号）。

検査項目の省略は認められていません。３か月以内に実施した医師による健康診断の結果を証明する書類を提出した場合は、その項目については省略ができます（安衛則43条ただし書き）。

雇入れ時の健康診断は、採用選考時に実施することを義務付けたものではなく、また、応募者の採否を決定するために実施するものではないとして、採用選考時の実施はやめるようにと厚生労働省は指導しています（「採用選考時の健康診断について」平成5.5.10　事務連絡、「採用選考時の健康診断に係る留意事項について」平13.4.24　事務連絡）。さらに、採用選考時に「血液検査」等の健康診断を実施する場合には、健康診断が応募者の適性と職務遂行能力を判断するうえで、合理的かつ客観的にその必要性が認められる範囲に限定して行われるべきものであると指導しています。

雇入れ時の健康診断の項目

1　既往歴および業務歴の調査
2　自覚症状および他覚症状の有無の検査
3　身長、体重、腹囲、視力および聴力（千ヘルツおよび四千ヘルツの音に係る聴力をいう。）の検査
4　胸部エックス線検査
5　血圧の測定
6　血色素量および赤血球数の検査（貧血検査）
7　血清グルタミックオキサロアセチックトランスアミナーゼ(GOT)、血清グルタミックピルビックトランスアミナーゼ（GPT）およびガンマ-グルタミルトランスペプチダーゼ（γ-GTP）の検査（肝機能検査）
8　低比重リポ蛋（たん）白コレステロール（LDLコレステロール)、高比重リポ蛋（たん）白コレストロール（HDLコレステロール）および血清トリグリセライドの量の検査（血中脂質検査）
9　血糖検査
10　尿中の糖および蛋（たん）白の有無の検査（尿検査）
11　心電図検査

(2) 定期健康診断（安衛則44条）

定期※健康診断は、雇入れ時の健康診断等の結果を基礎として、労働者の健康状態の推移を追い、健康上の異常や疾病を早期に発見した場合、就業禁止（休業や配置転換）や就業制限（作業内容や作業時間の制限）などの就業上の措置を講じ、適正な就労を確保することを目的として行うものです。

※定期：「定期とは、毎年一定の時期に、という意味であり、その時期については各事業場毎に適宜決めさせること」（昭23. 1. 16　基発83号、昭33. 2. 13　基発90号）

対象労働者：常時使用する労働者（特定業務従事者を除く。）
実施時期：１年以内ごとに１回

定期健康診断および特定業務従事者の健康診断の項目

定期健康診断、 特定業務従事者の健康診断	省略基準
1　既往歴および業務歴の調査 2　自覚症状および他覚症状の有無の検査 3　身長(※１)、体重、腹囲(※２)(注)、視力および聴力の検査 4　胸部エックス線検査(※３)および喀痰検査(※４) (特定業務従事者の胸部エックス線検査は１年に１回で足りる。) 5　血圧の測定 6　貧血検査（血色素量および赤血球数)(※５) 7　肝機能検査(GOT、GPT、γ-GTP)(※５) 8　血中脂質検査（LDLコレステロール、HDLコレステロール、血清トリグリセライド)(※５) 9　血糖検査(※５) 10　尿検査（尿中の糖および蛋白の有無の検査) 11　心電図検査(※５)	※１身長：20歳以上の者 ※２腹囲： ①40歳未満（35歳を除く）の者 ②妊娠中の女性その他の者であって、その腹囲が内臓脂肪の蓄積を反映していないと診断された者 ※３胸部エックス線検査：40歳未満のうち、次のいずれにも該当しない者 ①５歳毎の節目年齢（20歳、25歳30歳および35歳）の者 ②感染症法で結核に係る定期の健康診断の対象とされている施設等で働いている者 ③じん肺法で３年に１回のじん肺健康診断の対象とされている者 ※４喀痰検査： ①胸部エックス線検査を省略された者 ②胸部エックス線検査によって病変の発見されない者または胸部エックス線検査によって結核発病のおそれがないと診断された者 ※５貧血検査、肝機能検査、血中脂質検査、血糖検査、心電図検査：35歳未満の者および36～39歳の者

注：高齢者等の医療の確保に関する法律による特定健康診査の検診項目である腹囲測定（対象者は、40歳以上75歳未満、並びに35歳の節目の人）に合わせて、労働安全衛生法の一般健康診断でも腹囲測定が項目に加えられています。事業場で実施される定期健康診断の特定健診項目については、医療保険者に対して、標準的な電子媒体等でデータの提供を行うことが義務付けられています。

〈育児休業中の労働者の定期健康診断〉

定期健康診断を実施すべき時期に、労働者が、育児休業、療養等により休業中の場合には、定期健康診断を実施しなくてもさしつかえありません。労働者が休業中のため、定期健康診断を実施しなかった場合には、休業終了後速やかに当該労働者に対し、定期健康診断を実施しなければなりません（平4.3.13　基発115号）。

（3）特定業務従事者の健康診断（安衛則45条）

次に掲げる特定業務に常時従事する労働者に対しては、当該業務の配置換えの際および6か月以内ごとに１回の定期健康診断の実施が義務付けられています（安衛則45条）。ただし、胸部エックス線検査および喀痰検査については、年１回で足ります。

健診項目と省略基準は前掲表「定期健康診断および特定業務従事者の健康診断」参照

対象労働者：労働安全衛生法13条１項２号に掲げる業務に常時従事する労働者

実施時期：上記業務への配置替えの際、６月ごとに１回（胸部Ｘ線検査については年１回で足りる。）

特定業務従事者の健康診断の対象（安衛則13条１項３号）

業　　務	業務の内容
１　多量の高熱物体を取り扱う業務および著しく暑熱な場所における業務	高熱体を取り扱う業務：溶融または灼熱している鉱物、煮沸されている液体等摂氏100度以上のものを取り扱う業務 著しく暑熱な場所：労働者の作業する場所が乾球温度摂氏40度、湿球温度摂氏32.5度、黒球寒暖計示度摂氏50度または感覚温度摂氏32.5度以上の場所
２　多量の低温物体を取り扱う業務および著しく寒冷な場所における業務	低温物体を取り扱う業務：液体空気、ドライアイスなどが皮膚に触れまたは触れるおそれのある業務 著しく寒冷な場所：乾球温度摂氏零下10度以下の場所。空気の流動がある作業場では、気流１m/sを加える毎に、乾球温度摂氏３度の低下があるものとして計算する。 （冷蔵倉庫業、製氷業、冷凍食品製造業における冷蔵

	庫、貯氷庫、冷凍庫等の内部における業務等が該当)
3　ラジウム放射線、エックス線その他の有害放射線にさらされる業務	ラジウム放射線、エックス線その他の有害放射線にさらされる業務：ラジウム放射線、エックス線、紫外線を用いる医療、検査の業務、可視光線を用いる映写室内の業務、金属土石溶融炉内の監視業務等 その他の有害放射線：紫外線、可視光線、赤外線等であって強烈なもの、およびウラニウム、トリウム等の放射能物質
4　土石、獣毛等のじんあいまたは粉末を著しく飛散する場所における業務	植物性（綿、糸、ぼろ、木炭等)、動物性（毛、骨粉等)、鉱物性（土石、金属等）の粉じんを、作業する場所の空気粒子数1000個/１cm³以上、または15mg/１m³以上含む場所 特に遊離硅石を50％以上含有する粉じんについては、その作業する場所の空気700個/１cm³以上、または10mg/１m³以上を含む場所
5　異常気圧下における業務	高気圧下における業務：圧気工法による業務（潜函工法、潜鐘工法、圧気シールド工法等の圧気工法においては、作業室、シャフト等の内部)、各種潜水器を用いた潜水作業（ヘルメット式潜水器、マスク式潜水器その他の潜水器（アクアラング等）を用い、かつ、空気圧縮機若しくは手押しポンプによる送気またはボンベからの給気を受けて行う業務) 低気圧下における業務：海抜3,000m以上の高山における業務
6　さく岩機、鋲（びよう）打機等の使用によつて、身体に著しい振動を与える業務	衝程70mm以下および重量２kg以下の鋲（びよう）打機を除く全てのさく岩機、鋲打機等を使用する業務（注１）
7　重量物の取扱い等重激な業務	重量物を取扱う業務：30kg以上の重量物を労働時間の30％以上取扱う業務、および20kg以上の重量物を労働時間の50％以上取扱う業務 重激な業務：上記に準ずる労働負荷が労働者にかかる業務（注２）
8　ボイラー製造等強烈な騒音を発する場所に	強烈な騒音を発する場所とは、等価騒音レベルが90db以上の騒音がある作業場（平4.8.24　基発480号）

おける業務	（注3）
9　坑内における業務	—
10　深夜業を含む業務	—
11　水銀、砒（ひ）素、黄りん、弗（ふつ）化水素酸、塩酸、硝酸、硫酸、青酸、か性アルカリ、石炭酸その他これらに準ずる有害物を取り扱う業務	—
12　鉛、水銀、クロム、砒（ひ）素、黄りん、弗（ふつ）化水素、塩素、塩酸、硝酸、亜硫酸、硫酸、一酸化炭素、二硫化炭素、青酸、ベンゼン、アニリンその他これらに準ずる有害物のガス、蒸気または粉じんを発散する場所における業務	鉛、（中略）アニリンその他これらに準ずる有害物のガス、蒸気または粉じんを発散する場所：以下の数値以上に有害物が空気中に存在する場所のことである。鉛＝0.5mg/m^3（注、鉛の産業衛生学会の2006年5月現在の許容濃度は0.1mg/m^3）、水銀＝0.1mg/m^3、クロム＝0.5mg/m^3、砒素＝1ppm、黄燐＝2ppm、弗素＝3ppm、塩素＝1ppm、塩酸＝10ppm、硝酸＝40ppm、亜硫酸＝10ppm、硫酸＝5g/m^3、一酸化炭素＝100ppm、二硫化炭素＝20ppm、青酸＝20ppm、ベンゼン＝100ppm、アニリン＝7ppm その他これに準ずるものとは、鉛の化合物、水銀の化合物（朱のような無害なものを除く）、燐化水素、砒素化合物、シアン化合物、クロム化合物、臭素、弗化水素、硫化水素、硝気（酸化窒素類）アンモニヤ、ホルムアルデヒド、エーテル、酢酸アミル、四塩化エタン、テレビン油、芳香族およびその誘導体、高濃度の炭酸ガスをいう。分量軽少で衛生上有害でない場合は該当しない。
13　病原体によつて汚染のおそれが著しい業務	患者の検診および看護の業務、動物またはその屍体、獣毛、皮革その他動物性のものおよびぼろその他古物を取り扱う業務、湿潤地における業務、伝染病発生地域における防疫等の業務

（昭23.8.12　基発1178号、昭42.9.8　安発23号、平4.8.24　基発480号）

（注1）　この健康診断とは別に、振動工具取扱の業務に関する特殊健康診断がある。「チエンソー以外の振動工具の取扱い業務に係る振動障害予防対策指

針」（平成21. 7. 10　基発0710第２号）

（注２）　これとは別に、「職場における腰痛予防対策指針」に基づく特殊健康診断がある。

（注３）　これとは別に、「騒音障害防止のためのガイドライン」（平4. 10. 1　基発546号）に基づく特殊健康診断がある。

Q5−1　弊社では、定期健康診断を毎年４月に実施しています。人間ドックを受ける場合は、４月の前後３か月以内に外部の医療機関で受けた人間ドックの結果を提出するように社内規定で定めています。仕事が忙しいなど業務の都合で、この時期に人間ドックを受けなかった場合、定期健康診断を受診していないということで会社の責任を問われることがあるでしょうか。

A　定期健康診断の実施時期については各事業場毎に適宜決めてよいとされている（昭和23. 1. 16　基発83号、昭和33. 2. 13　基発90号）ので、４月の前後３か月以内という幅のある実施期間で差し支えありません。この期間に人間ドックを受けなかったということは、定期に実施しない者がいたということになります。

受診率が100％でなかったことで労働安全衛生法違反として会社が責任を問われるということはありません。健康診断の実施報告を行うときに、監督署の窓口で何か言われることはないと思います。監督官の臨検監督指導の場合は、100％の実施について指導される可能性はありますが、事業場として健康診断を実施しているわけですから、労働安全衛生法66条違反で是正勧告されることはありません。

Q5−2　ホルムアルデヒドを含有する物質を取り扱う場合の健康診断の実施について教えてください。

A　ホルムアルデヒドは特定化学物質ですが、特定化学物質健康診断の実施義務はありません（特化則39条１項、安衛令22条１項３号）。ホルムアルデヒドを取り扱う業務は、特定業務の⑪水銀、砒素、黄りん、弗化水素酸、塩酸、硝酸、硫酸、青酸、か性アルカリ、石炭酸その他これらに準ずる有害物を取り扱う業務の「その他これらに準ずる有害物」に該当します。したがって、年２回の一般健康診断を実施する義務があります。

この健康診断ではホルムアルデヒドが原因で、ヒトに対してまれに鼻咽頭がんが見られるとされていることから、安衛則45条１項の規定に基づき、ホルムアルデヒド等のガスを発散する場所における業務に常時従事する労働者に対して実施する健康診断においては、特に「自覚症状および他覚症状」の項目で鼻咽頭がんに関する症状に留意する必要があります（平20. 2. 29　基発0229001号）。

また、低濃度長期曝露による健康障害は自覚症状、他覚症状から始まる事こともあり、シックハウス症候群症状も留意し、過去のデータと照らし合わせ健康管理を行うことが望まれます。

（4）海外派遣労働者の健康診断（安衛則45条の２）

対象労働者：海外に６か月以上派遣される労働者

派遣時 労働者を６月以上海外に派遣しようとするとき	定期健康診断の項目および厚生労働大臣が定める項目※（労働安全衛生規則第45条の２第１項および第２項の規定に基づく厚生労働大臣が定める項目を定める告示（平元. 6. 30労働省告示47号、改正平12. 12. 25労働省告示120号）のうち医師が必要であると認める項目について、健康診断実施義務。 ※１　腹部画像検査、２　血液中の尿酸の量の検査、３　Ｂ型肝炎ウイルス抗体検査、４　ABO式およびRh式の血液型検査
帰国時 ６月以上海外勤務した労働者が帰国し、国内業務に就くとき	定期健康診断の項目および厚生労働大臣が定める項目※のうち医師が必要であると認める項目について、健康診断の実施義務 〈省略基準〉：定期健康診断と同じです。 ※１　腹部画像検査、２　血液中の尿酸の量の検査、３　Ｂ型肝炎ウイルス抗体検査、４　糞（ふん）便塗抹検査

(5) 給食従業員の検便（安衛則47条）

事業場附属の食堂または炊事場において給食の業務に従事する労働者に対し、雇入れの際または当該業務への配置替えの際、検便による健康診断を行なわなければなりません。検便による健康診断とは、伝染病保菌者発見のための細菌学的検査をいいます（昭和23.1.16　基発83号、昭和33.2.13　基発90号）。

さらに、「調理従事者等は臨時職員も含め、定期的な健康診断および月に１回以上の検便を受けること、検便検査には、腸管出血性大腸菌の検査を含めること、また、必要に応じ10月から３月にはノロウイルスの検査を含めること。」（「大量調理施設衛生管理マニュアル」（平24.5.18　食安発0518第１号））とされています。

(6) 深夜業従事者の自発的健康診断（安衛則50条の２）

常時使用され、自発的健康診断を受けた日前６月間を平均して１月当たり４回以上の深夜業に従事した（安衛則50条の２）労働者は、自ら受けた健康診断（安衛法66条５項ただし書の規定による健康診断を除く。）の結果を証明する書面を事業者に提出することができます。

自発的健康診断制度は、深夜業従事者の健康管理の充実を図るため、自己の健康に不安を有する深夜業従事者であって事業者の実施する次回の特定業務健診の実施を待てない者が自発的健康診断の結果を事業者に提出した場合に、事業者が、特定業務健診の場合と同様の事後措置等を講ずることを義務付けているものです（平12.3.24　基発162号）。

事業者は、自発的健康診断の結果（有所見者に限る）についても、医師の意見を聴き、必要があると認められるときは、当該労働者の事情を考慮した上で、作業の転換、深夜業の回数を減らすなどの措置を講じなければなりません。また、医師、保健師による健康指導を行うよう努めなければなりません。

自発的健康診断を受診した場合は、特定業務従事者の健康診断（年２回）の１回分を受けたものとみなされます。

深夜業従事者の定義

特定業務従事者健診を実施すべき深夜業の回数について法令に規定は

ありません。「自発的健康診断結果の提出」（安衛法66条の２）に関する「自発的健康診断結果を証明する書面を事業者に提出することができるもの」の要件が「自ら受けた健康診断を受けた日前６か月間を平均して１月当たり４回以上同条の深夜業に従事」と定められています（安衛則50条の２）。この規定から判断すると、特定業務従事者健診を実施すべき深夜業務従事者とは、常時使用され、午後10時以降午前５時の間に「少しでも」業務を行うことが、最近の６か月の平均で月に４回以上あるものとなります。

昼間のみ勤務の者が残業が長引いて深夜に働くことになった回数が月平均４回以上になれば、深夜業に従事する者ということになります。

3　有害業務の健康診断

（1）特殊健康診断

一定の有害業務に従事する労働者については、その有害因子による健康への影響を把握するため、特別の項目の健康診断を行わなければなりません。

特殊健康診断一覧

健康診断の種類（条文）	対象業務等
有機溶剤等健康診断 （有機則29条）	屋内作業場等（第３種有機溶剤は、タンク等の内部に限る）における有機溶剤業務（安衛令22条１項６号）
鉛健康診断 （鉛則53条）	安衛法施行令別表４の鉛業務に掲げる業務（遠隔操作によって行う隔離室におけるものを除く。）（安衛令22条１項４号）
特定化学物質健康診断 （特化則39条 同規則別表３、４） （同規則41条の	１　特定化学物質のうち第一類物質、第二類物質を製造し若しくは取り扱う業務（安衛令22条１項３号）ただし、次のものは除く。 ①　エチレンオキシドとホルムアルデヒド（含有率が１％を超える製剤その他の物を含む。以下同様に物質ごとに省令で定める含有率を超える製剤その他の物を含む。）

2（有機則29条準用）)	②　オーラミンとマゼンタは、当該物質を製造する事業場以外の事業場において、これらのものを取り扱う業務 ③　エチルベンゼンは、屋内作業場等における塗装業務以外の業務 ④　1,2-ジクロロプロパンは、屋内作業場等における洗浄または払拭の業務以外の業務 ⑤　クロロホルムほか９物質※は屋内作業場等における有機溶剤業務以外の業務 ※クロロホルムほか９物質：クロロホルム、四塩化炭素、1,4-ジオキサン、1,2-ジクロロエタン、ジクロロメタン、スチレン、1,1,2,2-テトラクロロエタン、テトラクロロエチレン、トリクロロエチレン、メチルイソブチルケトン ⑥　コバルトおよびその無機化合物を触媒として取り扱う業務 ⑦　酸化プロピレン等を屋外において、直結できる構造のホースを用いて、自動車等から貯蔵タンクにまたは貯蔵タンクから、タンク自動車等に注入する業務　また、同様に貯蔵タンクから耐圧容器に注入する業務 ⑧　樹脂等により固形化された三酸化二アンチモン等を製造し、または取り扱う業務 ⑨　ジメチル-2･2-ジクロロビニホスフェイト（DDVP）を成形し、加工し、または包装する業務以外の業務 ⑩　液状のナフタレン等について、密閉式の構造の設備からの試料の採取の業務、および直結できる構造のホースを用いて、自動車等に注入する業務、並びに常温（35度を超えない）を超えない温度で取り扱う業務 ⑪　リフラクトリーセラミックファイバー等のうち、バインダーにより固形化されたもの、その他粉じんの発散を防止する処理が講じられたもの（当該物の切断、穿孔、研磨等のリフラクトリーセラミックファイバー等の粉じんが発散するおそれのある業務を除く。）を取り扱う業務 2　労働安全衛生法55条で製造等が禁止されている物質（石綿を除く）を試験研究のため製造し、若しくは使用する業務 ※特定化学物質の健診項目
高気圧業務健康診断 （高圧則38条）	高気圧室内業務、潜水業務に従事する者 雇入れの際、配置替えの際、その後６月以内ごとに１回、定期に、医師による健康診断の実施

	既往歴および高気圧業務歴の調査、関節、腰若しくは下肢の痛み、耳鳴り等の自覚症状または他覚症状の有無の検査、四肢の運動機能の検査、鼓膜および聴力の検査、血圧の測定並びに尿中の糖および蛋たん白の有無の検査、肺活量の測定
電離放射線健康診断 （電離則56条）	エックス線、その他の電離放射線にさらされる業務 放射線業務に常時従事する労働者で管理区域に立ち入るものに対し、雇入れ、配置替えの際、その後６月以内ごとに１回、定期に、次の項目について医師による健康診断の実施義務 ①被ばく歴の有無等　②白血球数及び白血球百分率の検査 ③赤血球数の検査および血色素量またはヘマトクリット値の検査 ④白内障に関する眼の検査　⑤皮膚の検査
除染等業務健康診断 （除染則20条）	除染等業務に常時従事する除染等業務従事者 雇入れ、配置替えの際、その後６月以内ごとに１回、定期に、次の項目について医師による健康診断の実施義務 ①被ばく歴の有無等　②白血球数及び白血球百分率の検査 ③赤血球数の検査および血色素量又はヘマトクリット値の検査 ④白内障に関する眼の検査　⑤皮膚の検査
石綿健康診断 （石綿則40条）	①の者に雇入れの際、配置替えの際、その後６月以内ごとに１回健康診断の実施義務、②の者に６月以内ごとに１回健康診断の実施義務 ①石綿等を取扱いまたは試験研究のため、または石綿分析用試料等の製造に伴い石綿の粉じんを発散する場所における業務に従事する者 ②過去に石綿等の製造または取り扱いに伴い石綿の粉じんを発散する場所における業務に従事したことのある労働者で現に使用している者
四アルキル鉛健康診断 （四鉛則22条）	四アルキル鉛の製造、混入、取扱いの業務 雇入れの際、配置替えの際およびその後６月以内ごとに１回、定期に、以下の項目について医師による健康診断実施義務。 ①業務の経歴の調査、②作業条件の簡易な調査、③四アルキル鉛による自覚症状および他覚症状の既往歴の有無の検査並びに⑤および⑥の項目についての既往の検査結果の調査 ④いらいら、不眠、悪夢、食欲不振等　その他の神経症状または精神症状の自覚症状または他覚症状の有無の検査　⑤血液中の鉛の量の検査、⑥尿中のデルタアミノレブリン酸の量の検査

※特定化学物質の健診項目については、以下を参照してください。
「健康診断を実施しましょう」
https://jsite.mhlw.go.jp/osaka-roudoukyoku/library/osaka-roudoukyoku/H27/kenko/270703.pdf

(2) ばく露の程度が低い場合における特殊健康診断の実施頻度の緩和

（安衛法66条２項、特化則39条４項、有機則29条６項、鉛則53条４項、四鉛則22条４項）

作業環境管理やばく露防止対策等が適切に実施されている場合には、特化則（特別管理物質を除く。）、有機則、鉛則、四鉛則の特殊健康診断の実施頻度（通常は６月以内ごとに１回）を１年以内ごとに１回に緩和できます。

要件を満たすかどうかは、事業者が労働者ごとに判断し、監督署への届出等は不要です。労働衛生に係る知識・経験のある医師等の専門家の助言を踏まえて判断することが望ましいとされています（令4. 5. 31　基発0531第９号）。

要件	［1］当該労働者が業務を行う場所の、直近３回の作業環境測定結果が第１管理区分であったこと。 ［2］直近３回の健康診断の結果、当該労働者に新たな異常所見がないこと。 ［3］直近の健康診断実施後に、軽微なものを除き作業方法の変更がないこと。 ※［1］～［3］をいずれも満たすこと（四鉛則については［2］、［3］を満たすこと）が必要です。 ※製造禁止物質、特別管理物質の特殊健康診断は、緩和の対象になりません。

(3) じん肺健康診断

じん肺法施行規則別表で定められた粉じん作業に従事または従事した労働者に対して、就業時、定期、定期外、離職時に健康診断を行わなければなりません。

じん肺健康診断の種類、対象者、実施頻度

じん肺健診の種類	対象者 ※一部記載を省略しています	実施頻度（時期）
就業時健康診断〔じん肺法７条〕	新たに常時粉じん作業に従事することになった労働者	就業の際

<table>
<tr><td rowspan="4">定期健康診断
〔じん肺法8条〕</td><td colspan="2" rowspan="2">現在、常時粉じん作業に従事する労働者</td><td>（下記の労働者を除く）</td><td>3年に1回</td></tr>
<tr><td>左記に該当し、じん肺管理区分が管理2または管理3の労働者</td><td>1年に1回</td></tr>
<tr><td colspan="2" rowspan="2">過去に常時粉じん作業に従事したが、現在は非粉じん作業に従事する労働者</td><td>左記に該当し、じん肺管理区分が管理2の労働者</td><td>3年に1回</td></tr>
<tr><td>左記に該当し、じん肺管理区分が管理3の労働者</td><td>1年に1回</td></tr>
<tr><td>定期外健康診断
〔じん肺法9条〕</td><td colspan="3">常時粉じん作業に従事する労働者が、労働安全衛生法66条1項または2項の一般定期健康診断において、「じん肺所見あり」または「じん肺の疑いあり」と診断されたとき
（じん肺管理区分が管理2、3、4と決定された者を除く）</td><td>遅滞なく</td></tr>
<tr><td rowspan="3">離職時健康診断
〔じん肺法9条の2〕</td><td rowspan="3">右記に該当する労働者が、離職の際にじん肺健康診断を行うよう求めたとき</td><td rowspan="2">現在、常時粉じん作業に従事</td><td>前回のじん肺健康診断の受診から1年6か月以上経過（下記の労働者を除く）</td><td rowspan="3">離職の際
（遅滞なく）</td></tr>
<tr><td>じん肺管理区分が管理2または管理3の労働者であって、前回のじん肺健康診断の受診から6か月以上経過</td></tr>
<tr><td>過去に常時粉じん作業に従事したが、現在は非粉じん作業に従事</td><td>じん肺管理区分が管理2または管理3の労働者であって、前回のじん肺健康診断の受診から6か月以上経過</td></tr>
</table>

じん肺健康診断の検査項目〔じん肺法第3条〕

〔必ず実施すべき項目〕
① 粉じん作業の職歴の調査
② 胸部エックス線写真（直接撮影による胸部全域のエックス線写真）
〔一定の条件を満たすものおよび医師が必要であると認めたときに実施しなけれ

ばならない項目〕
③　胸部臨床検査
④　肺機能検査
⑤　(③胸部臨床検査の結果疑いがある場合) 結核精密検査その他合併症に関する検査

(4) 歯科健診

歯科健診実施対象業務

歯科健診	安衛令22条3項に掲げる塩酸、硝酸、硫酸、亜硫酸、フッ化水素、黄りんその他歯またはその支持組織に有害な物のガス、蒸気または粉じんを発散する場所における業務	安衛則48条

Q5−3　じん肺健康診断の対象者が退職することになったが、近隣の医療機関に問い合わせたところ、退職時のじん肺健康診断の予約が退職後しばらくしてからでないととれないことがわかりました。産業医がじん肺健康診断をやってもいいと言っているのですが、それでよいのでしょうか。(労務管理担当者)

A　じん肺健康診断には離職時健康診断があり、過去に「粉じん作業」に従事していた事のある労働者から離職に際してじん肺健康診断を行うように求められた場合に行うものです。胸部エックス線写真を見て、じん肺の所見を判断できるかどうかわかりませんので、退職後でもやむをえませんから、専門の医療機関の予約をとってやってもらってください。

ちなみに、じん肺健康診断のX線による読影は、じん肺専門医が行うものです。それぞれの疾病の異常陰影は「じん肺審査ハンドブック」(労働省安全衛生部労働衛生課編) に示されています。

Q5−4　粉末を著しく発生する場所で就労している者についてじん肺健康診断はやらなければならないか。(保健師)

A　粉じん作業に従事または従事した労働者に対しては、①就業時、②定期、③定期外、④離職時に以下の項目の健康診断を行わなければなりません。粉じん作業とは、じん肺法施行規則２条、別表に定められているものをいいます。例えば、「七　研磨材の吹き付けにより研磨し、または研磨材を用いて動力により、岩石、鉱物若しくは金属を研磨し、若しくはばり取りし、若しくは金属を裁断する場所における作業（前号に掲げる作業を除く。）ただし、設備による注水または注油をしながら、研磨材を用いて動力により、岩石、鉱物若しくは金属を研磨し、若しくはばり取りし、または金属を裁断する場所における作業を除く。」は製造業でしばしば行われている作業です。したがって、粉末であれば何でもじん肺健康診断の対象となるわけではありません。粉末が何であるのか、それはこの別表に定められた作業に該当するのかをはっきりさせる必要があります。

Q5−5　塩酸使用の歯の酸蝕の健診項目を教えてください。（産業歯科医、労務担当者）

A　メッキ工場等の酸を使用する事業場においては歯牙酸蝕症の発生がみられ、また黄リンやフッ化水素を使用する工場でも歯に関する職業性疾病があるので、労働者の歯またはその支持組織の職業病について、歯科医師による健康診断の実施が義務付けられています。

1　歯科健康診断

具体的には、塩酸、硝酸、硫酸、亜硫酸、弗化水素、黄りんその他歯またはその支持組織に有害な物質のガス、蒸気または粉じんを発散する場所における業務に従事する労働者に対して、雇入れの際、当該業務への配置換えの際およびその後６か月以内ごとに１回、定期に、歯科医師による健康診断を実施しなければならないと定められています（安衛則48条）。

歯科健康診断については、検査項目および健康診断個人票について法令上の定めがなく、「特殊健康診断指導指針」（昭31.5.18　基発308号）が示されており、以下のように記載されています。ただし、塩酸については記載がありませんので、兵庫県歯科医師会「産業歯科保健マニュアル」を参考にしました。

業務内容	検査項目と検査方法
塩酸	検査項目：歯の酸蝕による変化 検査方法：視診
黄燐を取り扱う業務または燐の化合物のガス、蒸気若しくは粉じんを発散する場所における業務	検査項目：顎骨の変化 検査方法：エックス線撮影
亜硫酸ガスを発散する場所における業務	検査項目：歯の変化 検査方法：視診
フッ化水素を取り扱う業務またはそのガス若しくは蒸気を発散する場所における業務	第一次健康診断項目：歯の異常 第二次健康診断対象者の選定基準：斑状歯がある者（ただし小児期の生活に起因する者は除く） 第二次健康診断項目：①職歴調査、②血中のカルシウム量の検査、③血中の酸性ホスファターゼの検査、④胸部エックス線写真撮影、⑤長骨のエックス線写真撮影、⑥尿中フッ素量の検査

2　歯科医師からの意見聴取

事業者は、塩酸、硝酸、硫酸、亜硫酸、弗化水素、黄りんその他歯またはその支持組織に有害な物のガス、蒸気または粉じんを発散する場所における業務（安衛令22条３項の業務）に常時50人以上の労働者を従事させる事業場については、以下の（１）から（７）の事項（安衛則14条１項）のうち当該労働者の歯またはその支持組織に関する事項について、適時、歯科医師の意見を聴くようにしなければなりません。

（１）　健康診断および面接指導等（安衛法66条の８第１項に規定する面接指導および安衛法66条の９に規定する必要な措置をいう。）の実施並びにこれらの結果に基づく労働者の健康を保持するための措置に関すること。

（２）　作業環境の維持管理に関すること。
（３）　作業の管理に関すること。
（４）（１）から（３）に掲げるもののほか、労働者の健康管理に関すること。
（５）　健康教育、健康相談その他労働者の健康の保持増進を図るための措置に関すること。
（６）　衛生教育に関すること。
（７）　労働者の健康障害の原因の調査および再発防止のための措置に関すること。

３　歯科医師の勧告

上記２の事業場の労働者に対して労働安全衛生法66条３項の健康診断を行った歯科医師は、当該事業場の事業者または総括安全衛生管理者に対し、当該労働者の健康障害（歯またはその支持組織に関するものに限る。）を防止するため必要な事項を勧告することができます。
（「特殊健診診断指導指針」昭31. 5. 18　基発308号）

Q5−6　電離則健康診断の項目に「皮膚の検査」がありますが、具体的な検査内容、方法を教えてください。（産業医）

A　電離放射線障害防止規則には、皮膚の検査と書かれているだけで、具体的な検査内容、方法については何も定められていません。そこで、「労働基準法施行規則の一部を改正する省令等の施行について」（昭和53. 3. 30　基発186号）によると、「皮膚潰瘍等の放射線皮膚障害」について、「等」には、皮膚の紅斑、水疱、脱毛、爪の異常または皮膚の乾燥、萎縮等の病的変化があるとされているので、皮膚の潰瘍、紅斑、水疱、脱毛、爪の異常または皮膚の乾燥、萎縮等の病的変化を目視で確認することになると考えられます。参考として、産業医科大学産業医実務研修センター「職域健康診断　問診・診察マニュアル　改訂第２版」では、「上肢の皮膚で、皮膚の乾燥、発赤、縦皺、潰瘍、爪の異常等の有無の確認を視診により行う。」と記載されています。

4　行政指導による健康診断（指導勧奨）

以下の業務について、健康診断の実施が指導されています。

業　務	検査・調査
1～8は昭31.5.18　基発308号	
1　紫外線にさらされる業務 赤外線にさらされる業務	眼の障害の検査（視診）
2　マンガン化合物（塩基性酸化マンガンに限る。）を取り扱う業務、またはそのガス、蒸気若しくは粉じんを発散する場所における業務	1四肢、特に指の振せん、小書症、突進症等の検査（視診） 2握力、背筋力の検査
3　黄りんを取り扱う業務、またはりんの化合物のガス、蒸気若しくは粉じんを発散する場所における業務	顎骨の変化（X線撮影）
4　有機りん剤を取り扱う業務またはそのガス、蒸気若しくは粉じんを発散する場所における業務	1血清コリンエステラーゼ活性値 2多汗、縮瞳、眼瞼・顔面の筋繊維性攣縮の検査
5　亜硫酸ガスを発散する場所における業務	1視診による歯牙の検査 2問診による消化器障害の検査
6　二硫化炭素を取り扱う業務またはそのガスを発散する場所における業務（有機溶剤業務に係るものを除く。）	1頭重、下肢のけん怠等、食欲不振等、胃の異常症状、眼の痛み、神経痛等の自覚症状の有無（問診） 2ロンベルグ症候、足クローヌスまたは手指の振せんの有無 3全血比重、血色素量、ヘマトクリット値または網状赤血球数 4尿中のウロビリノーゲン、蛋白または糖の有無
7　ベンゼンのニトロアミド化合物を取り扱う業務またはそれらのガス、	1血液比重 2尿中のウロビリノーゲン、コプロポ

蒸気若しくは粉じんを発散する場所における業務	ルフィリン、糖 ３チアノーゼ
８　脂肪族の塩化または臭化炭化水素（有機溶剤として法規に規定されているものを除く。）を取り扱う業務またはそれらのガス、蒸気若しくは粉じんを発散する場所における業務	１血圧　２白血球数　３血液比重 ４ウロビリノーゲン、蛋白 ５複視（問診による） ６疲労感、めまい、吐き気（問診）
９　砒素またはその化合物（三酸化砒素を除く。）を取り扱う業務またはそのガス、蒸気若しくは粉じんを発散する場所における業務（平20.11.26　基発1126001号）	１鼻炎、潰瘍、鼻中隔穿孔（視診） ２視診による皮膚の障害 ３血液比重 ４血液中のウロビリノーゲン
10から13まで昭40.5.12　基発518号	
10　フェニル水銀化合物を取り扱う業務またはそのガス、蒸気若しくは粉じんを発散する場所における業務	１口内炎、手指の振せん、不眠、頭痛、精神不安定 ２皮膚の変化　３体重測定 ４尿中蛋白
11　アルキル水銀化合物（アルキル基がメチル基またはエチル基であるものを除く。）を取り扱う業務またはそのガス、蒸気若しくは粉じんを発散する場所における業務	１口唇、四肢部の知覚異常、頭重、関節痛、睡眠異常、抑うつ感、不安感、歩行失調 ２皮膚の変化　３体重測定 ４尿中のウロビリノーゲン
12　クロルナフタリンを取り扱う業務またはそのガス、蒸気若しくは粉じんを発散する場所における業務	１顔面、耳朶、頂部、胸部、背部等のクロルアクネの有無 ２尿中のウロビリノーゲン
13　沃素を取り扱う業務またはそのガス、蒸気若しくは粉じんを発散する場所における業務	１流涙、眼痛、結膜充血、咳嗽、鼻汁過多、咽頭痛、鼻炎、頭痛、めまい ２皮膚の変化 ３心悸亢進、甲状腺肥大、眼球突出、手指の振せん、発汗、体重減少、神経系の一時的興奮等バセドウ氏病様所見の有無
14　米杉、ネズコ、リョウブまたはラワンの粉じん等を発散する場所にお	１咽頭痛、咽頭部違和感、咳嗽、喀痰、喘鳴、息切れ、夜間における呼吸

ける業務（昭45.1.7　基発２号）	困難等の自覚症状（問視診）　２前回の健康診断（就業時の健康診断を含む）または診察以後における気管支ぜん息発作の発生状況（問視診）　３眼、鼻、咽頭の粘膜のアレルギー性炎症等（問視診）　４胸部の聴打診　５接触性皮膚炎、湿疹による皮膚変化についての問視診
15　超音波溶着機を取り扱う業務（昭46.4.17　基発326号）	１不快感、頭痛、耳鳴、耳内通、吐気、めまい等の自覚症状の有無　２思考障害、自律神経症状等の精神神経症状の有無　３手指等の皮ふの障害の有無
16　メチレンジフェニルイソシアネート〈M.D.I〉を取り扱う業務またはこのガス若しくは蒸気を発散する場所における業務（昭和40.5.12　基発518号）	１頭重、頭痛、眼痛、鼻痛、咽頭痛、咽頭部違和感、咳嗽、喀痰、胸部圧迫感、息切れ、胸痛、呼吸困難、全身倦怠、体重減少、眼、鼻、咽頭の粘膜の炎症　２皮膚の変化　３胸部理学的変化
17　フェザーミル等飼肥料製造工程における業務（昭45.5.8　基発360号）	作業中、作業終了後に激しい頭痛、眼痛、咳、皮膚炎症等の症状が出た場合医師の診断および措置を受けさせる
18　クロルプロマジン等フェノチアジン系薬剤を取り扱う業務（昭45.12.12　基発889号）	皮膚障害がみられた場合 医師の診断および措置を受けさせる
19　キーパンチ作業（昭39.9.22　基発1106号）（昭48.3.30　基発188号）（昭48.12.22　基発717号）	配置前 １性向検査　２上肢、せき柱の形態及び機能検査　３指機能検査　４視機能検査　５聴力検査 定期健診は配置前の健診結果の推移を観察する
20　都市ガス配管工事業務（一酸化炭素）（昭40.12.8　基発1598号）	就業前、定期 物忘れ、不眠、疲労、頭痛、めまい、視野狭さく、その他の神経症状等、一酸化中毒を疑わしめる症状の有無および程度

21　地下駐車場における業務（排気ガス）（昭46. 3. 18　基発223号）	作業中、排気ガスによると思われる頭痛、めまい、はき気等の症状を訴える場合、医師の診断および措置を受けさせる
22　チェーンソー使用による身体に著しい振動を与える業務（改正　昭48. 10. 18　基発597号、昭50. 10. 20　基発第609号）	配置換えの際およびその後６月以内毎に以下の項目を実施 １職歴調査　２自覚症状調査　３視診、触診　４筋力、筋運動検査　５血圧検査　６末梢循環機能検査　７末梢神経機能検査
23　チェーンソー以外の振動工具（さく岩機、チッピングハンマー、スインググラインダー等）の取り扱いの業務（改正　昭50. 10. 20　基発609号）	１職歴調査　２自覚症状調査　３視診、触診　４筋力、筋運動検査　５血圧検査　６末梢循環機能検査　７末梢神経機能検査
24　重量物取り扱い作業、介護作業等腰部に著しい負担のかかる作業（平25. 6. 18　基発0618第１号）	１既往歴　２自覚症状（腰痛、下肢痛、下肢筋力減退、知覚障害等）の有無の検査　３せき柱の検査（定期検診は医師が必要と認める者）　４神経学的検査（定期検診は医師が必要と認める者） ５せき柱機能検査（配置換えの際） ６画像診断と運動機能テスト等（定期検診は医師が必要と認める者）
26　引金付工具を取り扱う業務（昭50. 2. 19　基発94号）	１問診　２視診、触診　３握力の測定 ４視機能検査
27　情報機器作業（平14. 4. 5　基発0405001号）	１自覚症状の有無の調査　２眼科学的検査　３筋骨格系検査
28　レーザー機器を取り扱う業務またはレーザー光線にさらされるおそれのある業務（平17. 3. 25　基発0325002号）	１視力検査　２前眼部（角膜、水晶体）検査　３眼底検査
30　騒音作業（令和5. 4. 20　基発0420第２号）	１自覚症状および他覚症状の有無の検査　２オージオメーターによる250、500、1000、2000、4000、8000Hzにおける聴力の検査、定期についてはオージオメーターによる1000、4000Hzにおける聴力　３その他医師の必要と認

	める検査

Q5−7 情報機器作業の健康診断の項目と実施頻度を教えてください。（産業医）

A 情報機器作業における労働衛生管理のためのガイドライン（令元.7.12 基発0712第３号）で、対象となる作業と健康診断の項目が定められています。

【対象となる作業】

作業時間または作業内容に相当程度拘束性があると考えられるもの（全ての者が健診対象）：コールセンターで相談対応（対応録をパソコン入力)、パソコンを用いた校正・編集・デザイン、プログラミング、CAD作業　等

上記以外のもの（自覚症状を訴える者のみ健診対象）：上記の作業で４時間未満のもの、上記の作業で４時間以上ではあるが労働者の裁量による休憩をとることができるもの

健康診断の項目

配置前健康診断	定期健康診断
○業務歴の調査 ○既往歴の調査 ○自覚症状の有無の調査（問診） ○眼科学的検査 ・遠見視力の検査 ・近見視力の検査 ・屈折検査 ・眼位検査 ・調節機能検査 ○筋骨格系に関する検査 ・上肢の運動機能、圧痛点等の検査 ・その他医師が必要と認める検査	○業務歴の調査 ○既往歴の調査 ○自覚症状の有無の調査（問診） ○眼科学的検査 ・遠見視力の検査 ・近見視力の検査 ・眼位検査(40歳以上の者が対象) ・調節機能検査（40歳以上の者が対象） ○筋骨格系に関する検査 ・上肢の運動機能、圧痛点等の検査 ・その他医師が必要と認める検査

5 都道府県労働局長が指示する臨時の健康診断

都道府県労働局長は、労働者の健康を保持するため必要があると認めるときは、労働衛生指導医（安衛法95条）の意見に基づき、労働安全衛生規則49条で定めるところにより、事業者に対し、臨時の健康診断の実施その他必要な事項を指示することができると定められています（安衛法66条４項）。具体例としては、2011年３月16日に、被ばく限度の引き上げを行ったことを踏まえ、福島労働局から東電福島第一原発に対して、緊急作業に従事した労働者に対する臨時の健康診断の実施が指示されました。なお、ステップ２（原子炉を安定的な冷温停止状態にするための工程）完了とともに指示を解除しています。

健康診断の対象者：緊急作業での被ばく線量が100mSvを超えている、または緊急作業従事期間が１か月を超える緊急作業従事者

健康診断の項目：電離放射線健康診断の項目に体重測定、自覚症状・他覚症状（外傷や消化器症状等）の確認の際には睡眠、食欲の変化等、心身両面の状態に留意すること。

実施の間隔：１か月以内ごとに１回を原則とした。

6 労働者の受診義務

労働者は、労働安全衛生法66条１項から４項の規定により事業者が行う健康診断を受けなければなりません（同条５項）。しかし、事業者の指定した医師または歯科医師が行う健康診断を受けることを希望しない場合は、他の医師または歯科医師の行う法定の健康診断に相当する健康診断を受け、その結果を証明する書面を事業者に提出すれば、事業者の行う健康診断を受けなくてもよいこととされています。ただし、労働者が希望する医師または歯科医師による健康診断を受けた場合の費用は労働者本人が支払うことになります。

Q5−8　毎年、定期健康診断を受けない従業員がいますがどうすればいいのでしょうか。

A　労働安全衛生法は、労働者に健康診断の受診義務を課している（安衛法66条５項）ので、受診を拒否することは認められていません。ただし、労働者が、会社の行う指定した医師または歯科医師が行う健康診断を受けることを希望しない場合には、他の医師または歯科医の健康診断を受け、その結果を証明する書面を会社に提出することができるとされ（安衛法66条５項ただし書）、医師選択の自由が認められています。

従業員が健康診断受診を拒否した場合の対処として、その事実を記録しておくことをお勧めします。当該従業員の健康状態を把握することができないことにより、会社が就労環境を十分に整備できず、その結果、当該労働者に健康被害が発生したとしても会社は安全配慮義務を尽くさなかったことについてその責任を負わないと主張することが可能と思われます。

以下のように就業規則に受診命令の根拠となる規定を置くことにより、業務命令として受診を命ずることができるようにすることもできます。

（健康診断の受診義務）

第○条　従業員は、１年に１回、定期健康診断を受診しなければならない。

２　特定業務に従事する従業員は６か月に１回定期健康診断を受診しなければならない。

愛知県教育委員会事件（最高裁　平13. 4. 26判決　労働判例804号15頁）

〈事件の概要〉

公立中学教諭Xが、昭和58年５月、定期健康診断における胸部エックス線検査につき放射線暴露の危険性を理由として受診せず、その後の２回の未受診者検査の受診を命じた校長の職務命令を拒否したこと、および同年11月28日、勤務条件に関する措置要求のため校長の不許可にもかかわらず職場離脱したことが地公法29条（法律等違反、職務上の義務違反）に当たるとして、被告教育委員会から３か月間、給料と調整手当の合計額の10分の１の減給処分を受けた。Xは、不服申立てを却下され、同処分を違法として取消請求をした。

〈判決の内容〉

市町村は、学校保健法により、毎学年定期に、学校の職員の健康診断を行わなければならず、当該健康診断においては、結核の有無をエックス線間接撮影の方法により検査するものとされている。

市町村立中学校の教諭等は、労働安全衛生法66条５項による定期健康診断を受ける義務を負っているとともに、エックス線検査については結核予防法７条１項によっても受診する義務を負っている。

市立中学校の教諭が、エックス線検査を行うことが相当でない身体状態ないし健康状態にあったなどの事情もうかがわれないのに、市教育委員会が実施した定期健康診断においてエックス線検査を受診しなかったなど判示の事実関係の下においては、校長が職務上の命令として発したエックス線検査受診命令は適法であり、上記教諭がこれに従わなかったことは、地方公務員法（平成11年法律第107号による改正前のもの）29条１項１号、２号に該当する。

なお、この判決は集団感染の可能性が高い中学生に接する生活環境であることなども判断要素として考慮している。

7　労働者の自己保健義務

労働者は自己の健康を保持する義務があります。裁判例でも、「自己の健康については、自己自身がまた常に心掛けておらねばならぬことというまでもない。……自己の保健をすべて定期検診に委ねることは許されるべきことではない。」（津山税務署事件　岡山地裁津山支部　昭48.4.24判決　労働判例181号70頁）と自己保健義務を明らかにしたものがあります。

また、システムコンサルタント事件（東京高裁　平11.7.28判決　労働判例770号58頁）では、毎年、健康診断結果の通知を受けており、治療が必要な高血圧であることを知っていた上、精密検査を受けるよう指示されていたにもかかわらず、精密検査の受診や医師の治療を受けることをしなかったことを理由に、過失相殺（会社の損害賠償額を減じる）しています。

このように労働者が健康診断を受診しない、健診結果を提出しないなどの場合には、使用者はその限りにおいて安全配慮義務を免れ、あるいは軽減されて、過失相殺という形で労働者自身に責任を帰すことがあります。

システムコンサルタント事件（東京高裁　平11.7.28判決、最高裁平15.10.13決定により確定　労働判例791号６頁）

〈判決の要旨〉

システム開発業務のプロジェクトリーダーを務めていたシステムエンジニアが脳幹部出血により死亡し、遺族が損害賠償請求を行ったもの。同人の死亡は、その基礎疾患である本態性高血圧が、慢性的な長時間労働（1979年入社以来、年平均3000時間近く）による過重業務により増悪したものであり、業務と死亡との間の相当因果関係が認められる。定期健康診断では、1983年頃から高血圧、1989年の結果で176/112mmHg、心胸比55.6％を認めているので、会社は死亡について予見可能であった。高血圧が要治療状態の労働者に対して、脳出血などの致命的な合併症が発生する可能性が高いことを考慮して、持続的な精神的な緊張を伴う荷重な業務に就かせないようにしたり、業務を軽減するなどの配慮をすべき義務があった。会社は同人に過大な精神的負担がかかっていることを認識できたにもかかわらず、特段の負担軽減措置をとることなく過重な業務を継続させたと認められることから、会社の安全配慮義務違反が認められるとして認容された。

専門業務型裁量労働制であったと会社は主張するが、そうであったとしても会社に健康配慮義務違反があったとするもの。労働者自身も高血圧を知りつつ自らの健康に配慮しなかったことなどにより50％の減額がされて3200万円の賠償命令。

8　二次健康診断

二次健康診断については受診を義務づけるための法令上の根拠がありません。しかし、労働者に異常所見があることを知りながら、通常どおり業務を行わせた結果、その社員が倒れたり亡くなったりした場合は、会社は安全配慮義務違反に問われ、損害賠償請求されることもあります。

そこで、就業規則等に「会社が必要と判断した場合は、再検査を命じることがある」といった旨の規定を定めておき、就労にあたって時間外労働の制限などの配慮をすることが求められます。

それでも再検査に行かない場合は、このような規定を根拠に労務提供の受領を拒否するという対応も可能です。

〔実務のポイント〕～二次健診の費用

二次健診の受診勧奨のために、費用を負担しているという企業もあります。人数にもよると思いますが、受診率を上げて、従業員の健康を維持するためにも費用負担は一考に値します。また、勤務時間内の受診を認めるというのも効果があります。

9　健康診断後の実務

（1）結果の記録と保存

健康診断の結果は、健康診断個人票を作成し、それぞれの健康診断によって定められた期間、保存しておかなくてはなりません。（安衛法66条の3）

健康診断の記録保存期間

5年保存	一般健康診断、有機溶剤等健康診断、鉛健康診断、四アルキル鉛健康診断、特定化学物質健康診断、高気圧業務健康診断、歯科健康診断
7年保存	じん肺健康診断
30年保存	特定化学物質健康診断のうち特別管理物質（製造し、取り扱う業務に従事する者）の健康診断、電離放射線健康診断、除染業務健康診断
40年保存	石綿健康診断

（2）健康診断の結果についての医師等からの意見聴取

健康診断の結果に基づき、健康診断の項目に異常の所見のある労働者について、労働者の健康を保持するために必要な措置について、医師（歯科医師による健康診断については歯科医師）の意見を聞かなければなりません（安衛法66条の４）。産業医の意見を聴くことが適当ですが、産業医選任の義務のない事業場においては、地域産業保健センターを利用することができます。

医師等の適切な意見を聴くためには、医師等に労働者に関する情報（健康診断結果、労働時間、残業時間、作業の状態、作業負荷の状況、深夜業の状況）を適切に提供する必要があります（安衛法13条４項、安衛則14条の２）。

(3) 事後措置

健康診断を実施した結果、異常の所見があると診断された労働者について、その健康を保持するために必要な措置について医師または歯科医師から意見を聴き、その意見を勘案し、就業場所の変更、作業の転換、労働時間の短縮、深夜業の回数の減少等の措置を講じることを事業者に義務付けています（安衛法66条の５第１項）。事後措置の適切かつ有効な実施が行われるように「健康診断結果に基づき事業者が講ずべき措置に関する指針」（改正平20.1.31健康診断結果措置指針公示第７号）が示されています（安衛法66条の５第２項）。

また、脂質異常症、高血圧等の脳・心臓疾患の発症と関係が深い健康診断項目に異常所見のある人については、過労死等のリスクが高いということで、過労死や職業性疾病を予防するために、厚生労働省は、定期健康診断の有所見率を下げることを重点施策としています（「定期健康診断における有所見率の改善に向けた取組について」（平22.3.25　基発0325第１号））。

糖尿病、高血圧症、心疾患、腎不全等の有所見者は熱中症になりやすいということなので、有所見率の改善は熱中症対策でも重要です。

Q5－9　健康診断を受診したが会社で行う事後措置とはなにか。

A　健康診断を実施したあと、その結果に基づいて事業主が行うこと（事後措置）には以下のものが考えられます。（衛生委員会等で協議することが適切です）

イ）労働者に対して就業区分を決定する。

産業医や専門家に対し、通常勤務が可能か、勤務による負荷を軽減するため、労働時間の短縮、出張の制限、時間外労働の制限、労働負荷の制限、作業の転換、就業場所の変更、深夜業の回数の減少、昼間勤務への転換等の措置を講じる必要があるか、および勤務を休む必要があるか等の区分を決定します。
ロ）作業環境について見直しを行う。
　粉じんや騒音といった作業環境が劣悪なために健康障害を発症していることがわかった場合、施設または設備の設置または整備、作業方法の改善その他の適切な措置を講じます。
（石川労働局労働基準部健康安全課より一部加工）

(4) 結果の通知

健康診断結果は、労働者に通知しなければなりません（安衛法66条の６）。

参考：京和タクシー事件（京都地裁　昭57.10.7判決　労働判例404号72頁）
肺の異常で要精密検査とされた雇入れ時健康診断の結果を本人に知らせず、運転業務に従事させ、肺結核が悪化して、入院、休職となった。詳細は第８章１病者の就業禁止（２）ア参照

(5) 健康診断の結果に基づく保健指導

健康診断の結果、特に健康の保持に努める必要がある労働者に対し、医師や保健師による保健指導を行うことは努力義務ですが（安衛法66条の７）全く放置しておいていいという意味ではありません。健康診断の結果異常のある労働者に対して、悪化するのを防ぐために食生活等を改善指導することは、本人のためにも会社のためにも望ましいことです。

また、同法66条の５に基づき、「健康診断結果に基づき事業者が講ずべき措置に関する指針」を定め、定期健康診断、自発的健康診断（同法66条の２）および労災保険法に基づく二次健康診断の実施後の保健指導として、日常生活面での指導、健康管理に関する情報の提供、再検査または精密検査や治療のための受診の勧奨等を行うことを勧めています。

労働安全衛生法に基づく健康診断に関するFAQ

事業場における保健指導は、保険者（全国健康保険協会、各市町、健康保険組合など）が行う特定保健指導等を活用することが可能となっています。

事業場に産業医のいない小規模事業場では、地域産業保健センターが行う保健指導（原則無料）の利用も可能です。

特定保健指導等を活用するためには、一般健康診断データ（40歳～74歳）を保険者に提供する必要があります。データの提供については、次の点に留意してください。

保険者への一般健康診断データの提供は、

○法令の定め（高齢者の医療の確保に関する法律27条）により、事業者の義務となっています。

○法令の定めによるため、個人情報保護法に基づく労働者本人の同意は不要です。

○事業場の同意書により、健診機関から直接電子ファイルが保険者に提供されます。

【参考】特定保健指導等は、次のとおり行われます。（詳細は各保険者に確認してください）

・特定保健指導は、メタボリックシンドロームのリスクが高い方（40歳～74歳）を対象に、６か月間にわたり行われます。

・特定保健指導には、リスク数に応じて積極的支援と動機づけ支援の２つがあります。保健師が、職場に赴き対象者と面談（相談）を行い、対象者と電話、手紙、メールなどでやりとりをして、一緒に立てた生活改善目標を達成するための指導を行います。

・リスクが低く特定保健指導の対象とならない方や40歳未満の方に対しても、希望者には保健指導が行われます。

（石川労働局労働基準部健康安全課より一部加工）

Q5−10　労働安全衛生法の保健指導等は実施義務があるのかを教えていただけないでしょうか。当事業所では、定期健診・特殊健診・有所見者面談を実施しており、産業医は非常勤(月1回来社)、保健師はいません。今後の対応に苦慮していますのでご回答よろしくお願いします。

A　保健指導や健康教育は、労働安全衛生法では、66条1項の規定による健康診断若しくは当該健康診断に係る同条5項ただし書の規定による健康診断または66条の2の規定による健康診断の結果、特に健康の保持に努める必要があると認める労働者に対し、医師または保健師による保健指導を行うように努めなければならないと定められています（同法66条の7)。このように、努力義務とされているので、どうしてもやらなければならないというわけではありません。

Q5−11　高血圧なのに病院に行かない従業員がいます。再三、病院に行くように指導したのですが、全く聞こうとしません。このような場合、再三指導したのだから、何かあっても会社の責任は問われないのでしょうか。

A　いろいろな状況があるので、問われないと断言することはできません。例えば、明らかに顔色が悪く、健康を害していると思われるのに、残業をさせたという状況であれば、責任を問われる可能性があります。実際、前掲システムコンサルタント事件では、高血圧の社員に長時間労働をさせていて、死亡した際、会社の安全配慮義務違反が認められています。どうしても受診しないのであれば、再三、病院に行くように指導したことを記録しておく必要はあります。また、就労にあたって高血圧であることによる配慮が必要かどうか産業医に相談してください。

Q5−12①　当社では、専任の保健師を置いて保健指導をしています。しかし、保健指導を受けても積極的に生活改善などをしてくれない社員がいるのも現実で、高血圧が改善されず、とうとう脳内出血を発症してしまった社員がいます。近々退職するのですが、何か配慮してあげ

られることはありませんか。(労組役員)

Q5−12② 弊社従業員の1名が過去に「うつ状態」で休職し健保組合から「傷病手当金」を受けていました。その後職場復帰し3年ほど経過して、再度「うつ状態」の診断書で（病院は別ですが）休業療養しています。同じ病気で通算1年6か月までしか「傷病手当金」は支給されないと聞いています。傷病手当金が切れた後なにか救済制度はあるのでしょうか？（労務担当者）

A 保健指導の見直しや健康教育の徹底も必要です。半身麻痺がある場合やうつ病等の精神疾患は障害年金（厚生年金・国民年金）の受給可能性があるので教えてあげてください。厚生年金に加入している間に初診日のある病気やケガで障害基礎年金の1級または2級に該当する障害の状態になったときは、障害基礎年金に上乗せして障害厚生年金が支給されます。障害の状態が2級に該当しない軽い程度の障害のときは3級の障害厚生年金受給の可能性もあります。また、国民年金の加入期間に初診日がある場合は障害基礎年金受給の可能性があります。

障害厚生年金の受給要件は、①厚生年金加入期間に初診日があること　②一定の障害の状態にあること（「国民年金・厚生年金保険　障害認定基準」※参照）　③保険料納付要件：初診日の前日において、次のいずれかの要件を満たしていることが必要です。

a　初診日のある月の前々月までの公的年金の加入期間の2/3以上の期間について、保険料が納付または免除されていること。

b　初診日において65歳未満であり、初診日のある月の前々月までの1年間に保険料の未納がないこと。

手続き・相談の窓口は年金事務所です。

※「国民年金・厚生年金保険　障害認定基準」
https://www.nenkin.go.jp/service/jukyu/shougainenkin/ninteikijun/20140604.html

Q5−13 保健指導への取組みを促進するため、保健師による指導が規定されていますが、看護師による指導ではだめなのでしょうか。また、保健師とはどのような資格ですか。

A　職場における労働者の健康管理を充実するため、労働者の健康管理等の一部である保健指導に係る事項について、それを行うのに必要な知識を有する保健師を活用することが事業者の努力義務とされています。労働安全衛生法13条の２、66条の７において保健師と規定されているので、看護師による指導ではだめだということになります。

保健師とは、所定の専門教育を受け、地区活動や健康教育・保健指導などを通じて疾病の予防や健康増進など公衆衛生活動を行う地域看護の専門家です。保健師を保健師助産師看護師法において、「厚生労働大臣の免許を受けて、保健師の名称を用いて、保健指導に従事することを業とする者」と定められており、大学や保健師養成校にて所定の教育を受けた後、保健師国家試験に合格して得られる国家資格（免許）です。

(6) 結果報告

常時50人以上の労働者を使用している事業者は、定期健康診断（安衛則44条)、特定業務従事者の健康診断（安衛則45条）を行ったときは、遅滞なく、定期健康診断結果報告書（様式第６号）を、規模を問わず、特殊健康診断または歯科医師による健康診断（安衛則48条）（定期のものに限る。）を実施したときは、それぞれの健康診断の結果報告書を所轄労働基準監督署長に提出しなければなりません（安衛法100条)。

Q5−14　有機溶剤健康診断実施時に在籍していて、健康診断未実施の従業員が、結果報告前に退職してしまいました。「在籍労働者数」、「従事労働者数」および「受診労働者数」の欄に、健診実施後退職した従業員の労働者の数も記入するのでしょうか。

A　有機溶剤健康診断結果報告書の記入要領には、

> 9　「在籍労働者数」、「従事労働者数」および「受診労働者数」の欄は、健診年月日現在の人数を記入すること。

と書かれているので、退職してしまっても、健康診断実施日の在籍労働者数と従事労働者数には算入する必要があります。

100％受診とはなりませんが、監督署に申し出る必要はありません。仮に、臨検監督があった場合に、事情が説明できればいいと思います。したがって、未受信者の名前と退職年月日を記録しておいてください。

Q5−15　定期健康診断結果報告書に健康診断を行った医師ではなく、産業医の確認がどうしても必要なのでしょうか。

A　健康診断を担当する医師は、健診結果に基づいて「異常なし、要精密検査、要治療」など一般的な判断を行います。産業医の職務は、職場の作業環境の改善を通して快適職場づくりを応援することにあり、例えば、一つの疾病について治療を行うだけでなく何が疾病の要因となったのか、その要因による影響をコントロールし健康を回復させるにはどうすればよいか、同じ職場に多発しているとすれば、それは職場環境に原因があるのかを考えることを職務としています。また、労働者の適正配置を助言したり、労働者が置かれている職場環境を経営者に報告して改善策を考慮してもらったりすることを職務としています。

このために、健康診断結果について産業医がきちんと関与しているかどうかを判断するため、監督署に対する健康診断結果報告書に産業医の記名が必要とされています。

Q5−16　未受診者に再三受診を勧めているが、受けません。健康診断結果報告書に未受診者がいる場合、監督署の窓口で指導されるのでしょうか。

A　窓口で指導されることはありません。後日、民事訴訟などで会社の責任を問われないために受診しない事情を記録しておかなければなりません。

Q5－17　健康診断の有所見率というのはどうやって算出しているのでしょうか。

A　常時使用する労働者数が50人以上の事業場から毎年提出される『定期健康診断の結果報告書』を厚生労働省で集計したものです。

10　健康診断の費用と賃金

(1) 法定健康診断の費用と賃金

労働安全衛生法66条に基づく健康診断の費用については、事業者に健康診断の実施を義務付けているので、当然、事業者が負担すべきものです（昭47.9.18　基発602号）。

健康診断の受診に要した時間に対する賃金の支払いについては、前掲通達で厚生労働省は次のように指導しています。

① 一般健康診断は、一般的な健康の確保を図ることを目的として事業者にその実施義務を課したものであり、業務遂行との関連において行われるものではないので、その受診のために要した時間については、当然には事業者の負担すべきものではなく労使協議して定めるべきものであるが、労働者の健康の確保は、事業の円滑な運営の不可欠な条件であることを考えると、その受診に要した時間の賃金を事業者が支払うことが望ましいこと。

② 特殊健康診断は、事業の遂行にからんで当然実施されなければならない性格のものであり、それは所定労働時間内に行われるのを原則とすること、また、特殊健康診断の実施に要する時間は労働時間と解されるので、当該健康診断が時間外に行われた場合には、当然割増賃金を支払わなければならないものであること。

(2) 再検査・精密検査の費用負担

再検査・精密検査については労働安全衛生法により義務づけられたものではないので、会社が負担する義務はありません。

労働安全衛生法66条の４では、有所見とされた従業員については医師の意見を聞くことが必要であるとされており、当然、その意見を尊重して当該従業員に対する適切な職場安全配慮の措置（勤務時間の短縮・変更、勤務内容・勤務場所の変更、休業等）を講ずることが求められています（同法66条の５）。

労災保険による二次健康診断

脳血管疾患および心臓疾患の発生を予防するために、労災保険により二次健康診断等を給付する制度があります（労災保険法26条）。

労災病院または都道府県労働局長が指定する病院もしくは診療所において、直接二次健康診断（脳血管および心臓の状態を把握するために必要な検査（１年度内に１回に限る））および特定保健指導そのものが給付されます。したがって、受診した労働者は、二次健康診断および特定保健指導に要する費用を一時的に立替払いして負担する必要はありません。

《給付を受けるための要件》

1　労働安全衛生法66条１項または同条５項ただし書の規定による健康診断（雇入れ時の健康診断、定期健康診断、特定業務従事者の健康診断、海外派遣労働者の健康診断）のうち、直近のもの（以下「一次健康診断」といいます）において、次の検査のすべてに異常所見が認められること

血圧検査、血中脂質検査、血糖検査、腹囲の検査または肥満度（BMI）の測定

なお、一次健康診断の担当医師により、４つの検査のうち、１つ以上の項目で異常なしの所見があっても、それらの検査項目について、就業環境等を総合的に勘案すれば、異常の所見が認められると産業医等から診断された場合は産業医等の意見を優先する

2　脳血管疾患または心臓疾患の症状を有していないこと

3　特別加入者でないこと

11 健康管理手帳

がんその他の重度の健康障害を発生させるおそれのある業務に従事したことがあり、一定の要件に該当する者は、離職の際または離職後に都道府県労働局長に申請し審査を経た上で、健康管理手帳が交付されます（安衛法67条）。

健康管理手帳の交付を受けると、指定された医療機関で、定められた項目についての健康診断を決まった時期に年２回（じん肺の健康管理手帳については年１回）無料で受けることができます。

健康管理手帳の交付対象業務（令和5年1月現在）

（安衛法施行令23条、安衛則53条）

業　　務	要　　件
1　ベンジジンおよびその塩（これらの物をその重量の１％を超えて含有する製剤その他の物を含む。）を製造し、または取り扱う業務 2　β-ナフチルアミンおよびその塩（これらの物をその重量の１％を超えて含有する製剤その他の物を含む。）を製造し、または取り扱う業務	当該業務に３か月以上従事した経験を有すること（注１）
3　じん肺法２条１項３号に規定する粉じん作業に係わる業務（注２）	じん肺法の規定により決定されたじん肺管理区分が管理２または管理３であること
4　クロム酸および重クロム酸塩並びにこれらの塩（これらの物をその重量の１％を超えて含有する製剤その他の物を含む。）を製造し、または取り扱う業務。ただし、これらの物を鉱石から製造する事業場以外の事業場における業務を除く。	当該業務に４年以上従事した経験を有すること
5　三酸化砒素を製造する工程において、焙焼若しくは精製を行い、または砒素をその重量の３％を超えて含有する鉱石をポット法若しくはグリナワルド法により精錬する業務	当該業務に５年以上従事した経験を有すること
6　コークスまたは製鉄用発生炉ガスを製造する業務	当該業務に５年以上従事

（コークス炉上において若しくはコークス炉に接して、またはガス発生炉上において行う業務に限る。）	した経験を有すること
7　ビス（クロロメチル）エーテル（これをその重量の１％を超えて含有する製剤その他の物を含む。）を製造し、または取り扱う業務。	当該業務に３年以上従事した経験を有すること
8　ベリリウムおよびその化合物（これをその重量の１％を超えて含有する製剤その他の物（合金にあっては、ベリリウムのその重量３％を超えて含有する物に限る）を含む。）を製造し、または取り扱う業務（これらの物のうち粉状の物以外の物を取り扱う業務を除く。）	両肺野にベリリウムによる慢性の結節性陰影があること。
9　ベンゾトリクロリドを製造し、または取り扱う業務（太陽光線により塩素化反応をさせることによりベンゾトリクロリドを製造する事業における業務に限る）	当該業務に３年以上従事した経験を有すること
10　塩化ビニルを調合する業務または密閉されていない遠心分離器を用いてポリ塩化ビニル（塩化ビニルの共重合体を含む。）の懸濁液から水を分離する業務	当該業務に４年以上従事した経験を有すること
11　石綿（これをその重量の0.1パーセントを超えて含有する製剤その他の物を含む。）の製造又は取扱いの業務（直接業務）及びそれらに伴い石綿の粉じんを発散する場所における業務（周辺業務）	※
12　ジアニシジンおよびその塩（これをその重量の１％を超えて含有する製剤その他の物を含む。）を製造し、または取り扱う業務	当該業務に３ヶ月以上従事した経験を有すること（注１）
13　1,2-ジクロロプロパン（これをその重量の１パーセントを超えて含有する製剤その他の物を含む。）を取り扱う業務（厚生労働省令で定める場所における印刷機その他の設備の清掃の業務に限る。）	当該業務に２年以上従事した経験を有すること。
14　オルト-トルイジンおよびオルト-トルイジンを含有する製剤その他の物を製造し、または取り扱う業務	当該業務に５年以上従事した経験を有すること。

15　三・三′-ジクロロ-四・四′-ジアミノジフェニルメタン（MOCA）（これをその重量の一パーセントを超えて含有する製剤その他の物を含む。）を製造し、又は取り扱う業務	当該業務に２年以上従事した経験を有すること。

（注１）ベンジジン、β-ナフチルアミン、またはジアニシジンに関する業務の従事期間を合計して３月以上となる方は交付要件を満たします。

（注２）粉じん作業には、石綿を取り扱う作業も含まれているため、石綿を取り扱う作業に従事した方については、交付要件を満たす場合、「11」だけでなく「３」の健康管理手帳の交付を受けることができます。

※（１）両肺野に石綿による不整形陰影があり、または石綿による胸膜肥厚があること。
（直接業務及び周辺業務が対象）

（２）下記の作業に１年以上従事していた方。（ただし、初めて石綿の粉じんにばく露した日から10年以上経過していること。）
（直接業務のみが対象）
○石綿等の製造作業
○石綿が使用されている保温材、耐火被覆材等の張付け、補修もしくは除去の作業
○石綿の吹き付け作業又は石綿が吹き付けられた建築物、工作物等の解体、破砕等の作業

（３）（２）の作業以外の石綿を取り扱う作業に10年以上従事していた方。
（直接業務のみが対象）

（４）（２）と（３）に掲げる要件に準ずるものとして厚生労働大臣が定める要件に該当すること。
（２）の作業に従事した月数に10を乗じて得た数と（３）の作業に従事した月数との合計が120以上であって、かつ、初めて石綿等の粉じんにばく露した日から10年以上経過していること。

第6章 過重労働対策

1 過重労働と健康

（1）脳・心臓疾患発生に関する医学的知見

「過労死認定基準」の考え方の基礎となった医学的検討結果によると、長期間にわたる長時間労働やそれによる睡眠不足に由来する疲労の蓄積が血圧の上昇などを生じさせ、その結果、血管病変等をその自然経過を超えて著しく増悪させるとの観点から、労働時間が疲労の蓄積をもたらす最も重要な要因と考えられるとされています。

長期間にわたる１日４～６時間以下の睡眠不足状態は、脳・心臓疾患の有病率、発病率、死亡率を高めるという医学的知見から、１日の睡眠時間がどれぐらい確保できるかという観点により下表の１か月の時間外労働時間数が決定されています（「脳・心臓疾患の認定基準に関する専門検討会報告」（平成13.11.16））。

睡眠時間	健康への影響	１か月の時間外労働時間
６時間未満	狭心症や心筋梗塞の有病率※が高い。	45時間
５時間以下	脳・心臓疾患の発病率が高い。	80時間
４時間以下	冠状動脈性心疾患による死亡率は７～7.9時間睡眠の人と比較すると2.08倍である。	100時間

※有病率：ある時点における、病気・けがをしている人の、人口に対する割合

時間外・休日労働時間と健康障害のリスク

時間外・休日労働時間と健康障害リスクとの関連について

長時間労働は、仕事による負荷を大きくするだけでなく、睡眠・休養の機会を減少させるので、疲労蓄積の重要な原因のひとつと考えられています。医学的知見を踏まえると、長時間労働と脳・心臓疾患の発症などの関連性は右の図のようになりますので参考にしてください。

(2) 精神障害による労働災害認定基準と労働時間

「心理的負荷による精神障害等の認定基準」（令5.9.1 基発0901第1号）では、精神障害の発症に長時間労働が関わっている場合の認定方法が明確に示されています。第17章、2参照

■「極度の長時間労働」としてそれだけで心理的負荷が強いと判断されます。

①「特別な出来事」としての「極度の長時間労働」
- ・発病直前の1か月におおむね160時間以上の時間外労働を行った場合
- ・発病直前の3週間におおむね120時間以上の時間外労働を行った場合

■長時間それ自体を「出来事」としている。

②「出来事」としての長時間労働

【「強」になる例】
- ・発病直前の2か月間連続して1月当たりおおむね120時間以上の時間外労働を行った場合
- ・発病直前の3か月間連続して1月当たりおおむね100時間以上の時間外労働を行った場合

③　他の出来事と関連した長時間労働

出来事が発生した前や後に恒常的な長時間労働（月100時間程度の時間外労働）があった場合、心理的負荷の強度を修正する要素として評価します。

【「強」になる例】

・転勤して新たな業務に従事し、その後月100時間程度の時間外労働を行った場合
（ここでの時間外労働は週40時間を超える労働時間をいう。）

2　過重労働対策

厚生労働省の「過重労働による健康障害防止のための総合対策」（改正令2.4.1　基発0401第11号　雇均発0401第４号）の「過重労働による健康障害防止のため事業者が講ずべき措置」によると以下のような対策の実施が求められています。

（1）時間外・休日労働時間の削減

ア　限度時間と指針に適合した36協定※

※「時間外労働・休日労働に関する協定」

・36協定の内容が「労働基準法第36条第１項の協定で定める労働時間の延長および休日の労働について留意すべき事項等に関する指針」（平成30年厚生労働省告示第323号）に適合したものとする。

・限度時間を超え時間外・休日労働させることができる時間を限度時間（月45時間、１年360時間）にできる限り近づけるように協定するよう努めなければならない。

・実際の時間外労働を１月あたり45時間以下とするよう努める。

・休日労働についても削減に努める。

《実務のポイント～休日を確保すること》

「脳・心臓疾患の労災認定基準」に、「休日のない連続勤務が長く続くほど業務と発症との関連性をより強めるものであり、逆に、休日が確保されている場合は、疲労は回復ないし回復傾向を示すものである。」とあります。長時間の時間外労働が続く場合は、特に休日を確保することが必要です。

イ　労働時間の適正把握

「労働時間の適正な把握のために使用者が講ずべき措置に関するガイドライン」（平29. 1. 20　基発0120第３号）に基づき、労働時間の適正な把握を行う。

ウ　労働時間の状況の把握と過重労働にならないような措置

裁量労働制の適用者や管理監督者等を含む全ての労働者について、長時間労働者の面接指導等を実施するため、タイムカードによる記録、パーソナルコンピュータ等の使用時間の記録等の客観的な方法その他適切な方法により、労働者の労働時間の状況を把握し（安衛法66条の８の３、安衛則52条の３第１項、第２項)、過重労働にならないよう十分な注意喚起等の措置を行う。

(2) 年次有給休暇の取得促進

・年５日間の年次有給休暇の取得（労基法39条７項）
・年次有給休暇を取得しやすい職場環境づくり
・計画的付与制度の活用

(3) 労働時間等の設定の改善

・「労働時間等見直しガイドライン」（労働時間等設定改善指針　平成20年厚生労働省告示108号）に基づき必要な措置を講じる。
・勤務間インターバル制度(労働時間設定改善法２条１項)の導入に努める。

(4) 健康管理体制の整備、健康診断の実施等

ア　産業医、衛生管理者等の選任

・産業医、衛生管理者、衛生推進者等に健康管理に関する職務を適切に行わせる。
・常時50人未満の産業医を選任する義務のない事業場は、地域産業保健センターの産業保健サービスを活用する。

イ　産業医への情報提供（安衛法13条）

○産業医を選任した事業者は、産業医に対して、以下の情報を提供しなけれ

ばなりません。

・①健康診断、②長時間労働者に対する面接指導、③ストレスチェックに基づく面接指導実施後の既に講じた措置または講じようとする措置の内容に関する情報（措置を講じない場合は、その旨・その理由）

・時間外・休日労働時間が１月当たり80時間を超えた労働者の氏名・当該労働者に係る当該超えた時間に関する情報（高度プロフェッショナル制度対象労働者については、１週間当たりの健康管理時間が40時間を超えた場合におけるその超えた時間（健康管理時間の超過時間））

・労働者の業務に関する情報であって産業医が労働者の健康管理等を適切に行うために必要と認めるもの

○事業者は、産業医の勧告を受けたときは、遅滞なく勧告の内容、勧告を踏まえて講じた措置または講じようとする措置の内容（措置を講じない場合にあっては、その旨・その理由）を衛生委員会等に報告しなければなりません。

ウ　産業医等が健康相談に応じる体制の整備

○産業医の業務の具体的な内容、産業医に対する健康相談の申出の方法および産業医による労働者の心身の状態に関する情報の取扱いの方法について労働者に周知する。

○50人未満の事業場：医師等の業務の具体的な内容、医師等による健康相談の申出の方法および医師等による労働者の心身の状態に関する情報の取扱いの方法について労働者に周知するよう努める。

エ　衛生委員会等における調査審議

○衛生委員会等を毎月１回以上開催する。

○衛生委員会等において長時間労働者等に対する面接指導および労働者のメンタルヘルス対策に関する事項等について調査審議する。

○常時使用する労働者が50人未満：関係労働者の意見を聴くための機会を設ける等労働者の意見が反映されるよう努める。

《長時間労働者等に対する面接指導等に係る事項》

○高度プロフェッショナル制度適用者以外について

① 長時間にわたる労働による労働者の健康障害の防止対策の実施計画の策定等に関すること

② 裁量労働制の適用者や管理監督者等を含む全ての労働者（高度プロフェッショナル制度適用者を除く。）の労働時間の状況の把握に関すること

③ 面接指導等の実施方法および実施体制に関すること

④ 労働者の申出が適切に行われるための環境整備に関すること

⑤ 申出を行ったことにより当該労働者に対して不利益な取扱いが行われることがないようにするための対策に関すること

⑥ 面接指導等を実施する場合における「事業場で定める必要な措置の実施に関する基準」の策定に関すること

⑦ 面接指導または面接指導に準ずる措置の実施対象者（法令により義務づけられている面接指導の実施対象者を除く。）を定める基準の策定に関すること

⑧ 事業場における長時間労働による健康障害の防止対策の労働者への周知に関すること

○高度プロフェッショナル制度適用者について（省略）

オ　健康診断の実施

○常時使用する労働者に対し定期健康診断を実施する。

○深夜業を含む業務に常時従事する労働者に対しては、6か月以内に1回の特定業務従事者健康診断を実施する。

カ　健康診断結果に基づく適切な事後措置の実施

○　健康診断において異常の所見があった者については、健康保持のために必要な措置についての医師の意見を聴き、必要な事後措置を講じなければならない。

富士保安警備事件（東京地裁　平8.3.28判決　労働判例694号34頁）

〈事件の概要〉

被災労働者Aは、1977年に警備請負会社に入社し、病院における夜間

および休日の警備業務に12年間従事していた。入社当初から高血圧を指摘されていたが、1988年４月に冠不全・高血圧症と診断されて以降、降圧剤の投与を受けていた。Ａの最高血圧は、内服を続けている場合は安定していたが、服用しないと150ないし160になることがあった。1990年４月23日、Ａは、宿直室で脳梗塞を発症しているところを発見され、意識が回復しないまま、同年５月９日に死亡した。Ａの労働時間は、脳梗塞発症前の４週間で、拘束時間が432時間、労働時間が320時間であり、その間休日がなかった。仮眠用のベッドは、当直勤務の事務職員待機場所と同一の６畳間に置かれ、安眠することが困難な環境だった。

〈判決の内容〉

被告会社は、雇用契約上の信義則に基づき、使用者として労働者の生命、身体および健康を危険から保護するように配慮するべき義務（安全配慮義務）を負い、その具体的内容としては、労働時間等について適正な労働条件を確保し、さらに健康診断を実施して、労働者の健康状態等に応じて従事する作業時間および内容の軽減等の適切な措置をとる義務があるにもかかわらず、被告会社は、労働基準法および就業規則に定める労働時間、休日の保障を全く行わず、恒常的な過重業務を行わせ、Ａを採用して以来健康診断を全く行わず、健康状態を把握しなかった上で、Ａの高血圧等の基礎疾患を認識できたにもかかわらず業務軽減等の措置をとらなかったとして、債務不履行（安全配慮義務違反）および不法行為に基づく損害賠償請求を認容した。

また、代表取締役（Ｙ２）は、前記安全配慮義務を履行する職責を負っていたにもかかわらずこれを怠り、その結果Ａを脳梗塞発症に至らしめたとして、不法行為（民法709条）に基づく損害賠償責任を認めた。

システムコンサルタント事件　第５章健康診断　７労働者の自己保健義務参照

キ　自発的健康診断制度の活用等

○深夜業に従事する労働者を対象とした自発的健康診断制度や、労働者災害補償保険法26条に基づく二次健康診断等給付制度の活用について、労働者への周知に努める。

○労働者からこれらの制度を活用した健康診断の結果の提出があったときには、労働安全衛生法66条の５に基づく事後措置についても講ずる必要があることについて留意する。

(5) 長時間労働者に対する医師による面接指導（安衛法66条の８～９）

ア　長時間労働の面接指導等の実施対象者

> ①　②、③以外の労働者：月80時間超の時間外・休日労働を行い、疲労の蓄積が認められる者（申出）
> ②　研究開発業務従事者：月100時間超の時間外・休日労働を行った者
> ③　高度プロフェッショナル制度適用者：１週間当たりの健康管理時間が40時間を超えた場合におけるその超えた時間について月100時間を超えて行った者

イ　労働時間の状況の把握

労働時間の算定は、毎月１回以上、一定の期日（例えば、賃金締切日）を定めて行わなければなりません（安衛則52条の２第２項）。

○面接指導を実施するため、タイムカードによる記録、パーソナルコンピュータ等の使用時間の記録等の客観的な方法その他の適切な方法により、労働者の労働時間の状況を把握しなければなりません（安衛法66条の８の３、安衛則52条の７の３）。

> **時間外・休日労働の計算式**
>
> １か月の時間外・休日労働時間数＝１か月の総労働時間数－(計算期間１か月間の総暦日数/７)×40
>
> １か月の総労働時間数＝労働時間数(所定労働時間数)＋延長時間数(時間外労働時間数)＋休日労働時間数
>
> この算定方法は、特例措置対象事業場（週44時間労働制）、変形労働時間制やフレックスタイム制を採用している事業場についても同様であること。

（改正労働安全衛生法施行通達　平18.2.24　基発0224003号）

ウ　時間外・休日労働時間が月80時間を超えたら

事業者は、

・月80時間を超えた労働者本人に超えた時間に関する情報を通知しなければなりません（安衛法66条の8第1項、安衛則52条の2第3項）。

・時間外・休日労働が月80時間を超えない労働者についても、労働時間に関する情報について開示の求めがあれば、開示することが望まれます。

・申出をした労働者に対し、医師による面接指導を行わなければなりません（安衛法66条の8第1項、安衛則52条の3第3項）。

・時間外・休日労働時間が1月当たり80時間を超えた労働者の氏名と、超えた時間に関する作業環境、労働時間、深夜業の回数および時間数等の情報を産業医に提供しなければなりません（安衛法13条4項、安衛則14条の2第1項）

・面接指導を実施した医師から必要な措置について意見聴取を行い、必要と認める場合は、適切な事後措置を実施しなければなりません（安衛法66条の8第5項）。

※小規模事業場では、産業保健総合支援センターの地域窓口において実施する、医師による面接指導を活用することができます。

※時間外・休日労働時間1か月あたり80時間超100時間以下の研究開発業務従事者であって申出を行った者には医師による面接指導を行わなければなりません（安衛法66条の8の2、安衛則52条の7の2）。

労働者は

・面接指導の申出をし、医師による面接指導を受けることができます。
申出は書面や電子メール等の記録が残るものとします。

各労働時間制度に係る医師の面接指導の要件

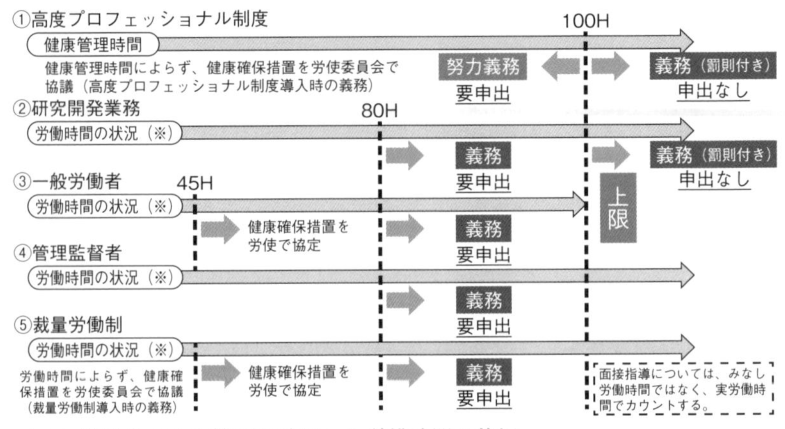

（※）労働者の健康管理に着目した労働時間の状況
（厚生労働省「過重労働による健康障害を防ぐために」）

産業医は

・労働者に対し面接指導の申出をするよう勧奨することができます（安衛則52条の３第４項）。

エ　事業場において独自基準を設定する

時間外・休日労働時間が月45時間を超えたら

○健康への配慮が必要な者が面接指導等の措置の対象となるよう基準を設定し、面接指導等（医師による面接指導または面接指導に準ずる措置）を実施することが望まれます。

○必要と認める場合は、適切な事後措置を実施することが望まれます。

例１）労働者に対し保健師等による保健指導を行う。

例２）労働者の疲労蓄積度チェックリストで疲労蓄積度を把握し、必要な労働者に対し面接指導を行う。

例３）事業者が産業医等から事業場の健康管理について助言指導を受ける。

オ　医師からの意見聴取・面接指導の結果の記録

事業者は、

・面接指導を実施した労働者の健康を保持するために必要な措置について、医師の意見を聴かなければなりません。

・面接指導等の記録を作成し５年間保存しなければなりません。

面接指導の結果の記録は、面接指導を実施した医師からの報告をそのまま保存することで足ります。

カ　事後措置の実施の際に留意すべき事項

○医師の意見を勘案して、必要と認める場合は適切な措置を実施しなければなりません。

○面接指導により労働者のメンタルヘルス不調が把握された場合は、必要に応じて精神科医等と連携をしつつ対応を図りましょう。

○特にメンタルヘルス不調に関して、面接指導の結果、労働者に対し不利益な取扱いをしてはならないことに留意しましょう。

面接指導実施後の措置

面接指導の種類	事後措置
1　２以外で安衛法66条の８または66条の９の80時間超で申し出を行ったもの 2　80時間を超え100時間を超えない研究開発業務従事者であって、申出を行ったもの	就業場所の変更、作業の転換、労働時間の短縮、深夜業の回数の減少等
100時間を超える研究開発業務従事者の場合	就業場所の変更、職務内容の変更、年次有給休暇の付与、労働時間の短縮、深夜業の回数の減少等

キ　面接指導等を実施するための手続等の整備

○衛生委員会等で調査審議のうえ、以下の①および②を図りましょう。

①　申出様式の作成、申出窓口の設定など申出手続を行うための体制の整備

②　労働者に対し、申出方法等の周知徹底

時間外・休日労働時間が月80時間超の労働者全員に対して面接指導を実

施する場合は、事業者は対象者全員に面接指導の実施の通知等を行い、労働者が申込みを行ったことなどをもって申出を行ったものとみなします。

○面接指導を実施する医師は、産業医や産業医の要件を備えた医師等が望まれます。

○面接指導の実施の事務に従事した者には、その実施に関して守秘義務が課せられます。

○派遣労働者への面接指導は、派遣元事業者に実施義務が課せられます。

○時間外・休日労働時間が月80時間超の労働者全員に対して面接指導を実施する場合は、事業者は対象者全員に面接指導の実施の通知等を行い、労働者が申込みを行ったことなどをもって申出を行ったものとみなします。

ク　常時使用する労働者が50人未満の事業者

事業者自ら医師を選任し、面接指導を実施することが困難な場合には、地域産業保健センターを活用することが可能です。

キの手続等の整備を行う場合には、事業者は、労働安全衛生規則23条の２に基づき設けた関係労働者の意見を聴くための機会を利用するように努めましょう。

対象となる労働者の勤務の状況（例えば直近１か月の総労働時間、時間外・休日労働時間、業務内容等）を記した書面を地域産業保健センターの医師に提出するとともに、労働安全衛生規則52条の６に基づき当該面接指導の結果を記録し保存しておかなければなりません。

(6) メンタルヘルス対策の実施

第７章　メンタルヘルス対策　参照

(7) 過重労働による業務上の疾病を発生させた場合の措置

ア　原因の究明

労働時間の適正管理、労働時間および勤務の不規則性、拘束時間の状況、出張業務の状況、交替制勤務・深夜勤務の状況、作業環境の状況、精神的緊張を伴う勤務の状況、健康診断および面接指導等の結果等について、多角的に原因の究明を行うこと。

イ　再発防止

究明した原因に基づき、衛生委員会等の調査審議を踏まえ、再発防止対策を樹立し、その対策を適切に実施すること。

(8) 労働者の心身の状態に関する情報の取扱い

「労働者の心身の状態に関する情報の適切な取扱いのために事業者が講ずべき措置に関する指針」（平30.9.7　労働者の心身の状態に関する情報の適切な取扱い指針公示第１号）により、事業場における取扱規程を策定することによって、労働者の心身の状態に関する情報を適正に管理しなければなりません。第14章　健康情報の管理　参照

3　医師の働き方改革

医師の長時間労働対策については、医療法等により以下のように定められています。

(1) 長時間労働の医師の労働時間短縮及び健康確保のための措置の整備等

2024年４月１日から、医業に従事する勤務医の時間外・休日労働時間は、原則として年960時間が上限となりました（Ａ水準）。医療機関が、地域医療の確保などの必要からやむを得ず、所属する医師にこれを上回る時間外・休日労働を行わせる必要がある場合は、その理由に応じて、都道府県知事から指定を受ける必要があります。

指定の種類	長時間労働が必要な理由	年の上限時間
Ａ水準	原則（指定取得は不要）	960時間
連携Ｂ水準	他院と兼業する医師の労働時間を通算すると長時間労働となるため	通算で年1,860時間（各院では960時間）
Ｂ水準	地域医療の確保のため	1,860時間
Ｃ-１水準	臨床研修・専門医研修のため	1,860時間
Ｃ-２水準	長時間収れんが必要な技能の習得のため	1,860時間

(2) 時間外労働の上限規制の適用により講じるべき措置

医師に対する労働基準法に規定された時間の時間外労働の上限規制の適用が2024年４月１日からされたことで、以下の措置を講じる必要があります。

・勤務する医師が長時間労働となる医療機関における医師労働時間短縮計画の作成

・地域医療の確保や集中的な研修実施の観点から、やむを得ず高い上限時間を適用する医療機関を都道府県知事が指定する制度の創設

・当該医療機関における健康確保措置（面接指導、連続勤務時間制限、勤務間インターバル規制等）の実施等

(3) 月の上限を超える場合の面接指導と就業上の措置

時間外・休日労働が月100時間以上となることが見込まれる医師に対しては、面接指導を実施しなければなりません。副業・兼業先の医療機関にも義務付けられます。

長時間労働医師への面接指導は、以下の要件を満たす面接指導実施医師が行います。

○面接指導対象医師が勤務する病院または診療所の管理者でないこと

○「面接指導実施医師養成講習会」の受講を修了していること

面接指導は、月の時間外・休日労働時間が100時間以上となる前に実施する必要があります。

Ａ水準適用医師は、疲労の蓄積が認められなければ、月の時間外・休日労働が100時間以上となった後遅滞なく実施することも可能です。

（厚生労働省「医師の働き方改革2024年４月までの手続きガイド」による）

https://www.mhlw.go.jp/content/001115352.pdf

第7章 メンタルヘルス対策

1 メンタルヘルス対策

仕事や職業生活で精神障害等に係る労災認定件数が増加傾向にあり、2022年は請求数2,683件（前年度比337件増）、認定件数710件（前年比81件増減）となっています。

第14次労働災害防止計画（令和５年(2023年) ４月１日～令和10年（2028年）３月31日までの５か年計画）においての労働者の健康確保対策の目標は以下のとおりです。

事業者に取り組んでいただきたい内容（2027年まで）（アウトプット指標）

●メンタルヘルス対策に取り組む事業場を80％以上とする。
●50人未満の小規模事業場のストレスチェック実施の割合を50％以上
●必要な産業保健サービスを提供している事業場を80％以上とする。
●企業の年次有給休暇の取得率を70％以上（2025年まで）
●勤務間インターバル制度を導入している企業を15％以上（2025年まで）

⇩

取組の成果として得られる結果（2027年まで）（アウトカム指標）

●自分の仕事や職業生活に関することで強い不安、悩み、ストレスがあるとする労働者を50％未満（2027年まで）
●週労働時間40時間以上である雇用者のうち、週労働時間60時間以上の雇用者を５％以下（2025年まで）

(1) メンタルヘルス対策のとりくみ

職場のメンタルヘルス対策には一次予防（メンタル不調者発生の予防）、二次予防（早期発見・早期治療）、三次予防（治療・再発予防）が必要です。

一次予防を行っても、メンタル不調を起こす労働者が出ることがあります。その場合には、労働者の不調に早く気づき適切な治療を受けさせることが必要です。そして三次予防は、メンタル不調から回復した労働者の職場復帰を支援し、再発させないための対策のことです。

職場におけるメンタルヘルス対策

	予防の意味	メンタルヘルス対策での具体的項目
一次予防	メンタル不調問題を発生させない、本来の予防	職場環境の改善 ストレスチェックと保健指導 教育・研修 相談対応
二次予防	早期発見・早期治療	上司の気づき 健康診断・質問紙 健康相談（内部・外部）
三次予防	治療・再発予防	治療医療機関との連携 復職支援 自殺予防

(2) 職場におけるメンタルヘルス対策の具体的進め方

労働安全衛生法70条の２に基づく、「労働者の心の健康の保持増進のための指針」（平成18年健康保持増進のための指針公示第３号　改正平27.11.30健康保持増進のための指針公示第６号）（以下、「指針」という。）により、事業者がメンタルヘルス対策に取り組む際の原則的な実施方法が示されています。

指針では、事業者は、**衛生委員会等において十分調査審議**を行い、**「心の健康づくり計画」を策定**し、その実施に当たっては、関係者に対する教育研修・情報提供を行い、**「4つのケア」（セルフケア、ラインによるケア、事業場内産業保健スタッフによるケア、事業場外資源によるケア）を効果的に推進し**、職場環境等の改善（一次予防）、メンタルヘルス不調への対応（二次予防）、職場復帰のための支援（三次予防）が円滑に行われるようにする必要があるとしています。

ア　衛生委員会等における調査審議

「心の健康づくり計画」の策定、その実施体制の整備等の具体的な実施方法や個人情報の保護に関する規程の策定等に当たっては、衛生委員会等において十分調査審議を行うことが重要です。

イ　心の健康づくり計画

事業者は、メンタルヘルスケアに関する事業場の現状とその問題点を明確にし、それぞれの事業場の実態と必要性に応じて、その問題点を解決する以下の具体的な取組事項等についての「心の健康づくり計画」を策定します。

「こころの健康づくり計画」の取組事項

1　事業者がメンタルヘルスケアを積極的に推進する旨の表明に関すること
2　事業場における心の健康づくりの体制の整備に関すること
3　事業場における問題点の把握およびメンタルヘルスケアの実施に関すること
4　メンタルヘルスケアを行うために必要な人材の確保および事業場外資源の活用に関すること
5　労働者の健康情報の保護に関すること
6　心の健康づくり計画の実施状況の評価および計画の見直しに関すること
7　その他労働者の心の健康づくりに必要な措置に関すること

ウ　４つのメンタルヘルスケアの推進

「セルフケア」、「ラインによるケア」、「事業場内産業保健スタッフ等によるケア」および「事業場外資源によるケア」の４つのケアが継続的かつ計画的に行われることが重要です。

①セルフケア	労働者に対して、以下のセルフケアが行えるように教育研修、情報提供を行うなどの支援をする。セルフケアの対象として管理監督者も含める。 ・ストレスやメンタルヘルスに対する正しい理解 ・ストレスチェックなどを活用したストレスへの気付き ・ストレスへの対処
②ラインによるケア	・職場環境等の把握と改善 ・労働者からの相談対応

	・職場復帰における支援、など
③事業場内産業保健スタッフ等によるケア	事業場内セルフケアおよびラインによるケアが効果的に実施されるよう、労働者および管理監督者に対する支援を行う。 心の健康づくり計画の実施に当たり、中心的な役割を担う。 ・具体的なメンタルヘルスケアの実施に関する企画立案 ・個人の健康情報の取扱い ・事業場外資源とのネットワークの形成やその窓口 ・職場復帰における支援、など

《産業保健スタッフの役割》

○産業医等：労働者の健康管理を担う専門的立場から対策の実施状況の把握、助言・指導などを行う。ストレスチェック制度および長時間労働者に対する面接指導の実施やメンタルヘルスに関する個人の健康情報の保護についても、中心的役割を果たす。

○衛生管理者等：教育研修の企画・実施、相談体制づくりなどを行う。

○保健師等：労働者および管理監督者からの相談対応などを行う。

○心の健康づくり専門スタッフ：教育研修の企画・実施、相談対応などを行う。

○人事労務管理スタッフ：労働時間等の労働条件の改善、労働者の適正な配置に配慮する。

○事業場内メンタルヘルス推進担当者：産業医等の助言、指導等を得ながら事業場のメンタルヘルスケアの推進の実務を担当する事業場内メンタルヘルス推進担当者は、衛生管理者等や常勤の保健師等から選任することが望ましい。ただし、労働者のメンタルヘルスに関する個人情報を取り扱うことから、労働者について人事権を有するものを選任することは適当ではない。なお、ストレスチェック制度においては、ストレスチェックを受ける労働者について人事権を有する者はストレスチェック実施の事務に従事してはならない。

④事業場外資源によるケア	・情報提供や助言を受けるなど、サービスの活用 ・ネットワークの形成 ・職場復帰における支援、など

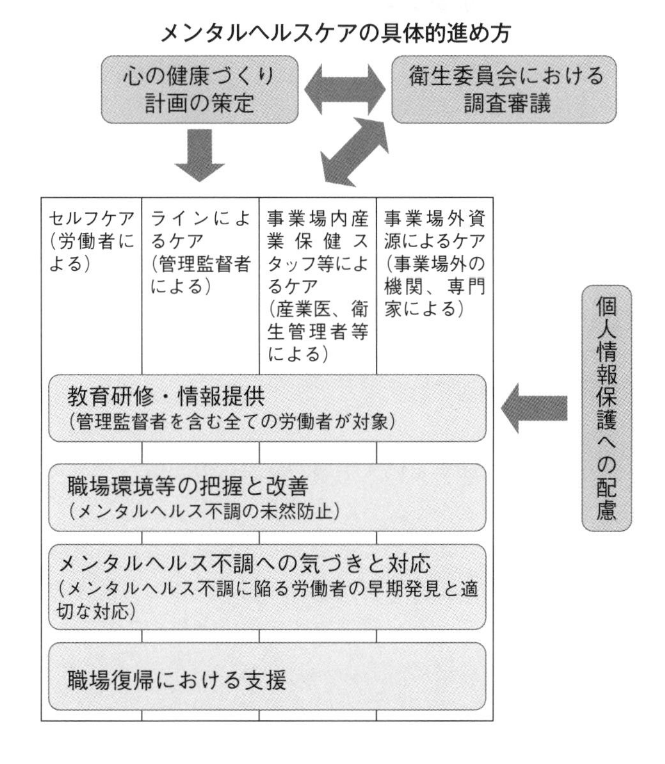

エ　メンタルヘルスケアの具体的な進め方

①　メンタルヘルスケアを推進するための教育研修・情報提供

４つのケアが適切に実施されるよう、それぞれの職務に応じ、メンタルヘルスケアの推進に関する教育研修・情報提供を行うこと。

労働者や管理監督者等に対する教育研修を円滑に実施するため、事業場内に教育研修担当者を計画的に育成すること。

②　職場環境等の把握と改善

職場環境等の改善に積極的に取り組むこと。

管理監督者等や事業場内産業保健スタッフ等に対し、職場環境等の把握と改善の活動を行いやすい環境を整備するなどの支援を行うこと。

③　メンタルヘルス不調への気づきと対応

個人情報の保護に十分留意しつつ、労働者、管理監督者等、家族等からの相談に対して適切に対応できる体制を整備すること。

相談等により把握した情報を基に、労働者に対して必要な配慮を行うこと、必要に応じて産業医や事業場外の医療機関につないでいくことができるネットワークを整備するよう努めること。

④　職場復帰における支援

メンタルヘルス不調により休業した労働者が円滑に職場復帰し、就業を継続できるように支援を適切に行うこと。

オ　メンタルヘルスに関する個人情報の保護への配慮

メンタルヘルスケアを進めるに当たっては、健康情報を含む労働者の個人情報の保護に配慮することが極めて重要です。事業者は、個人情報の保護に関する法律および関連する指針等を遵守し、個人情報の利用目的の公表や通知、目的外の取扱いの制限、安全管理措置、第三者提供の制限などを義務づけられています。

さらに、ストレスチェック制度における健康情報の取扱いについては、ストレスチェック指針において、事業者は労働者の健康情報を適切に保護することが求められています。

①　労働者の同意

・労働者の個人情報を主治医等の医療職や家族から取得する際には事業者はあらかじめこれらの情報を取得する目的を労働者に明らかにして承諾を得る。

・労働者の個人情報を医療機関等の第三者へ提供する場合も、原則として本人の同意を得る。

②　事業場内産業保健スタッフによる情報の加工

・産業医等が労働者の個人情報を事業者等に提供する場合には、提供する情報の範囲と提供先を必要最小限とすること。

・産業医等は、就業上の措置を実施するために必要な情報が的確に伝達されるように、適切に加工した上で提供すること。
・メンタルヘルスに関する労働者の診断名や検査値等の生データの取扱いについては、産業医や保健師等に行わせることが望ましいこと。

③　健康情報の取扱いに関する事業場内における取り決め
・衛生委員会等での審議を踏まえ、健康情報を取り扱う者およびその権限、取り扱う情報の範囲、個人情報管理責任者の選任、事業場内産業保健スタッフによる生データの加工、個人情報を取り扱う者の守秘義務等について、あらかじめ事業場内の規程等により取り決めること※。
・個人情報を取り扱うすべての者を対象に当該規程等を周知し、健康情報を慎重に取り扱うことの重要性や望ましい取扱い方法についての教育を実施すること。
※第14章11健康情報等の取扱規程参照

事業場外資源

メンタルヘルス対策支援センター

総合的な相談対応、個別事業場への訪問支援、関係機関とのネットワークの形成等、メンタルヘルス不調の予防から、早期発見と適切な対応、職場復帰支援に至るまで、メンタルヘルス対策の総合的な支援を実施

相談：メンタルヘルスの専門家が面談・電話・FAX・メールで相談対応
　メンタルヘルス対策相談員がメンタルヘルス不調の予防から職場復帰支援までの相談に対応
　※センターは医療機関やカウンセリング機関ではないので、診療やカウンセリングは行えない。

訪問支援：メンタルヘルスの専門家が職場を訪問し、メンタルヘルス対策の実施等についてアドバイス
　メンタルヘルス対策促進員が職場を訪問し、職場復帰支援プログラムの作成など、職場のメンタルヘルス対策のアドバイス

管理者教育：メンタルヘルス対策促進員が職場を訪問し、管理者の方を対象とした教育を実施（２時間程度、１事業場１回限り）
　※職場復帰支援プログラム作成支援を実施する事業場を優先

地域障害者職業センター

うつ病等による休職者の職場復帰支援（リワーク支援）を実施

休職者本人、事業主、主治医の３者の合意のもと、生活リズムの立直し、体調の自己管理・ストレス対処等適応力の向上、職場の受入体制の整備に関する助言等を行い、うつ病等による休職者の円滑な職場復帰を支援している。

定期的にセンターへ通所し、作業課題やグループミーティング、個別相談等を通じて、生活リズムの立て直し、集中力・持続力の向上、ストレスへの対処方法の検討などに取り組んでいく。

標準的な支援期間は３カ月。

事業所には、定期的に状況報告を行う。必要に応じて、職場復帰の際の仕事内容や労働条件の設定等について助言・提案を行う。

こころの耳

厚生労働省　働く人のメンタルヘルスポータルサイト

http://kokoro.mhlw.go.jp/

2 心の健康問題により休業した労働者の職場復帰支援の手引き

厚生労働省では、メンタルヘルス不調により休業した労働者の職場復帰を促進するため、「心の健康問題により休業した労働者の職場復帰支援の手引き」（平成16年10月、改訂平成21年３月、平成24年７月）を策定しています。

(1) 基本的な考え方

精神疾患で休職している労働者が円滑に職場復帰するためには、職場復帰プログラムの策定や関連規程の整備等により、休業から復職までの流れをあらかじめ明確にしておくことが必要です。事業者はこの手引きを参考にしながら、衛生委員会等において調査審議し、職場復帰支援に関する体制を整備・ルール化し、教育の実施等により労働者の周知を図ります。

(2) 職場復帰支援の流れ

〈第１ステップ〉病気休業開始および休業中のケア

・休業の開始……労働者から管理監督者に病気休業診断書が提出される
・管理監督者は、人事労務管理スタッフ等に病気休業診断書の連絡
・休業する労働者に対して必要な事務手続きや職場復帰支援の手順の説明

・傷病手当金などの経済的な保障 ・不安、悩みの相談先の紹介 ・公的または民間の職場復帰支援サービス ・休業の最長（保障）期間等　　　　　　　など

〈第２ステップ〉主治医による職場復帰可能の判断

・休業中の労働者から職場復帰の意思表示
・主治医に職場で必要な業務遂行能力に関する情報を提供
・職場復帰が可能の診断書提出（就業上の配慮に関する具体的な意見記入）
・主治医の日常生活能力の判断と職場で必要とされる業務遂行能力の内容等について、産業医等が精査

〈第３ステップ〉職場復帰の可否の判断および職場復帰支援プランの作成

安全でスムーズな職場復帰を支援するため、最終的な決定の前段階として、必要な情報の収集と評価を行った上で職場復帰ができるかを適切に判断し、職場復帰を支援するための具体的プラン（職場復帰支援プラン）を作成します。この具体的プランの作成にあたっては、事業場内産業保健スタッフ等を中心に、管理監督者、休職中の労働者の間でよく連携しながら進めます。

〈第４ステップ〉最終的な職場復帰の決定

①　労働者の状態（疾患の再燃・再発の有無等）の最終確認
②　就業上の配慮等に関する産業医等の「職場復帰に関する意見書」作成
③　事業者による最終的な職場復帰の決定、就業上の配慮の内容も併せて通知

④　その他（職場復帰についての事業場の対応や就業上の配慮の内容等を労働者を通じて主治医に伝える）

〈第5ステップ〉職場復帰後のフォローアップ

管理監督者による観察と支援のほか、事業場内産業保健スタッフ等によるフォローアップを実施し、適宜、職場復帰支援プランの評価や見直しを行います。

①　疾患の再燃・再発、新しい問題の発生等の有無の確認
②　勤務状況および業務遂行能力の評価
③　職場復帰支援プランの実施状況の確認
④　治療状況の確認
⑤　職場復帰支援プランの評価と見直し
⑥　職場環境等の改善等
⑦　管理監督者、同僚等の配慮

3　ストレスチェックと面接指導

(1) ストレスチェックの実施

常時使用する労働者に対して、医師、保健師等による心理的な負担の程度を把握するための検査（ストレスチェック）を行わなければなりません（安衛法66条の10第1項）。ストレスチェックについては、「心理的な負担の程度を把握するための検査及び面接指導の実施並びに面接指導結果に基づき事業者が講ずべき措置に関する指針」（平27.4.15　心理的な負担の程度を把握するための検査指針公示1号）（以下、「ストレスチェック指針」という。）が出されています。

労働者数50人未満の事業場は当分の間努力義務とされています（同法附則4条）。

(2) 検査結果の取扱い

検査結果は、検査を実施した医師、保健師等から直接本人に通知しなければなりません。あらかじめ本人の同意を得ることなく検査結果を事業者に提供してはいけません（安衛法66条の10第2項、安衛則52条の12）。

(3) 面接指導

検査の結果、「医師による面接指導が必要」とされた労働者から申出があった場合※１、医師による面接指導を実施しなければなりません※２。申し出をした労働者に対して申出を理由とする不利益な取扱いをしてはなりません（安衛法66条の10第３項)。

※１　申出は、結果が通知されてから１月以内に行う必要があります。
※２　面接指導は申出があってから１月以内に行う必要があります。

(4) 結果の記録

以下の事項について面接指導の結果の記録を作成し５年間保存しなければなりません（安衛法66条の10第４項、安衛則52条の18、ストレスチェック指針８、(6))。

①実施年月日　②労働者の氏名　③面接指導を行った医師の氏名　④労働者の勤務の状況、⑤労働者の心理的負担の状況、⑥その他労働者の心身の状況　⑦労働者の健康を保持するために必要な就業上の措置についての医師の意見

(5) 就業上の措置

面接指導の結果に基づき、医師の意見を聴き（安衛法66条の10第５項)、必要に応じ就業上の措置※３を講じなければなりません（安衛法66条の10第６項)。

※３　就業上の措置とは、労働者の実情を考慮し、就業場所の変更、作業の転換、労働時間の短縮、深夜業の回数の減少等の措置を行うこと。

(6) 職場環境改善

ストレスチェック制度は、①本人にその結果を通知して自らのストレスの状況について気付きを促し、個人のメンタルヘルス不調のリスクを低減させること、②検査結果を集団的に分析し、職場環境の改善につなげることによって、労働者がメンタルヘルス不調になることを未然に防止することを主な目的としています。集団分析と職場環境改善は努力義務とされています（安衛則52条の14）が、制度の目的を果たすための重要な手段です。

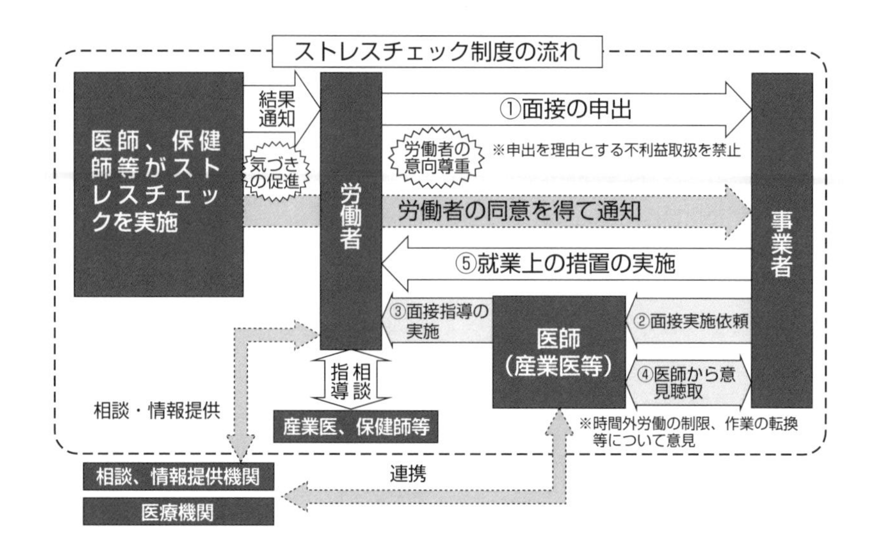

4 職場環境の改善としての長時間労働対策

精神障害による自殺の労災認定事案における労働時間を見ると、長時間であった事案が多く、また、企業における過重労働対策の効果に関する研究結果を見ると、長時間労働を行った者について医療機関に紹介したことがある産業医のうち約６割が労働者を抑うつ状態と診断して医療機関を紹介した経験があるということです（平成16年　労働政策審議会安衛部会議事録）。2022年に精神障害により労災支給決定された710件のうち、１か月平均時間外労働時間数80時間以上は149件（20.9%）です。

「心理的負荷による精神障害の認定基準」（令5.9.1　基発0901第２号）では、長時間労働に従事することも精神障害発病の原因となり得るとして、例えば発病直前の１か月におおむね160時間を超えるような、またはこれに満たない期間にこれと同程度の（例えば３週間におおむね120時間以上の）時間外労働を行った場合などを労災と認定することができるとしています。

このように、過労死に限らず、メンタルヘルス対策においても、過重労働対策は重要です。

第８章　病者の就業禁止、受動喫煙防止対策、高年齢労働者の安全と健康確保対策

1　病者の就業禁止

(1) 病者の就業禁止の意味

病者の就業禁止（安衛法68条）は、病気に罹っている者を就業させることにより、本人だけでなく他の労働者に及ぼす悪影響を考慮して規定されています。この規定により病者の就業を禁止しようとする場合は、あらかじめ産業医その他専門の医師の意見をきかなければなりません（安衛則61条２項）。運用に際しては、その労働者の疾病の種類、程度についての産業医等の意見等を勘案して、できるだけ配置転換、作業時間の短縮その他必要な措置を講ずることにより就業の機会を失わせないよう指導することとし、やむを得ない場合に限り禁止をする趣旨であり、種々の条件を十分に考慮して慎重に判断すべきとされています（昭47. 9. 18　基発601号の１）。

(2) 全業務に適用される疾病（安衛則61条）

就業禁止の対象疾病は労働安全衛生規則により定められており、次のアおよびイのいずれかに該当する者については、その就業を禁止しなければならないとされています。

ア　病毒伝ぱのおそれのある伝染性の疾病にかかった者

これに該当する疾病としては結核があります（平12. 3. 30　基発207号）。ただし、ツベルクリン皮内反応陽性者のみに接する業務に就かせる場合は就業禁止をしなくてもよいとされています（昭47. 9. 18　基発601号の１、平12. 3. 30　基発207号）。

感染症の予防および感染症の患者に対する医療に関する法律（以下、感染症法という。）に定める感染症に該当する疾病については、感染症法によって予防の措置がとられることから、同規則61条１項１号の対象とはなりません（昭24. 2. 10　基発158号　昭33. 2. 13　基発90号）。

京和タクシー事件（京都地裁　昭57.10.7判決　労働判例404号72頁）
〈事件の概要〉
タクシー会社が雇入れ時の健康診断を行った結果労働者の肺に異常があり要精密検査とされたのに、その診断結果を本人に知らせないまま運転業務に従事させたところ、肺結核が悪化して入院、休職となった。
〈判決の内容〉
事業者は、雇い入れた労働者の健康に異常の疑いがある場合には早期にその状態を確認して就労可能性の有無、程度を見極め異常が発見されたときは医師の指示に従って就労を禁止するか適当な軽作業に就かせることにより、健康状態の悪化することがないよう注意すべき義務があったのにもかかわらず、これを怠ったことにより、労働者に生じた損害を賠償すべき義務があるものというべきである。

イ　心臓、腎臓、肺等の疾病で労働のため病勢が著しく増悪するおそれのあるものにかかった者

これに該当するものとしては、心臓、腎臓、肺等の疾病にかかり、その病勢増悪（たとえば、体動により息ぎれ、浮腫、チアノーゼ、高度の発熱、意識そう失等の症状が容易に発現する程度の心、血管、腎、肺および気管支、肝等の疾患にかかっていること。）が明らかであるため労働することが不適当であると認められた者をいいます。

ウ　前各号に準ずる疾病で厚生労働大臣が定めるものにかかった者

これについては、現在定められていません。

4　労働者を休ませる場合の措置（休業手当、特別休暇など）

〈休業させる場合の留意点〉

Q8－1　新型コロナウイルスに感染した、または発熱などの症状がある労働者を事業者の判断で休業させる場合、休業手当の支払いは必要ですか。

A　労働基準法第26条では、使用者の責に帰すべき事由による休業の場合には、使用者は、休業期間中当該労働者に、休業手当（平均賃金の100分の60以上）を支払わなければならないとされています。

使用者の責に帰すべき事由とは、企業の経営者として不可抗力を主張し得ないすべての場合とされています。ここでいう不可抗力とは、

①　その原因が事業の外部より発生した事故であること、

②　事業主が通常の経営者として最大の注意を尽くしてもなお避けることのできない事故であること

の２つの要件をいずれも満たす必要があります。

新型コロナウイルス感染症の感染症法上の位置付けが５類感染症に変更されましたが、休業手当の支払義務の考え方について変更はなく、上記のような考え方の下で個別事案ごとに諸事情を総合的に勘案して判断されることとなります。

例えば発熱などの症状があることのみをもって一律に労働者に休んでいただく措置をとる場合のように、使用者の自主的な判断で休業させる場合は、一般的には「使用者の責に帰すべき事由による休業」に当たり、休業手当を支払う必要があります。

（新型コロナウイルスに関するＱ＆Ａ（企業の方向け）令和５年10月27日）

（3）就業を禁止すべき特定の業務従事者

特定の業務における就業禁止については、鉛中毒予防規則、四アルキル鉛中毒予防規則および高気圧作業安全衛生規則で以下のように定められています。これらは、医師が必要と認める期間、該当業務に就かせてはならないと規定されています。

業　　務	就かせてはならない者
鉛業務	鉛中毒にかかっている者等（鉛則57条）
四アルキル鉛業務	四アルキル鉛中毒にかかっている者等（四アルキル鉛則26条）
高気圧業務	1　減圧症その他高気圧による障害またはその後遺症

	2　肺結核その他呼吸器の結核または急性上気道感染、じん肺、肺気腫その他呼吸器系の疾病 3　貧血症、心臓弁膜症、冠状動脈硬化症、高血圧症その他血液または循環器系の疾病 4　精神神経症、アルコール中毒、神経痛その他精神神経系の疾病 5　メニエル氏病または中耳炎その他耳管狭さくを伴う耳の疾病 6　関節炎、リウマチスその他運動器の疾病 7　ぜんそく、肥満症、バセドー氏病その他アレルギー性、内分泌系、物質代謝または栄養の疾病 （高圧則41条）

Q8−2　てんかんに罹っている労働者の就業制限について教えてください。（保健師）

A　てんかんは、突然意識を失って反応がなくなるなどの「てんかん発作」をくりかえし起こす病気です。「てんかん発作」は基本的に一過性で、てんかん発作終了後は元通りの状態に回復することが特徴です。適切な抗てんかん薬を服用することで、大部分の患者は発作は抑制され通常の社会生活を支障なく送れます。一方、抗てんかん薬では発作を抑えることができず、「難治性てんかん」として複数の抗てんかん薬の調整や外科治療などの専門的なてんかん治療を必要とする場合もあります。

発作が起こっている時間は通常数秒から数分間にすぎないため、発作が起こっていないその他のほとんどの時間は普通の社会生活をおくることが可能です。従って、病気の特性を周囲の人がよく理解し、過剰に活動を制限せず能力を発揮する機会を摘み取ることのないよう配慮することも、てんかんをもつ人に対する配慮を行う上で大切なことです。発作を起こす可能性のある人については、一人作業や高所作業をさせないなどの措置を必要とするでしょう。

てんかんのある人の運転免許取得には、一定の条件が決められています。

① 発作が過去５年以内に起こったことがなく、医師が「今後、発作が起こるおそれがない」旨の診断を行った場合
② 発作が過去２年以内に起こったことがなく、医師が「今後、X年程度であれば発作が起こるおそれがない」旨の診断を行った場合
③ 医師が１年の経過観察の後「発作が意識障害および運動障害を伴わない単純部分発作に限られ、今後症状の悪化のおそれがない」旨の診断を行った場合
④ 医師が２年間の経過観察の後「発作が睡眠中に限って起こり、今後、症状の悪化のおそれがない」旨の診断を行った場合

このようにてんかんでもある一定の条件を満たせば運転免許が取れます。それには医師の診断書が必要になる場合があります。

一定の病気等に係る運転免許関係事務に関する運用上の留意事項について（通達）令和４年３月14日警察庁丁運発第68号
別添一定の病気に係る免許の可否等の運用基準１統合失調症（令第33条の２の３第１項関係）
……………………12てんかん（令第33条の２の３第２項第１号関係）…

2　受動喫煙対策

（1）喫煙、受動喫煙の健康への影響

たばこの煙には数千種以上の化学物質、例えば、タールやニコチン、一酸化炭素などの有害物質が含まれています。特にタールは、多くの発がん性物質を含み、肺がんをはじめ種々のがんを引き起こします。さらに、COPD（慢性閉塞性肺疾患）、心疾患をはじめとするさまざまな病気のリスクを高めるということが明らかにされています。例えば、非喫煙者の死亡の危険度を１とした場合、喫煙者のそれは、肺がんは男性が4.8倍、女性が3.9倍、COPDは男性が3.1倍、女性が3.6倍、心疾患は男性が2.2倍、女性が３倍となっています。さらに、女性の場合は、非喫煙者に比べて、早産や流産の危険性が高まるほか、産まれる子どもが低体重児になりやすいという報告もあります。

喫煙者がフィルターを通して吸い込む「主流煙」よりも、たばこの先から

立ち上る「副流煙」のほうに有害物質がより多く含まれていることが分かっています。非喫煙者でも、「副流煙」を吸い込むと受動喫煙によって、健康への害が生じます。

(2) 健康増進法の措置義務

特定施設等（特定施設（第一種施設※１、第二種施設※２および喫煙目的施設）および旅客運送事業自動車等）においては、次に掲げる特定施設等の区分に応じ、特定施設等の各号に定める場所（喫煙禁止場所）で喫煙をしてはなりません（健康増進法29条）。

① 第一種施設：特定屋外喫煙場所、喫煙関連研究場所以外の場所
② 第二種施設：喫煙専用室の場所、喫煙関連研究場所
③ 喫煙目的施設：喫煙目的室以外の屋内の場所
④ 旅客運送事業自動車および旅客運送事業航空機：内部の場所
⑤ 旅客運送事業鉄道等車両および旅客運送事業船舶：喫煙専用室以外の内部の場所

※１：学校、病院、児童福祉施設、行政機関、旅客運送事業自動車・航空機
※２：第一種施設および喫煙目的施設以外の施設

現に業務に従事する者を使用する者は、当該業務に従事する者の望まない受動喫煙を防止するため、当該使用する者または当該施設の実情に応じ適切な措置をとるよう努めなければなりません（附則５条）。

【原則屋内禁煙と喫煙場所を設ける場合のルール】

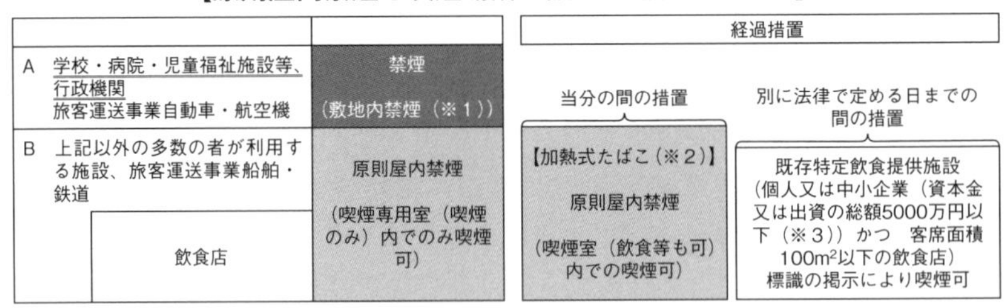

A：第一種施設　B：第二種施設
※1　屋外で受動喫煙を防止するために必要な措置がとられた場所に、喫煙場所を設置することができる。

※２　たばこのうち、当該たばこから発生した煙が他人の健康を損なうおそれがあることが明らかでないたばことして厚生労働大臣が指定するもの。
※３　一の大規模会社が発行済株式の総数の二分の一以上を有する会社である場合などを除く。

WHOたばこ規制枠組条約（抄）

（2005年発効、日本は2004年６月批准）

第８条　たばこの煙にさらされることからの保護

１　締約国は、たばこの煙にさらされることが死亡、疾病および障害を引き起こすことが科学的証拠により明白に証明されていることを認識する。

２　締約国は、屋内の職場、公共の輸送機関、屋内の公共の場所および適当な場合には他の公共の場所におけるたばこの煙にさらされることからの保護を定める効果的な立法上、執行上、行政上または他の措置を国内法によって決定された既存の国の権限の範囲内で採択しおよび実施し、並びに権限のある他の当局による当該措置の採択および実施を積極的に促進する。

WHOたばこ規制枠組条約第８条履行のためのガイドライン（平成19年７月採択）

○100％禁煙以外の措置（換気、喫煙区域の使用）は、不完全である。
○すべての屋内の職場、屋内の公共の場および公共交通機関は禁煙とすべきである。

(3) 受動喫煙防止措置（努力義務）

労働安全衛生法

事業者は、室内またはこれに準ずる環境における労働者の受動喫煙を防止するため、当該事業者および事業場の実情に応じ適切な措置を講ずるよう努めるものとする（68条の２）。

職場における受動喫煙防止のためのガイドライン

「職場における受動喫煙防止のためのガイドライン」（令元7.1　基発0701第1号）により事業者が実施すべき事項が以下のように示されています。

組織的対策

ア　受動喫煙防止対策の組織的な進め方

（ア）　推進計画の策定

○衛生委員会等で十分に検討し、受動喫煙防止対策を推進するための推進計画を策定すること。

○安全衛生に係る計画、衛生教育の実施計画、健康保持増進を図るため必要な措置の実施計画等に、職場の受動喫煙防止対策に係る項目を盛り込む方法もあること。

受動喫煙防止対策を推進するための推進計画の内容

・将来達成する目標と達成時期

・目標達成のために講じる措置や活動等

（イ）　担当部署の指定

○担当部署や担当者を指定する。

担当部署、担当者の実施事項

・受動喫煙防止対策に係る相談対応等

・受動喫煙防止対策の状況について定期的に把握、分析、評価等を行う

・問題がある職場について改善のための指導を行わせるなど

・評価結果等については、経営幹部や衛生委員会等に適宜報告し、事業者および事業場の実情に応じた適切な措置の決定に資するようにすること

（ウ）　労働者の健康管理等

○受動喫煙防止対策の状況を衛生委員会等における調査審議事項とする。

○産業医の職場巡視に当たり、受動喫煙防止対策の実施状況に留意する。

（エ）　標識の設置・維持管理

○施設内の喫煙専用室、指定たばこ専用喫煙室などの出入口および施設の主たる出入口の見やすい箇所に必要な事項を記載した標識を掲示しなければならない。

《ピクトグラムを用いた標識例》

参照「『健康増進法の一部を改正する法律』の施行について」（平31. 2. 22　健発0222第１号）の別添３、ホームページ「なくそう！望まない受動喫煙」

（オ）　意識の高揚および情報の収集・提供

○労働者に対して、受動喫煙による健康への影響、受動喫煙の防止のために講じた措置の内容、健康増進法の趣旨等に関する教育や相談対応を行うことで、受動喫煙防止対策に対する意識の高揚を図る。

○受動喫煙防止対策の担当部署等は、他の事業場の対策の事例、受動喫煙による健康への影響等に関する調査研究等の情報を収集し、これらの情報を衛生委員会等に適宜提供する。

（カ）　労働者の募集および求人の申込み時の受動喫煙防止対策の明示

労働者の募集および求人の申込みの際は就業の場所における受動喫煙を防止するための措置に関する事項を明示することが必要である（職安法５条の３第４項、職安法規則４条の２第３項９号）。

・施設の敷地内または屋内を全面禁煙としていること。
・施設の敷地内または屋内を原則禁煙とし、特定屋外喫煙場所や喫煙専用室等を設けていること。
・施設の屋内で喫煙が可能であること。

イ　妊婦等への特別な配慮

喫煙可能な場所における作業に関する措置や各種施設における受動喫煙防止対策の実施に当たり、以下の者に対しては特に配慮を行う必要がある。

・妊娠している労働者　・呼吸器や循環器等に疾患を持つ労働者
・がん等の疾病を治療しながら就業する労働者　・化学物質に敏感な労働者など

喫煙可能な場所における作業に関する措置

ア　20歳未満の者の立入禁止

・喫煙専用室等に案内してはならない。
・喫煙専用室等に立ち入らせて業務を行わせない（喫煙専用室等の清掃作業も含まれる。）。等

イ　20歳未満の者への受動喫煙防止措置

健康増進法40条により受動喫煙防止措置の適用除外の場所となっている宿泊施設の客室（個室に限る。）や職員寮の個室、特別養護老人ホーム・有料老人ホームなどの入居施設の個室、業務車両内等についても、望まない受動喫煙を防止するため、20歳未満の者が喫煙可能な場所に立ち入らないよう措置を講じること。

ウ　20歳以上の労働者に対する配慮

①　勤務シフトの工夫、勤務フロアの工夫、動線等の工夫
・望まない受動喫煙を防止するため、勤務シフトや業務分担を工夫する。
・受動喫煙を望まない労働者が喫煙区域に立ち入る必要のないよう、禁煙フロアと喫煙フロアを分ける。
・喫煙区域を通らないような動線の工夫をする。等

②　喫煙専用室等の清掃における配慮

・喫煙専用室等の清掃作業は、室内に喫煙者がいない状態で、換気により室内のたばこの煙を排出した後に行う。

・やむを得ず室内のたばこの煙の濃度が高い状態で清掃作業を行わなければならない場合には、呼吸用保護具の着用等により、有害物質の吸入を防ぐ対策をとる。

・吸い殻の回収作業等の際には、灰等が飛散しないよう注意して清掃を行う。

③　業務車両内での喫煙時の配慮

営業や配達等の業務で使用する車両内などであっても、喫煙者に対し、望まない受動喫煙を防止するため、同乗者の意向に配慮するよう周知する。

各種施設における受動喫煙防止対策

第一種施設		・別紙１※１の技術的基準を満たす特定屋外喫煙場所を除き、労働者に敷地内で喫煙させないこと。 ・技術的基準を満たすための効果的手法等の例には、別紙２に示すものがあること。
	喫煙専用室	・別紙１※２のたばこの煙の流出を防止するための技術的基準を満たすものでなければならないこと。 ・技術的基準を満たすための効果的手法等の例には、別紙２に示すものがあること。
	指定たばこ専用喫煙室	・別紙１※３の指定たばこの煙の流出を防止するための技術的基準を満たすものでなければならないこと。 ・技術的基準を満たすための効果的手法等の例には、別紙２に示すものがあること。 ア　喫煙専用室と指定たばこ専用喫煙室を除き、労働者に施設の屋内で喫煙させないこと イ　指定たばこ専用喫煙室を設ける施設の営業について広告または宣伝をするときは、指定たばこ専用喫煙室の設置施設であることを明らかにしなければならないこと。 ウ　受動喫煙を望まない者が指定たばこ専用喫煙室において業務や飲食を避けることができるよう配慮すること。 エ　施設の屋内を全面禁煙とし、屋外喫煙所（閉鎖系のみ）

第二種施設		を設ける場合は助成を受けることができること。
	喫煙目的施設	ア　喫煙目的室を設ける施設の営業について広告または宣伝をするときは、喫煙目的室の設置施設であることを明らかにしなければならないこと。 イ　受動喫煙を望まない者が、喫煙目的室であって飲食等可能な室内において、業務や飲食を避けることができるよう配慮すること。
	既存特定飲食提供施設	ア　喫煙可能室を設ける施設の営業について広告または宣伝をするときは、喫煙可能室の設置施設であることを明らかにしなければならないこと。 イ　受動喫煙を望まない者が喫煙可能室において業務や飲食を避けることができるよう配慮すること。 　受動喫煙を望まない者を喫煙可能室に同行させることのないよう、労働者に周知すること。 ウ　既存特定飲食提供施設の飲食ができる場所を全面禁煙として喫煙専用室または屋外喫煙所を設置する場合には、別紙1の技術的基準を満たす喫煙専用室を設ける、または、屋外喫煙所を設けることが望ましいこと。 　これらの措置（屋外喫煙所にあっては閉鎖系に限る。）に要する経費の一部について助成を受けることができること。 エ　次に掲げる事項が実施されているか管理権原者に確認すること。 （ア）　既存特定飲食提供施設の要件に該当することを証する書類を備えること。 （イ）　喫煙可能室設置施設の届出を保健所に行うこと。

※1：特定屋外喫煙場所を設置する場合の要件（概略）

（1）　喫煙をすることができる場所が区画されていること。

（2）　喫煙をすることができる場所である旨を記載した標識を掲示すること。

（3）　第一種施設を利用する者が通常立ち入らない場所に設置すること。

※2：喫煙専用室の技術的水準（概略）

（1）　出入口において、室外から室内に流入する空気の気流が、0.2メートル毎秒以上であること。

（2）　たばこの煙が室内から室外に流出しないよう、壁、天井等によって区画されていること。

（3）　たばこの煙が屋外または外部の場所に排気されていること。

※3：指定たばこ専用喫煙室の技術的水準（概略）

※2のたばこの煙の流出を防止するための技術的基準に適合すること。

受動喫煙防止対策に対する支援

支援制度の問合せ先

① **受動喫煙防止対策助成金に関する事項**：都道府県労働局労働基準部健康課または健康安全課

② **受動喫煙防止対策の技術的な相談**

厚生労働省ホームページで最新の問合せ先を確認すること。

《参考》

職場における受動喫煙防止のためのガイドライン（令元.7.1　基発0701第1号）

https://www.mhlw.go.jp/content/000524718.pdf

たばこ煙の流出防止措置の効果を確認するための測定方法の例

https://www.mhlw.go.jp/content/10900000/000525313.pdf

改正健康増進法の施行に関するQ＆A（平31.4.26公表最終改正令元.6.28）

https://www.mhlw.go.jp/content/10900000/00525322.pdf

(4) 受動喫煙と安全配慮義務

職場での受動喫煙により健康被害を被ったとする労働者が損害賠償を求めた訴訟で、労働者の主張が認められた事件があります。裁判で初めて受動喫煙による危険性から職員の生命・健康を保護するよう配慮すべき義務を負っていることを明らかにした事件で、一部ですが雇用主である区の責任を認めて5万円の慰謝料支払命令を下した江戸川区職員（受動喫煙）事件（東京地裁　平16.7.12判決　労判878号）です。「当時の喫煙対策としては喫煙時間や喫煙場所を限るという意味での分煙が一般的であり、労働省（当時）等の行政が示した各種の分煙対策でも、ゆるやかな分煙対策を段階的に進めていくことを予定していたことなどは、「上記の配慮すべき義務の内容を検討するに当たってしんしゃくすべき事柄である」。」として、使用者の責任を一部認めています。

このように、使用者は一定の範囲において受動喫煙の危険性から労働者の生命・健康を保護するよう配慮すべき義務（安全・衛生配慮義務）を負っていることを認め、その義務の内容を検討するに当たっては、行政が示した各種の分煙対策が行われていたかどうかが斟酌すべきであるとしています。

したがって、受動喫煙による害についての安全配慮義務を履行するためには、健康増進法に定められている対策および労働安全衛生法68条の２による「受動喫煙防止ガイドライン」の内容を実施する必要があるといえます。

江戸川区職員（受動喫煙）事件（東京地裁　平16.7.12判決　労判878号）

【事件の概要】

原告Ｘは平成７年４月１日にＹ職員として採用され、平成８年３月31日までは都市開発部再開発課再開発一係の職員としてＹ本庁社内北棟一階の執務室で、同年４月１日から平成11年３月31日までは、保健所予防課業務係の職員として、Ｙ保健所内２階事務室に勤務していた。

執務室：三方に窓、棟全体用の中央式空気調和機、室専用の換気扇３機、空気清浄機３機が設置され、同部門の職員88名中37名、同係の職員７名中４名が喫煙者。平成７年10月末頃には、室専用の換気扇６機増設、その付近に設置された喫煙場所で職員は喫煙

事務室：保健所全体用の中央式空気調和機と排風機の設置。同室内の職員58名中15名、同係の職員10名中２名が喫煙者。同室内東側隅および同室外エレベーターホールに喫煙場所の設置。各々換気扇１機、空気清浄機能付きの空気調節装置１機が設置され、職員はそこで喫煙。

Ｙが措置義務を怠ったことにより、上記条件においてＸを受動喫煙下に置いて健康被害等を与えたとして、主位的に安全配慮義務違反の債務不履行、予備的に不法行為または国家賠償法１条１項に基づき、医療費および慰謝料の一部（計31万5650円）につき、Ｘが損害賠償請求をした。

【判決の要旨】

Ｙ（被告・江戸川区）は、物や人の管理に当たり、一定の範囲において受動喫煙の危険性からＸ（原告・江戸川区職員）の生命および健康を保護するよう配慮すべき義務（安全・衛生配慮義務）を負っていた。

その義務の内容は、危険の態様、程度、被害結果の状況等に応じ、具体的状況に従って決すべきものである。

一、受動喫煙の危険性は、眼症状や鼻症状などの急性影響および慢性影響としての肺がん等のリスクの増加であり、受動喫煙の暴露時間

や暴露量を無視して一律には論じ得ない性質のものであったこと、
二、当時（平成７～８年頃）のわが国では、喫煙に寛容な社会的認識がなお残っており、喫煙対策の推進に当たっても喫煙者と非喫煙者双方の立場を尊重することが重要と考えられていたこと、
三、当時の喫煙対策としては喫煙時間や喫煙場所を限るという意味での分煙が一般的であり、行政が示した各種の分煙対策でも、ゆるやかな分煙対策を段階的に進めていくことを予定していたこと、
などは、「上記の配慮すべき義務の内容を検討するに当たってしんしゃくすべき事柄である」。

Ｘの配属期の殆どについて、Ｙの配慮義務違反は認められない。しかし、平成８年の２カ月間についてみると、（ⅰ）Ｘは、上司に対し、大学病院の診断書を示し、何とかしてほしいと申し出た。（ⅱ）診断書の内容から直ちに急性障害と受動喫煙との間に法的因果関係を認められるかはともかく、（ⅲ）Ｙは、診断書に記載された指摘を踏まえ、Ｘを受動喫煙環境の下に置くことで健康状態の悪化を招かないよう、速やかに必要な措置（Ｘの席近くにあった喫煙場所を遠ざける、自席での禁煙を更に徹底させる等）を講じるべきであった。

《実務のポイント～喫煙室の設置場所》

Q8−3　昨年、社屋を新築し、社員食堂の一角に喫煙室を設けました。しかし、食事をしている社員からたばこの臭いがするという苦情が出ています。厚生労働省の「職場における喫煙対策のためのガイドライン」の示す基準は満たしているのですが、どうしたものでしょうか。

A　食堂の一角という設置場所が好ましくないのですが、移動させれば多額の費用がかかります。喫煙者が退室する速度は0.7m/sほどあり、喫煙室等へ向かう気流の風速0.2m/sよりも大きいのでタバコの煙が退室時に漏れるなどの問題点が指摘されています。喫煙室の入り口が食堂の方向を向いているのがより問題なので、入り口を付け替えるということで臭いの苦情はおさまるのではないでしょうか。設置場所や、入り口

の方向について、設置前にリスクアセスメントをするべきでした。

(5) 喫煙者に対する禁煙指導

喫煙者にとってもタバコは有害です。したがって、職場における健康障害の防止措置を行うためには、受動喫煙対策を講じて非喫煙者を守ればよいということではありません。健康診断や保健指導の場で喫煙者に禁煙することを勧奨することも忘れてはいけません。建物内全面禁煙を行い、職場で喫煙をしにくい環境を作ることは、喫煙者の禁煙を促す効果もあります。喫煙者に禁煙も推奨する「働く人を喫煙と受動喫煙の害から守るためのたばこ対策宣言」が日本産業衛生学会から出されているのでご覧になるとよいでしょう。

〈参考サイト〉

たばこの規制に関する世界保健機関枠組条約

http://www.mofa.go.jp/mofaj/gaiko/treaty/pdfs/treaty159_17a.pdf

WHOたばこ規制枠組条約第８条の実施のためのガイドライン

http://www.mhlw.go.jp/topics/tobacco/dl/fctc8_guideline.pdf

日本産業衛生学会：働く人を喫煙と受動喫煙の害から守るためのたばこ対策宣言

https://www.sanei.or.jp/files/topics/statement/Declaration_on_Tobacco_Control.pdf

3 高年齢労働者の安全と健康確保対策

近年、労働災害による休業４日以上の死傷者数のうち、60歳以上の労働者の占める割合が増加傾向にあるという状況を踏まえ、**「高年齢労働者の安全と健康確保のためのガイドライン」（通称：エイジフレンドリーガイドライン）**（令2. 3. 16　基安発0316第１号）により以下の対策の実施を求めています。

(1) 安全衛生管理体制の確立

ア　経営トップによる方針表明と体制整備

・企業の経営トップによる高齢者労働災害防止対策に取り組む方針の表明

・高年齢者労働災害防止対策に取り組む体制の整備
・高齢者労働災害防止対策について、労働者の意見を聴く機会や労使で話し合う機会の設置
・安全衛生委員会等での調査審議の実施

イ　高年齢労働者の身体機能の低下等による労働災害についてリスクアセスメントの実施

・高年齢労働者の身体機能の低下等による労働災害発生リスクについて、災害事例やヒヤリハット事例から洗い出し、対策の優先順位を検討すること。
・「危険性または有害性等の調査等に関する指針」（平18. 3. 10危険性または有害性等の調査等に関する指針公示第１号）に基づく手法で取り組むよう努めること。
・リスクアセスメントの結果を踏まえ、以下の（２）職場環境の改善から（５）安全衛生教育までに示す事項を参考に優先順位の高いものから取り組む事項を決めること。
・年間推進計画を策定し、当該計画に沿って取組を実施し、当該計画を一定期間で評価し、必要な改善を行うことが望ましいこと。

(2) 職場環境の改善

ア　身体機能の低下を補う設備・装置の導入（主としてハード面の対策）

・高齢者でも安全に働き続けることができるよう、施設、設備、装置等の改善を検討し、必要な対策を講じること。
・以下の例を参考に、事業場の実情に応じた優先順位をつけて改善に取り組むこと。

〈共通的な事項〉

○通路を含め作業場所の照度を確保する。
○階段には手すりを設け、可能な限り通路の段差を解消する。等

〈危険を知らせるための視聴覚に関する対応〉

○警報音等は聞き取りやすい中低音域の音、音源の向きを適切に設定する、指向性スピーカーを用いる等の工夫をすること。

○パトライト等は有効視野を考慮する。

〈暑熱な環境への対応〉

○涼しい休憩場所を整備すること。

○通気性の良い服装を準備すること。

○熱中症の初期症状を把握できるウェアラブルデバイス等のIoT機器を利用すること。

〈重量物取扱いへの対応〉

○不自然な作業姿勢をなくすよう作業台の高さや作業対象物の配置を改善すること。等

〈介護作業等への対応〉

○リフト、スライディングシート等を導入し抱え上げ作業を抑制すること。

〈情報機器作業への対応〉

○パソコンを用いた情報機器作業では、「情報機器作業における労働衛生管理のためのガイドライン」（令元. 7. 12基発0712第３号、改正令3. 12. 1　基発1201第７号）に基づき、照明、画面における文字サイズの調整、必要な眼鏡の使用等により適切な視環境や作業方法を確保すること。等

イ　高年齢労働者の特性を考慮した作業管理（主としてソフト面の対策）

・敏捷性や持久性、筋力の低下等の高年齢労働者の特性を考慮して、作業内容等の見直しを検討し、実施すること。

・以下の例を参考に、事業場の実情に応じた優先順位をつけて改善に取り組むこと。

〈共通的な事項〉

○事業場の状況に応じて、勤務形態や勤務時間を工夫することで高年齢労働者が就労しやすくすること（短時間勤務、隔日勤務、交替制

勤務等)。等

〈暑熱作業への対応〉

○健康診断結果を踏まえた対応に加えて、管理者を通じて始業時の体調確認を行い、体調不良時に速やかに申し出るよう日常的に指導すること。等

〈情報機器作業への対応〉

○情報機器作業が過度に長時間にわたり行われることのないようにし、作業休止時間を適切に設けること。等

(3) 高年齢労働者の健康や体力の状況の把握

ア　健康状況の把握

・労働安全衛生法で定める雇入時および定期の健康診断を確実に実施する。

・以下に掲げる例を参考に、高年齢労働者が自らの健康状況を把握できるような取組を実施するよう努めること。

〈取組例〉

○労働安全衛生法で定める健康診断の対象にならない者が、地域の健康診断等（特定健康診査等）の受診を希望する場合は、必要な勤務時間の変更や休暇の取得について柔軟な対応をすること。等

イ　体力の状況の把握

・高年齢労働者の労働災害を防止する観点から、事業者、高年齢労働者双方が体力の状況を客観的に把握し、事業者はその体力にあった作業に従事させるとともに、高年齢労働者が自らの身体機能の維持向上に取り組めるよう、主に高年齢労働者を対象とした体力チェックを継続的に行うよう努めること。

・体力チェックの対象となる労働者から理解が得られるよう、わかりやすく丁寧に体力チェックの目的を説明するとともに、事業場における

方針を示し、運用の途中で適宜その方針を見直すこと

参照　ガイドライン別添２
「転倒等リスク評価セルフチェック票」
https://jsite.mhlw.go.jp/tokyo-roudoukyoku/content/contents/001690867.pdf
「転倒等災害リスク評価セルフチェック実施マニュアル」
https://www.mhlw.go.jp/new-info/kobetu/roudou/gyousei/anzen/dl/101006-1a_07.pdf

ウ　健康や体力の状況に関する情報の取扱い

・健康情報等を取り扱う際には、「労働者の心身の状態に関する情報の適正な取扱いのために事業者が講ずべき措置に関する指針」（平30.9.7労働者の心身の状態に関する情報の適切な取扱い指針公示第１号）を踏まえた対応が必要であること。
・労働者の体力の状況の把握に当たっては、個々の労働者に対する不利益な取扱いを防ぐため、労働者自身の同意の取得方法や情報の取扱方法等の事業場内手続について安全衛生委員会等の場を活用して定める必要があること。

(4) 高年齢労働者の健康や体力の状況に応じた対応

ア　個々の高年齢労働者の健康や体力の状況を踏まえた措置

脳・心臓疾患が起こる確率は加齢にしたがって徐々に増加するとされており、高年齢労働者については基礎疾患の罹患状況を踏まえ、労働時間の短縮や深夜業の回数の減少、作業の転換等の措置を講じること。

イ　高年齢労働者の状況に応じた業務の提供

健康や体力の状況は高齢になるほど個人差が拡大するので、個々の労働者の状況に応じ、安全と健康の点で適合する業務をマッチングさせるよう努める。

ウ　心身両面にわたる健康保持増進措置

・「事業場における労働者の健康保持増進のための指針」（昭63.9.1健康保持増進のための指針公示第１号）により、健康保持増進対策の推進体制の確立を図る等組織的に労働者の健康づくりに取り組むこと。
・集団および個々の高年齢労働者を対象として、身体機能の維持向上のための取組を実施することが望ましいこと。
・常時50人以上の労働者を使用する事業者は、対象の高年齢労働者に対してストレスチェックを確実に実施するとともに、ストレスチェックの集団分析を通じた職場環境の改善等のメンタルヘルス対策に取り組むこと。
・「労働者の心の健康の保持増進のための指針」（平18.3.31健康保持増進のための指針公示第３号）に基づきメンタルヘルス対策の取組に努めること。
・以下の例を参考に、事業場の実情に応じた優先順位をつけて取り組む。
　○健康診断や体力チェックの結果等に基づき、必要に応じて運動指導や栄養指導、保健指導、メンタルヘルスケアを実施すること。
　○フレイルやロコモティブシンドロームの予防を意識した健康づくり活動を実施すること。等

(5) 安全衛生教育

ア　高年齢労働者に対する教育

・雇入れ時等の安全衛生教育、技能講習や特別教育を確実に行うこと。

・高齢者対象の教育では、作業内容とリスクについて理解させるため、時間をかけ、写真や図、映像等の文字以外の情報も活用する。
・再雇用や再就職等により経験のない業種、業務に従事する場合、特に丁寧な教育訓練を行う。

イ　管理監督者等に対する教育

・教育を行う者や管理監督者、高年齢労働者と共に働く各年代の労働者に対しても、高年齢労働者に特有の特徴と高年齢労働者に対する安全衛生対策についての教育を行うことが望ましいこと。
・高齢者労働災害防止対策の具体的内容の理解のために、高年齢労働者を支援する機器や装具に触れる機会を設けること。
・教育を行う者や管理監督者に対しての教育内容は以下の点が考えられること。
　・加齢に伴う労働災害リスクの増大への対策
　・管理監督者の責任、労働者の健康問題が経営に及ぼすリスク
　・脳・心臓疾患を発症する等緊急の対応が必要な状況が発生した場合の救命講習や緊急時対応

エイジフレンドリー補助金

高齢者が安心して安全に働くために職場環境の整備等に要する費用の補助

1　対象者　60歳以上の高年齢労働者を雇用する中小企業等の事業者

2　補助額

高年齢労働者の労働災害防止コース：高年齢労働者が安全に働けるよう、高年齢労働者にとって危険な場所や負担の大きい作業を解消する取組等に対して、補助を行う。補助率２分の１、上限100万円

コラボヘルスコース：コラボヘルス等の労働者の健康保持増進のための取組に対して、補助を行う。補助４分の３、上限30万円

コラボヘルスとは：医療保険者と事業者が積極的に連携し、明確な役割分担と良好な職場環境のもと、労働者の予防・健康づくりを効果的・効率的に実行すること

第9章 騒音障害防止対策、熱中症予防対策、腰痛予防対策、情報機器作業の労働衛生管理

1 騒音障害防止対策

(1) 労働安全衛生規則による騒音対策

強烈な騒音を発する屋内作業場における業務に労働者を従事させるときは、労働安全衛生規則では以下の措置を義務付けています。

① 作業をしている屋内作業場が強烈な騒音を発する場所であることを、標識によって明示する等の措置（安衛則583条の２）。

② 強烈な騒音の伝ぱを防ぐため、隔壁を設ける等必要な措置(安衛則584条)。

③ 労働安全衛生規則588条で定める著しい騒音を発する屋内作業場は、６月以内ごとに１回、定期に、等価騒音レベル（※）を測定し、以下の事項を記録して３年間保存しなければならない（安衛則590条)。

ｉ測定日時、ⅱ測定方法、ⅲ測定箇所、ⅳ測定条件

ｖ測定結果、ⅵ測定を実施した者の氏名

ⅶ測定結果に基づいて改善措置を講じたときは、当該措置の概要

※等価騒音レベルとは時間とともに変動する騒音がある場合、そのレベルを、ある測定時間内でこれと等しいエネルギーを持つ定常騒音レベルで表示したものであること（平4.8.24　基発480号）

④ 作業環境測定結果の評価結果に基づき、管理区分に応じた、施設または設備の設置または整備、作業工程または作業方法の改善その他作業環境を改善するため必要な措置を講じること。

⑤ 強烈な騒音を発する場所における業務においては、耳栓その他の保護具を備えなければならない（安衛則595条１項)。

⑥ 強烈な騒音を発する場所における業務の一部を請負人に請け負わせるときは、当該請負人に対し、耳栓その他の保護具について、備えておくこと等によりこれらを使用することができるようにする必要がある旨を周知させなければならない（安衛則595条２項)。

(2) ガイドラインによる対策

労働安全衛生規則に基づく措置を含め事業者が自主的に講ずることが望ましい騒音障害防止対策を体系化した「騒音障害防止のためのガイドライン」（平5. 4. 20　基発第２号）が以下のように示されています。

「騒音障害防止のためのガイドライン」（平5. 4. 20　基発0420第２号）
https://www.mhlw.go.jp/content/001089239.pdf

ア　作業環境測定

別表1の作業

労働安全衛生規則による騒音測定

作業環境測定を行うべき８か所（安衛則588条、ガイドライン別表１の８か所）	６月以内ごとに１回、「作業環境測定による等価騒音レベルの測定」に基づき、測定、評価、措置および記録を行うこと。（安衛則590条） 施設、設備、作業工程または作業方法を変更した場合は、その都度、測定すること。

別表2※の作業

騒音障害防止のためのガイドラインによる騒音測定

※インパクトレンチ、ナットランナー、電動ドライバー等を用い、ボルト、ナット等の締め付け、取り外しの業務を行う作業場始め52の作業場

屋内作業場	①　別紙１「作業環境測定による等価騒音レベルの測定」に基づき、測定、評価、措置および記録を行うこと。 ②　騒音源が移動する場合等においては、①に代えて、「個人ばく露測定による等価騒音レベルの測定」に基づき、測定、措置および記録を行うことができる。 ③　・測定を６月以内ごとに１回、定期に行うこと。 ・第Ⅰ管理区分に区分されることが継続している場所または等価騒音レベルが継続的に85dB未満である場所については、当該定期測定を省略可。 ④　施設、設備、作業工程または作業方法を変更した場合は、その都度、測定を行うこと。
坑内作業場	①　別紙２「定点測定による等価騒音レベルの測定」に基づき、測定、措置および記録を行うこと。

	②　騒音源が移動する場合等においては、①に代えて、別紙３「個人ばく露測定による等価騒音レベルの測定」に基づき、測定、措置および記録を行うことができる。 ③　屋内作業場の③と同じ ④　屋内作業場の④と同じ
屋外作業場	①　別紙２「定点測定による等価騒音レベルの測定」または別紙３「個人ばく露測定による等価騒音レベルの測定」に基づき、測定、措置および記録を行うこと。 ②　地面の上に騒音源があって、周辺に建物や壁等がない場所については、①に代えて、別紙４「等価騒音レベルの推計」に基づき、騒音レベルを推計し、その推計値を測定値とみなして、措置および記録を行うことができる。 ③　屋内作業場の③と同じ ④　屋内作業場の④と同じ

注：別紙１、２、３、４省略

イ　作業管理

（ア）　聴覚保護具の使用

①　事業者は、聴覚保護具については、日本産業規格（JIS）T8161-1に規定する試験方法により測定された遮音値を目安に、必要かつ十分な遮音値のものを選定すること。

危険作業等において安全確保のために周囲の音を聞く必要がある場合や会話の必要がある場合は、遮音値が必要以上に大きい聴覚保護具を選定しないよう配慮すること。

②　管理者に、労働者に対し聴覚保護具の正しい使用方法を指導させた上で、目視等により正しく使用されていることを確認すること。

（イ）　作業時間の管理

事業者は、作業環境を改善するための措置を講じた結果、第Ⅰ管理区分とならない場合または等価騒音レベルが85dB未満とならない場合は、次の表を参考に、労働者が騒音作業に従事する時間の短縮を検討すること。

表　等価騒音レベル（A特性音圧レベル）による許容基準

等価騒音レベル (dB)	85	86	87	88	89	90	91	92
1日のばく露時間	8時間00分	6時間20分	5時間02分	4時間00分	3時間10分	2時間30分	2時間00分	1時間35分
等価騒音レベル (dB)	93	94	95	96	97	98	99	100
1日のばく露時間	1時間15分	1時間00分	0時間47分	0時間37分	0時間30分	0時間23分	0時間18分	0時間15分

※　日本産業衛生学会の「許容濃度等の勧告（2022年度）」の中の、Ⅵ. 騒音の許容基準にある、「表Ⅵ-2. 騒音レベル（A特性音圧レベル）による許容基準」の一部抜粋

ウ　健康診断

（ア）　健康診断の実施

別表1および別表2の作業場における作業に常時従事する作業者に対し、健康診断を行うことが求められています。

雇入時等健康診断（雇入れ時・配置替え時）	既往歴・業務歴の調査、自他覚症状の有無の検査、オージオメータによる250、500、1,000、2,000、4,000、6,000および8,000ヘルツにおける聴力検査 その他必要とする検査
定期健康診断（6月以内ごとに1回）	既往歴・業務歴の調査 自他覚症状の有無の検査 オージオメータによる1,000ヘルツおよび4,000ヘルツにおける選別聴力検査（1,000ヘルツについては30dB、4,000ヘルツについては25dBおよび30dBの音圧での検査）
二次検査 ※	オージオメータによる250、500、1,000、2,000、4,000、6,000および8,000ヘルツにおける聴力検査 その他必要とする検査

※定期健康診断の結果、30dBの音圧での検査で異常が認められる者、その他医師が必要と認める者

（イ）　騒音健康診断結果に基づく事後措置

健康診断の結果の評価に基づき、次に掲げる措置を講ずること。

①　前駆期の症状※が認められる者および軽度の聴力低下が認められる者に対しては、第Ⅱ管理区分に区分された場所または等価騒音レベルが85dB以上90dB未満である場所においても、聴覚保護具を使用させるほか、必要な措置

②　中等度以上の聴力低下が認められる者に対しては、聴覚保護具を使用させるほか、騒音作業に従事する時間の短縮、配置転換その他必要な措置

※前駆期の症状：耳鳴り、高温域（4000ヘルツ）が聴きとりにくい

（ウ）　騒音健康診断結果の記録および報告

事業者は、健康診断を実施したときは、その結果を記録し、５年間保存すること。

定期健康診断については、実施後遅滞なく、その結果を所轄労働基準監督署長に報告すること。

エ　労働衛生教育

管理者を選任しようとするとき、常時騒音作業に従事する労働者に対しては、次の科目について労働衛生教育を行うことが求められています。

管理者選任時の教育	①　騒音の人体に及ぼす影響 ②　適正な作業環境の確保と維持管理 ③　聴覚保護具の使用および作業方法の改善 ④　関係法令等
常時騒音作業に従事する労働者に対する教育（第一管理区分または等価騒音レベルが継続的に85dB未満の場所は省略可）	①　騒音の人体に及ぼす影響 ②　防音保護具の使用の方法

オ　計画の届出

労働安全衛生法88条の規定に基づく計画の届出を行う場合に、当該計画が別表第１または別表第２に掲げる作業場に係るものであるときは、届出に騒

音障害防止対策の概要を示す書面または図面を添付すること。

2 腰痛予防対策

腰痛症は業務上疾病の中で毎年６割を占め、特に多い業種は、製造業（重量物取扱者、腰掛け作業者、坐作業者）、医療福祉業（看護師、ヘルパー、保育士）、運輸交通業（旅客機客室乗務員、宅配・トラック運転手）となっています。厚生労働省では、「職場における腰痛予防対策指針」（平25. 6. 18基発0618第１号）を策定しています。以下は概要ですが、これにより対策を行うことが望まれます。

詳細は「職場における腰痛予防対策指針」とその解説をご覧ください。

http://www.mhlw.go.jp/stf/houdou/2r98520000034et4-att/2r98520000034mtc_1.pdf

（1）一般的な腰痛の予防対策

ア 作業管理

① 自動化、省力化

作業の全部または一部を自動化し、腰部の負担を軽減することが望ましい。それが困難な場合には、負担を減らす台車等の適切な補助機器や道具等の導入をする。

② 作業姿勢、動作

[1] 前屈、中腰、ひねり、後屈ねん転等の不自然な姿勢を取らないこと。作業時は、作業対象にできるだけ身体を近づけて作業すること。

[2] 前屈やひねり等の不自然な姿勢の程度をできるだけ小さくし、その頻度と時間を減らすこと。適宜、台に寄りかかり、壁に手を着き、床に膝を着く等をして身体を支えること。

[3] 作業台や椅子は適切な高さに調節すること。作業台の高さは肘の曲げ角度がおよそ90度になる高さとすること。椅子座面の高さは、足裏全体が着く高さとすること。

[4] 立位、椅座位等において、同一姿勢を長時間取らないようにすること。長時間の立位作業では、片足を乗せておくことのできる足台や立位のまま腰部を乗せておくことのできる座面の高い椅子等を利

用し、長時間の座位作業では、適宜、立位姿勢を取るように心がけること。

[5] 腰部に負担のかかる動作では、姿勢を整え、かつ、腰部の不意なひねり等の急激な動作を避けること。持ち上げる、引く、押す等の動作では、膝を軽く曲げ、呼吸を整え、下腹部に力を入れながら行うこと。

[6] 転倒やすべり等の防止のために、足もとや周囲の安全を確認するとともに、不安定な姿勢や動作は取らないこと。また、大きな物や重い物を持っての移動距離は短くし、人力での階段昇降は避け、省力化を図ること。

③　作業の実施体制

[1] 作業時間、作業量等の設定に際しては、作業に従事する労働者の数、作業内容、作業時間、取り扱う重量、自動化等の状況、補助機器や道具の有無等が適切に割り当てられているか検討すること。

[2] 腰部に過度の負担のかかる作業では、複数人で作業できるようにすること。人員配置は、労働者個人の健康状態（腰痛の有無を含む。）、特性（年齢、性別、体格、体力、等）、技能・経験等を考慮して行うこと。

④　作業標準

[1] 作業標準の策定：腰痛の発生要因を排除または低減できるよう、作業動作、作業姿勢、作業手順、作業時間等について、作業標準を策定すること。

[2] 作業標準の見直し：作業標準は、定期的に確認し、また新しい機器、設備等を導入した場合にも、その都度見直すこと。

⑤　休憩・作業量、作業の組合せ等

[1] 適宜、休憩時間を設け、その時間には姿勢を変えるようにすること。作業時間中にも、小休止・休息が取れるようにすること。

横になって安静を保てるよう十分な広さを有し、適切な温度に調節できる休憩設備を設けるよう努めること。

[2] 不自然な姿勢を取らざるを得ない作業や反復作業等を行う場合には、他の作業と組み合わせる等により、当該作業ができるだけ連続しないようにすること。

［3］夜勤、交代勤務および不規則勤務にあっては、作業量が昼間時における同一作業の作業量を下回るよう配慮し、適宜、休憩や仮眠が取れるようにすること。

［4］過労を引き起こすような長時間勤務は避けること。

⑥　靴、服装等

［1］作業時の靴は、足に適合したものを使用すること。ハイヒールやサンダルを使用しないこと。

［2］作業服は、重量物の取扱い動作や適切な姿勢の保持を妨げないよう、伸縮性、保温性、吸湿性のあるものとすること。

［3］腰部保護ベルトは、個人により効果が異なるため、一律に使用せず、個人毎に効果を確認してから使用の適否を判断すること。

イ　作業環境管理

温度	作業場内の温度を適切に保つこと。低温環境下での作業では、保温のための衣服の着用や暖房設備の設置に配慮すること。
照明	作業場所、通路、階段等で足もとや周囲の安全が確認できるように適切な照度を保つこと。
作業床面	作業床面はできるだけ凹凸がなく、防滑性、弾力性、耐衝撃性および耐へこみ性に優れたものとすることが望ましい。
作業空間、機器、設備等	作業そのものや動作に支障がないよう十分に広い作業空間を確保し、機器・設備、荷の配置、作業台や椅子の高さ等に配慮を行うこと。
振動	車両系建設機械の座席等について振動ばく露の軽減対策をとること。

ウ　健康管理

①　健康診断、事後措置

［1］腰部に著しい負担のかかる作業に常時従事する労働者に対しては、当該作業の配置時、その後６月以内ごとに１回、定期に、医師による腰痛の健康診断を実施すること。

［2］腰痛の健康診断の結果について医師から意見を聴取し、労働者の腰

痛を予防するため必要があると認めるときは、作業の実施体制、作業方法等の改善、作業時間の短縮等の就労上必要な措置を講ずること。

[3] 睡眠改善や保温対策、運動習慣の獲得、禁煙、健康的なストレスコントロール等の日常生活における腰痛予防に効果的な内容を助言すること。

② 腰痛予防体操

腰部に著しい負担のかかる作業に常時従事する労働者に対し、腰痛予防体操を実施させること。疲労の蓄積度合い等に応じて適宜、腰痛予防体操を実施する時間・場所が確保できるよう配慮すること。

③ 職場復帰時の措置

再発可能性が高いので、休業者等が職場に復帰する際には、産業医等の意見を十分に尊重し、腰痛の発生に関与する重量物取扱い等の作業方法、作業時間等について就労上必要な措置を講じ、休業者等が復帰時に抱く不安を十分に解消すること。

エ　労働衛生教育等

① 労働衛生教育

重量物取扱い作業、同一姿勢での長時間作業、不自然な姿勢を伴う作業、介護・看護作業、車両運転作業等に従事する労働者については、当該作業への配置時、その後必要に応じ、以下の腰痛予防のための労働衛生教育を実施すること。

・腰痛の発生状況および原因
・腰痛発生要因の特定およびリスクの見積り方法
・腰痛発生要因の低減措置
・腰痛予防体操

② 心理・社会的要因に関する留意点

腰痛に関して労働者が精神的ストレスを蓄積しないよう、上司や同僚の支援や相談窓口をつくる等の組織的な対策を整えること。

③ 健康の保持増進のための措置

労働者の体力や健康状態を把握した上で、睡眠、禁煙、運動習慣、バランスのとれた食事、休日の過ごし方に関して産業医等による保健指導を行うことが望ましい。

オ　リスクアセスメントおよび労働安全衛生マネジメントシステム

リスクアセスメント：費用対効果の検討、的確な優先順位設定の下、各作業のリスクに応じて、合理的に実行可能で効果的な対策を講じるために、作業の種類、作業場所ごとに、腰痛発生要因のリスクアセスメントを実施し、その結果に基づいて適切な予防対策を実施していくことが重要である。

労働安全衛生マネジメントシステム：腰痛予防対策は、腰痛の発生要因が作業様態や労働者等の状況によって変化すること等から継続性を確保しつつ、また、業務の進め方と密接な関係にあることや人材や予算が必要になるので、事業実施に係る管理と一体となって行われる必要があるということです。そのためには、事業場に労働安全衛生マネジメントシステムの考え方を導入することが重要である。第３章参照

(2) 作業態様別の対策

腰痛の発生が比較的多い次に掲げる５つの作業における腰痛の予防対策が別紙 作業態様別の対策に示されています。

①　重量物取扱い作業　②　立ち作業　③　座り作業

④　福祉・医療分野等における介護・看護作業

⑤　車両運転等の作業

ピアノ運搬業務に従事していた労働者の腰椎ヘルニアにつき、使用者の安全配慮義務違反が肯定された例

ピアノ運送事件　（広島地裁　平成1.9.26判決）

超重量物である平均230キログラムのピアノを２人で人力運搬するという腰部に過度の負担のかかる業務に相当期間継続して従事すると、作業姿勢等に十分留意しても腰痛が発生する蓋然性が非常に高いので、原告の腰部捻挫による腰椎ヘルニアは、ピアノを２人で人力運搬するという作業に10年間以上継続して従事したことにより生じたものと認めるのが相当である。

重量物取扱い作業の作業管理、健康管理を定めた、労働省（当時）発出の「重量物取扱い作業による腰痛予防対策指針」（昭45.7.10　基発503号）は、行政的な取締規定に関するものだが、使用者の労働者に対する

安全配慮義務の内容を定める基準になるものと解すべきである。被告会社が労働省の通達を遵守し、腰痛予防の健康診断を定期的に実施するか、また、腰痛を訴えて原告が診察を受けた場合にはその医師の診断を尊重し、その各結果を受けて、適切な治療の機会を確保するとともに、作業量、作業時間の軽減、職種の変更等の的確な措置を講じておれば、原告が現在のような後遺障害に苦しむことはなかったということができるから、原告の障害は、被告の行為に起因することは明らかであり、被告は、原告に対し、労働契約上の債務不履行責任に基づき、または、不法行為責任に基づき、原告の被った損害を賠償する義務を負うべきとして、1135万388円の支払いを命じた。

3　熱中症予防対策

厚生労働省は、職場における熱中症予防のための実施事項を「職場における熱中症予防基本対策要綱」（令3.4.20　基発0420第３号　改正令3.7.26　基発0726第２号）により以下のように示しています。

（1）WBGT値（暑さ指数）の活用

WBGT値とはWet Bulb Globe Temperatureの略で、熱中症の発生リスクを判定する指標です。日本産業規格に適合したWBGT指数計を作業場所におき、WBGT値を随時把握することが必要です。

特に、熱中症予防情報サイト等により、事前にWBGT値が下表「身体作業強度等に応じたWBGT基準値」を超えることが予想される場合は、WBGT値を作業中に測定することが必要です。

身体作業強度に応じたWBGT基準値（概略）

区　　分	作業強度の例	暑熱順化者のWGBT基準値	暑熱非順化者のWGBT基準値
0安静	安静	33	32

1低代謝率	簿記、コイル巻、軽い材料の区分け等	30	29
2中程度代謝率	釘打ち、漆喰塗り、草むしり等	28	26
3高代謝率	シャベルを使う、コンクリートブロック積み等	26	23
4極高代謝率	おのを振るう、階段を昇る、走る等	25	20

イ　WBGT値（暑さ指数）の評価

WBGT値（暑さ指数）は前掲身体作業強度に応じたWBGT基準値（「身体作業等に応じたWBGT基準値（表衣類の組合せによりWBGT値に加えるべき着衣補正値（℃-WBGT））により衣類の補正をする）に照らして評価し、熱中症リスクを正しく見積もります。

下表衣類の組合せによりWBGT値に加えるべき着衣補正値（℃-WBGT）に掲げる衣類を着用して作業を行う場合にあっては、WBGT値にそれぞれ着衣補正値を加える必要があるとされています。

衣類の組合せによりWBGT値に加えるべき着衣補正値（℃-WBGT）（抄）

組合せ	WBGT値に加えるべき着衣補正値(℃-WBGT)
作業服	0
つなぎ服	0
単層のポリオレフィン不織布製つなぎ服	2
単層のSMS不織布製のつなぎ服	0
織物の衣服を二重に着用した場合	3
つなぎ服の上に長袖ロング丈の不透過性エプロンを着用した場合	4
フードなしの単層の不透湿つなぎ服	10
フードつき単層の不透湿つなぎ服	11
服の上に着たフードなし不透湿性のつなぎ服	12

フード（フードなしの組合せ着衣の着衣補正値に加算）	+1

注１　透過抵抗が高い衣服では、相対湿度に依存する。
注２　SMSはスパンボンド-メルトブローン-スパンボンドの３層構造からなる不織布である。
注３　ポリオレフィンはポリエチレン、ポリプロピレン、ならびにその共重合体などの総称である。

（2）作業環境管理

ア　WBGT値の低減等

WBGT基準値を超え、または超えるおそれのある作業場所（以下単に「高温多湿作業場所」という。）においては、

① 発熱体と労働者の間に熱を遮ることのできる遮へい物等を設けること。

② 屋外の高温多湿作業場所においては、直射日光並びに周囲の壁面および地面からの照り返しを遮ることができる簡易な屋根等を設けること。

③ 適度な通風または冷房を行うための設備を設けること。また、屋内の高温多湿作業場所における当該設備は、除湿機能があることが望ましいこと。

通風が悪い高温多湿作業場所での散水については、散水後の湿度の上昇に注意すること。

イ　休憩場所の整備等

① 高温多湿作業場所の近隣に冷房を備えた休憩場所または日陰等の涼しい休憩場所を設けること。

休憩場所は、足を伸ばして横になれる広さを確保すること。

② 高温多湿作業場所またはその近隣に氷、冷たいおしぼり、水風呂、シャワー等の身体を適度に冷やすことのできる物品および設備を設けること。

③ 水分および塩分の補給を定期的かつ容易に行えるよう飲料水などの備付け等を行うこと。

(3) 作業管理

① 作業時間の短縮等

作業の休止時間および休憩時間を確保し、高温多湿作業場所での作業を連続して行う時間を短縮すること、身体作業強度（代謝率レベル）が高い作業を避けること、作業場所を変更すること等の熱中症予防対策を、作業の状況等に応じて実施するよう努めること。

② 暑熱順化（熱に慣れ当該環境に適応すること）

・暑熱順化の有無が、熱中症の発症リスクに大きく影響することを踏まえ、計画的に、暑熱順化期間を設けることが望ましいこと。

・梅雨から夏季になる時期において、気温等が急に上昇した高温多湿作業場所で作業を行う場合、新たに当該作業を行う場合、または、長期間、当該作業場所での作業から離れ、その後再び当該作業を行う場合等においては、労働者は暑熱順化していないことに留意が必要であること。

③ 水分・塩分の摂取

・水分だけでなく塩分の摂取が欠かせない理由

大量に汗をかいた時に水だけを飲むと、血液の塩分濃度が薄まり、それ以上水が欲しくなくなり、余分の水分を尿として排泄し、その結果体液の量は回復できなくなる。この状態で作業を続けると体温が上昇して、暑熱障害の原因となる。

・のどの渇きを感じたときは身体は脱水状態にあり、一度に多量の水分を飲む。すると胃に水分がたまってお腹が重くなり、痛みを感じたり、身体がだるく感じられたりすることがある。これらをの予防のためにも、作業開始前と終了後、また作業中に定期的に水分と塩分を補給することが大切である。

・水分および塩分の摂取を表に記録する。

・塩分等の摂取が制限される疾患のある労働者については主治医や産業医に相談させる。

④ 服装等

・透湿性および通気性の良い服装を着用させること。これらの機能を持つ身体を冷却する服の着用も望ましいこと。

・直射日光下では通気性の良い帽子等を着用させること。

⑤　作業中の巡視

高温多湿作業場所での作業中は巡視を頻繁に行うこと。

目的：定期的な水分および塩分の摂取に係る確認を行う。

労働者の健康状態を確認し、熱中症を疑わせる兆候が表れた場合において速やかな作業の中断その他必要な措置を講ずること等

Q9－1　暑熱な作業の職場です。従業員各自が好きな飲み物を休憩室の冷蔵庫に入れて、のどが渇いたときに飲むようにしています。それではだめなのでしょうか。

A　実際に冷蔵庫を開けてみると、アイスコーヒーやジュースなどが入っていました。コーヒーは利尿作用があるので、かえって水分を体外に出してしまいます。

また、ジュースでは糖分の摂りすぎが心配です。どちらもミネラルの補給ができません。水分と塩分を用意してください。

のどが渇く前に水分をとるために、水分摂取の記録をとることを勧めます。従業員の名前の入った表を用意して、水分摂取をしたときにチェックを入れてもらうようにすると良いでしょう。

（4）健康管理

・熱中症の発症に影響を与えるおそれのある糖尿病、高血圧症、心疾患、腎不全等の疾病を有する労働者については、健康診断の実施と事後措置の徹底を図ること。

・睡眠不足、体調不良、前日等の飲酒、朝食の未摂取等が熱中症の発症に影響を与えるおそれがあることから、日常の健康管理の指導、必要に応じ健康相談を行うこと。

・作業開始前、作業中の巡視による労働者の健康状態の確認等を行うこと。

（5）労働衛生教育

自分自身や同僚が具合が悪くなっても、それが熱中症だとわからなかったり、すぐに適切な処置が取れなかったりすると、大事に至るおそれがありま

す。そこで、次の事項について教育しておかなければなりません。

① 熱中症の症状　② 熱中症の予防方法
③ 緊急時の救急処置　④ 熱中症の事例

(6) 救急処置

ア 緊急連絡網の作成と周知

あらかじめ病院・診療所等の所在地・連絡先を把握し、緊急連絡網の作成・周知をする。

イ 救急処置

熱中症を疑わせる症状があるときは、涼しい場所で身体を冷し、水分および塩分の摂取等をさせなければなりません。それでも症状が改善されない場合はすぐに医師の診察を受けさせなければいけません。

熱中症の症状

Ⅰ度	めまい、立ちくらみ、筋肉の硬直（こむら返り）、大量の発汗
Ⅱ度	頭痛、吐き気、嘔吐、倦怠感・虚脱感(体がぐったりする、力が入らない)
Ⅲ度	意識障害、けいれん、手足の運動障害（ひきつけがある、真っ直ぐに歩けない）

《実務のポイント～話しやすい職場》

大切なことは何でも話せる職場です。具合が悪いときに、我慢せずに訴えることができることが、熱中症を悪化させないためにとても大切です。パートタイマーや派遣社員、障害者にとって話しやすい職場環境はとりわけ大切です。

4 情報機器作業の労働衛生管理

2019年７月、旧「VDT作業における労働衛生管理のためのガイドライン」が「情報機器作業における労働衛生管理のためのガイドライン」（令元.７.12基発0405001号、改正令3.12.1）に名称変更・改正されました。事業場において、それぞれの作業内容や使用している情報機器、作業場所ごとに、健康影響に関与する要因のリスクアセスメントを実施し、その結果に基づく対策をたてることが求められています。

(1) 対象となる作業

事務所衛生基準規則の事務所において行われる情報機器作業（パソコンやタブレット端末等の情報機器を使用して、データの入力・検索・照合等、文章・画像等の作成・編集・修正等、プログラミング、監視等を行う作業）を対象としています。

情報機器作業の作業区分

作業区分	作業区分の定義	作業の例
作業時間または作業内容に相当程度拘束性があると考えられるもの（全ての者が健診対象）	１日に４時間以上情報機器作業を行う者であって、次のいずれかに該当するもの ・作業中は常時ディスプレイを注視する、または入力装置を操作する必要がある ・作業中、労働者の裁量で適宜休憩を取ることや作業姿勢を変更することが困難である	・コールセンターで相談対応（その対応録をパソコンに入力） ・モニターによる監視・点検・保守 ・パソコンを用いた校正・編集・デザイン ・プログラミング ・CAD作業 ・伝票処理 ・テープ起こし（音声の文書化作業） ・データ入力
上記以外のもの（自覚症状を訴える者のみ健診対象）	上記以外の情報機器作業対象者	・上記の作業で４時間未満のもの ・上記の作業で４時間以上ではあるが労働者の裁量による休憩をとることができるもの ・文書作成作業 以下は４時間以上のものも含む。 ・経営等の企画・立案を行う業務 ・主な作業として会議や講演の資料作成を行う業務・経理業務・庶務業務・情報機器を使用した

		研究

注：「作業の例」に掲げる例はあくまで例示であり、実際に行われている（又は行う予定の）作業内容を踏まえ、「作業区分の定義」に基づき判断すること。

(2) 対策の検討及び進め方に当たっての留意事項

事務所における情報機器作業の多様化と情報機器の使用方法の自由度が増したことから、情報機器作業の健康影響の程度についても労働者個々人の作業姿勢等により依存するようになりました。

そのため、対策を一律かつ網羅的に行うのではなく、それぞれの作業内容や使用する情報機器、作業場所ごとに、健康影響に関与する要因のリスクアセスメントを実施し、その結果に基づいて必要な対策を取捨選択することが必要であるとされています。

したがって、対策の検討に当たっては、

① 情報機器作業の健康影響が作業時間と拘束性に強く依存することを踏まえ、「5　作業管理」に掲げられた対策を優先的に行うこと。

② 情報機器ガイドラインに掲げるそれぞれの対策については、実際の作業を行う労働者の個々の作業内容、使用する情報機器、作業場所等に応じて必要な対策を拾い出し進めること。

を原則的な考え方として進めること。

各事業場においては、情報機器ガイドラインをもとに、衛生委員会等で十分に調査審議すること。

この基準をより適正に運用するためには、労働安全衛生マネジメントシステムに関する指針（平成11年労働省告示第53号）に基づき、事業者が労働者の協力の下に一連の過程を定めて継続的に行う自主的な安全衛生活動の一環として取り組むことが効果的であるということです。

(3) 作業管理

作業時間	・情報機器作業が過度に長時間にわたり行われることのないように指導すること。 ・一連続作業時間が1時間を超えないようにし、10分～15分の作業休止時間を設け、かつ、一連続作業時間内において1回～2回程度の小休止を設けるよう指導すること。

	・個々の作業者の特性を十分に配慮した無理のない適度な業務量となるよう配慮すること。
作業姿勢	・座位のほか、時折立位を交えて作業することが望ましく、座位においては、次の状態によること。 （イ）　椅子に深く腰をかけて背もたれに背を十分にあて、履き物の足裏全体が床に接した姿勢を基本とすること。等 （ロ）　椅子と大腿部膝側背面との間には手指が押し入る程度のゆとりがあり、大腿部に無理な圧力が加わらないようにすること。
機器の調整	ディスプレイ （イ）　約40cm以上の視距離が確保できるようにすること。 （ロ）　画面の上端が眼の高さとほぼ同じか、やや下になる高さにすることが望ましい。 （ハ）　ディスプレイ画面とキーボードまたは書類との視距離の差が極端に大きくなく、かつ、適切な視野範囲になるようにすること。 （ニ）　ディスプレイは、作業者にとって好ましい位置、角度、明るさ等に調整すること。 （ホ）　表示する文字の大きさは、小さすぎないように配慮し、文字高さがおおむね３mm以上とするのが望ましい。等

(4) 健康診断

第５章　Q5－7参照

(5) テレワークを行う労働者に対する配慮事項

テレワークを行う労働者に対する配慮事項が以下のように示されています。

「テレワークの適切な導入及び実施の推進のためのガイドライン」（令和3. 3. 25　基発0325第２号、雇均発0325第３号「テレワークの適切な導入及び実施の推進のためのガイドラインについて」別添１）を参照して必要な健康確保措置を講じること。

その際、事業者が業務のために提供している作業場以外でテレワークを行う場合については、情報機器ガイドラインの別紙２「自宅においてテレワークを行う際の作業環境を確認するためのチェックリスト（労働者用）」を利用して作業環境の改善を図る、あるいはサテライトオフィステレワークを整えることも必要となります。

情報機器作業における労働衛生管理のためのガイドラインについて

https://www.jaish.gr.jp/anzen/hor/hombun/hor1-60/hor1-60-23-1-0.htm

第10章 化学物質の自律的管理

1 2022年改正前の労働安全衛生関係法令における化学物質規制のしくみ

労働現場で取り扱われている化学物質は約７万物質あり、年間100kg以上製造または輸入されているものとして、毎年約1,500物質が新規届出されています。年間100kg以下製造または輸入の少量新規化学物質は年間8,500あります。これらの化学物質について、労働者の健康障害を発生させる危険・有害性の程度により、以下のように分類されていました。

① 製造、輸入、譲渡、提供、使用が禁止されている８物質
② 製造に対し、厚生労働大臣の許可を受けなければならない７物質
③ 特別規則による管理を必要とする123物質
④ 安全データシート（SDS（Safety Data Sheets））交付対象の674物質
⑤ 指針による指導対象約800物質
⑥ 労働安全衛生法の一般原則による規制
⑦ 危険有害性情報のある約４万物質

特別規則の対象とされていない物質であっても使用量や作業方法によっては、健康障害を起こしうる化学物質があり、それらには個別の物質、業務ごとに取るべき具体的な措置が法令上規定されているわけではなく、労働安全衛生規則第三編、衛生基準、第一章有害な作業環境のような一般的な規定があるだけでした。また、リスクを事業者が把握する端緒となるリスクアセスメントも努力義務（安衛法28条の２）とされているのですが、事業者がその必要性を認識しない場合には適切な措置が十分行われないという問題がありました。

実際に、2012年３月の大阪府内の印刷工場の胆管がん（原因物質は1,2 ジクロロプロパンとジクロロメタン）による労災請求、2016年12月21日、福井県の化学工場においてオルト-トルイジン、2,4-キシリジン等を原料として染料・顔料中間体を製造する作業に従事し、膀胱がんが発症した労働者７名が労災認定、また、2012年～16年にアクリル酸系水溶性ポリマー（樹脂等）の製造を行う化学工場の製品の包装等を行う工程(投入、計量、袋詰め、梱包、

運搬など）の作業に従事していた６名の労働者が肺疾患の発症のように、有害性が明らかになっていない物質により労働者の健康障害が発生するという問題が起こりました。

そこで、2014年に化学物質に労働安全衛生法57条の２に基づき、安全データシート（SDS）の交付義務対象である640物質について、危険性または有害性等の調査（リスクアセスメント）の実施が事業者の義務となりました。

しかしながら、依然として化学物質に起因する労働災害については、特定化学物質障害予防規則等特別規則の対象となっていない有害物によるものが８割を占めています。

２ 化学物質の自律的管理へ

労働安全衛生法による化学物質の管理は、前記１のような特定の化学物質に対する個別具体的な規制から、危険性・有害性が確認された全ての物質に対して、国が定める管理基準の達成を求め、達成のための手段は指定しない次のような方式に大きく転換しました。

○措置義務対象を大幅に拡大し、国が定めた管理基準を達成する手段は、有害性情報に基づくリスクアセスメントにより事業者が自ら選択可能となります。

○特化則等の対象物質は引き続き同規則が適用されます。一定の要件を満たした企業は、特化則等の対象物質にも自律的な管理が容認されます。

(1) 国によるGHS分類とモデルラベル・SDSの作成・公表

関係各省が連携し、国によるGHS分類を推進し、国によるGHS分類結果を元に、国がモデルラベル・SDSを作成し、厚生労働省の職場のあんぜんサイトで公表することとされています。

(2) GHS分類済み危険有害物の管理

GHS分類に基づく危険性・有害性が確認された全ての物質について自立的な管理を義務付けることとされています。

ア　GHS分類済み危険有害物の追加

化学物質を譲渡・提供する場合のラベル表示・安全データシート（SDS）交付を義務づける対象を約2,900物質（令和３年現在674物質）まで拡充することになりました。

2022年２月24日：234物質が追加され903物質（令和６年４月１日施行）。
2023年８月30日：７物質（別表第９　47、189、320の４、324、360、545の２、594）を削除し、同日施行　674－７＝667物質
2024年４月１日：896物質（903－７＝896）
2025年７月１日：約1,600物質

最終的にはGHS分類で区分１に分類されるもの約2,900物質となる予定

GHS分類とは

職場で取り扱う化学物質の危険・有害性、適切な取り扱い方法などを知らなかったことで発生する爆発や中毒などの労働災害を防止するためには、化学物質の危険・有害性などの情報が確実に伝達され、情報を入手した事業場は情報を活用してリスクアセスメントを実施し、リスクに基づく合理的な化学物質管理を行うことが不可欠です。したがって、表示・文書交付制度は、化学物質管理の原点となる制度です。

「化学品の分類および表示に関する世界調和システム」（GHS：The Globally Harmonized System of Classification and Labelling of Chemicals）に関する国連勧告が2003年７月に出されました。GHSは化学品の危険有害性を一定の基準に従って分類し、絵表示等を用いて分かりやすく表示し、その結果をラベルやSDSに反映させ、災害防止、健康保護および環境の保護に役立てようとするものです。事業者はGHS分類を活用して、ラベルやSDSによる情報提供を行います。そのため、GHSの意味と分類を理解しておく必要があります。

国内においては、GHSに対応する日本産業規格が2012年に定められ、2019年に改正されて以下のようになっています。

・JISZ7252：2019「GHSに基づく化学物質等の分類方法」
・JISZ7253：2019「GHSに基づく化学品の危険有害性情報の伝達方法―ラベル、作業場内の表示および安全データシート（SDS）」

●GHS文書は２年に一度改訂されており、2023年には改訂⑩版が出版されました。GHS文書（通称：パープルブック）全文は以下を参照してください。

・英語版：https://unece.org/transport/dangerous-goods/ghs-rev10-2023

・日本語版：2024年３月現在見つからない。

イ　ばく露濃度基準の設定

○「労働安全衛生規則第577条の２第２項の規定に基づき厚生労働大臣が定める物及び厚生労働大臣が定める濃度の基準」（令5. 4. 27厚労告示177号）と「化学物質による健康障害防止のための濃度の基準の適用等に関する技術上の指針」（令5. 4. 27技術上の指針公示24号）が定められました。

○濃度基準告示は、厚生労働大臣が定める物質とその濃度基準値を定めています。

○技術上の指針では、労働者のばく露の程度が濃度基準値以下であることを確認するための方法などが定められています。

○2023年度以降は許容濃度やTLV-TWA（Time-Weighted Average）を参考に毎年約200物質を設定

○事業者は、厚生労働大臣が定めるものを製造し、または取り扱う屋内作業場において、労働者がこれらの物にばく露される程度を厚生労働大臣が定める濃度の基準（濃度基準値）以下としなければなりません。

濃度基準値の設定の優先順位

令和５年度化学物質管理に係る専門家検討会2024年１月15日配布資料

年度	報告書[1]の設定数	物質数[2]
令和４年度	150	118（67）
令和５年度	200	約180
令和６年度	200	約180
令和７年度以降	各年度200	約390

1　職場における化学物質等のあり方に関する検討会報告書（R3. 7. 19）
2　検討した（または検討予定）物質数。（　）内は濃度基準設定物質数

ウ　自律的な管理の義務付け

国によるGHS分類で危険性・有害性が確認された全ての物質に、以下の事項を義務づけています。

・危険性・有害性の情報の伝達（譲渡・提供時のラベル表示・SDS交付）
・リスクアセスメントの実施（製造・使用時）
・労働者が吸入する濃度を国が定める管理基準以下に管理
　※ばく露濃度を下げる手段は、以下の優先順位の考え方に基づいて事業者が自ら選択
　　①有害性の低い物質への変更、②密閉化・換気装置設置等、③作業手順の改善等、④有効な呼吸用保護具の使用
　※管理基準が設定されていない物質は、なるべくばく露濃度を低くする義務
・薬傷や皮膚吸収による健康影響を防ぐための保護眼鏡、保護手袋等の使用

■　労働災害が多発し、自律的な管理が困難な物質や特定の作業の禁止・許可制を導入

■　特化則、有機則で規制されている物質（123物質）の管理は、５年後を目途に自律的な管理に移行できる環境を整えた上で、個別具体的な規制（特化則、有機則等）は廃止することを想定

3　化学物質の自律的管理

（1）容器等の表示義務（安衛法57条）

ア　譲渡、提供時の表示

以下の【ラベル表示対象物質】を容器等に入れて譲渡または提供する者は、定められた表示事項を容器等に表示しなければなりません（安衛法57条、安衛令18条、安衛則24条の14）。

【ラベル表示対象物】安衛法第57条１項、安衛令第18条、安衛則別表２

ラベル表示事項

①名称
②人体に及ぼす作用

③貯蔵または取り扱い上の注意
④表示をする者の氏名（法人にあっては、その名称）、住所および電話番号
⑤注意喚起語
⑥安定性および反応性
⑦当該物を取り扱う労働者に注意を喚起するための標章※

※　**注意を喚起するための標章**

【炎】	可燃性/引火性ガス 引火性液体 可燃性固体 自己反応性化学品 など	【円上の炎】	支燃性/酸化性ガス 酸化性液体・固体	【爆弾の爆発】	爆発物 自己反応性化学品 有機過酸化物
【腐食性】	金属腐食性物質 皮膚腐食性 眼に対する重大な損傷性	【ガスボンベ】	高圧ガス	【どくろ】	急性毒性 （区分１～３）
【感嘆符】	急性毒性（区分４） 皮膚刺激性（区分２） 眼刺激性（区分２Ａ） 皮膚感作性 特定標的臓器毒性 （区分３） など	【環境】	水生環境有毒性	【健康有害性】	呼吸器感作性 生殖細胞変異原性 発がん性 生殖毒性 特定標的臓器毒性 （区分１、２） 吸引性呼吸器有害性

イ　適用除外（安衛法57条１項ただし書き）

労働安全衛生法57条ただし書の「主として一般消費者の生活の用に供するためのもの」は表示義務がありませんが、これには以下のものが含まれます（平27.8.3　基発0803第２号）

①　医薬品、医療機器等の品質、有効性および安全性の確保等に関する法律に定められている医薬品、医薬部外品および化粧品
②　農薬取締法に定められている農薬
③　労働者による取扱いの過程において固体以外の状態にならず、かつ、粉状または粒状にならない製品
④　表示対象物が密封された状態で取り扱われる製品

⑤　一般消費者のもとに提供される段階の食品。ただし、水酸化ナトリウム、硫酸、酸化チタン等が含まれた食品添加物、エタノール等が含まれた酒類など、表示対象物が含まれているものであって、譲渡・提供先において、労働者がこれらの食品添加物を添加し、または酒類を希釈するなど、労働者が表示対象物にばく露するおそれのある作業が予定されるものについては、「主として一般消費者の生活の用に供するためのもの」には該当しないこと。

ウ　事業場内で別容器等で保管する際の表示（安衛則33条の２）

ラベル表示対象物を、事業場内で別容器に入れ、または包装して保管するときは、その容器や包装への表示、文書の交付等により、①内容物の名称②人体に及ぼす作用　を明示しなければなりません。

（2）文書の交付義務（安衛法57条の２）

ア　SDSの交付

以下の化学物質を譲渡または提供する者は、SDS（安全データシート）を交付しなければなりません。

①　製造許可の対象物質（７物質）

②　労働安全衛生法施行令18条の２、安衛則別表２で定める文書交付義務物質（2024. 4. 1　896物質物質）

③　上記物質を含有する混合物（文書交付義務対象物質ごとに裾切値が定められています。）

SDS（安全データシート）記載事項

①名称

②成分およびその含有量：重量パーセントの記載が必要（安衛則134条の６第１項）

③物理的および化学的性質

④人体に及ぼす作用

⑤貯蔵または取り扱い上の注意

⑥流出その他の事故が発生した場合の応急措置

⑦通知を行う者の氏名、住所および電話番号

⑧危険性または有害性の要約
⑨安定性および反応性
⑩想定される用途および当該用途における使用上の注意適用
⑪適用される法令
⑫その他参考となる事項

イ　通知方法

・文書、磁気ディスク、光ディスクその他の記録媒体の交付
・FAX送信、電子メールの送信
・通知事項が記載されたホームページのアドレス、二次元コードその他のこれに代わるもの等を伝達し、閲覧を求める。

ウ　労働者への危険有害性情報の周知（安衛法101条２項）

労働安全衛生法57条の２第１項または第２項の規定により通知された事項を、化学物質、化学物質を含有する製剤その他の物で当該通知された事項に係るものを取り扱う各作業場の見やすい場所に常時掲示し、または備え付けることその他の労働安全衛生規則で定める方法により、当該物を取り扱う労働者に周知させなければなりません。

エ「人体に及ぼす作用」の定期確認および更新（安衛則24条の15第２項、第３項、34条の２の５第２項、第３項）

SDSの通知事項のうち、「人体に及ぼす作用」については次のことが必要です。

・５年以内ごとに１回、最新の科学的知見に基づき記載内容の変更の要否を確認する。
・記載内容に変更の必要があるときは、確認した日から１年以内に変更する。
・記載内容を変更したときは、適切な時期に、SDSの通知を行った相手方に変更内容を通知する。
・SDS交付が努力義務とされる対象物についても、これらの措置に努める。

オ　表示・SDS交付の努力義務物質

労働安全衛生法による表示・通知の義務付けの対象となっていない化学物質、化学物質を含有する製剤その他の労働者の危険または健康障害を生ずるおそれのある物で厚生労働大臣が定めるもの（以下「危険有害化学物質等」という。）についても、ラベル表示およびSDS交付について努力義務とされています（安衛則24条の14、24条の15）。

具体的方法について労働安全衛生規則24条の16に基づき、「化学物質等の危険性または有害性等の表示または通知等の促進に関する指針」(平成4.3.16　厚生労働省告示第123号　改正平成28.4.18　厚生労働省告示第208号）が公表されています。

「化学物質等の危険性または有害性等の表示または通知等の促進に関する指針」の危険性または有害性の考え方（平24.3.29　基発0329第11号第2、3）

指針の対象となる化学物質等については、労働安全衛生規則24条の14第1項の規定に基づき厚生労働大臣が定める危険有害化学物質等を定める告示に示されており、同日に官報に公示された日本産業規格Z7253（GHSに基づく化学品の危険有害性情報の伝達方法―ラベル、作業場内の表示および安全データシート（SDS））の附属書A（A．4を除く。）の定めにより危険有害性クラス、危険有害性区分およびラベル要素が定められた物理化学的危険性または健康有害性を有するものとなっている。

事業者は、日本産業規格Z7252（GHSに基づく化学物質等の分類方法）、経済産業省が公開している事業者向けGHS分類ガイダンス等に基づき、取り扱う全ての化学物質等について、危険性または有害性の有無を判断するものとする。また、GHSに従った分類を実施するに当たっては、独立行政法人製品評価技術基盤機構が公開している「GHS分類結果データベース」や本省が作成し公表している「GHSモデルラベル」および「GHSモデルSDS」等を参考にすること。

JIS Z7253との整合性（平24.3.29　基発0329第11号　第2、6）

JIS　Z7253に準拠して危険有害化学物質等を譲渡し、または提供する際の容器等への表示、特定危険有害化学物質等を譲渡し、または提供する際の安全データシートの交付および化学物質等を労働者に取り扱わせる際の容器等への表示を行えば、表示、通知および事業場内表示に係る労働安全衛生関係法令の規定および指針を満たすこと。

(3) 化学物質の管理体制

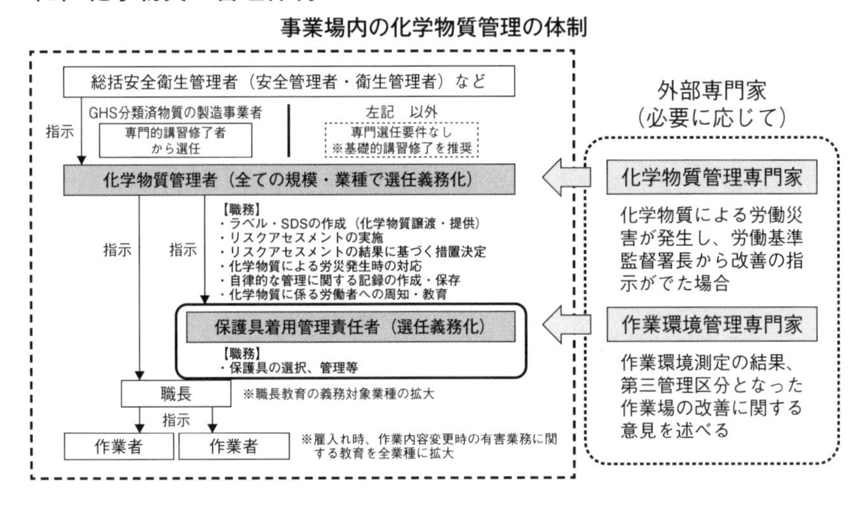

ア　化学物質管理者（安衛法22条、安衛則12条の５）

リスクアセスメント対象物を製造、取扱い、または譲渡提供をする事業場（業種・規模要件なし）においては化学物質管理者を選任すべき事由が発生した日から14日以内に選任しなければなりません（安衛則12条の５第３項１号）。

・個別の作業現場ごとではなく、工場、店社、営業所等事業場ごと
・一般消費者の生活の用に供される製品のみを取り扱う事業場は、対象外
・事業場の状況に応じ、複数名の選任も可能。

<table>
<tr><td>選任要件</td><td>下記の事業場の区分により化学物質の管理に係る業務を適切に実施できる能力を有する者のうちから選任
<table>
<tr><td>リスクアセスメント対象物の製造事業場</td><td>専門的講習※1の修了者</td></tr>
<tr><td>リスクアセスメント対象物の製造事業場以外の事業場</td><td>資格要件なし（別途定める講習※2の受講を推奨）</td></tr>
</table>
※1　「労働安全衛生規則第12条の5第3項第2号イの規定に基づき厚生労働大臣が定める化学物質の管理に関する講習」(令和4.9.7　厚生労働省告示第276号)
※2　化学物質管理者講習に準ずる講習</td></tr>
<tr><td>職　　務</td><td>①　ラベル・SDS等の確認
②　化学物質に関わるリスクアセスメントの実施管理
③　リスクアセスメント結果に基づくばく露防止措置の選択、実施の管理
④　リスクアセスメント対象物を原因とする労働災害が発生した場合の対応に関すること。
⑤　化学物質の自律的な管理に関わる各種記録の作成・保存
⑥　化学物質の自律的な管理に関わる労働者への周知、教育
⑦　①から④までの事項の管理を実施するに当たっての労働者に対する必要な教育に関すること。</td></tr>
</table>

イ　保護具着用管理責任者（安衛法22条、安衛則12条の6他、各特別則）

化学物質管理者を選任した事業場で、リスクアセスメントの結果に基づく措置として労働者に保護具を使用させるときは、選任すべき事由が発生した日から14日以内に保護具着用管理責任者を選任しなければなりません。

<table>
<tr><td>選任要件
（令5.5.31基発0531第9号）</td><td>・化学物質管理専門家の要件に該当する者
・作業環境管理専門家の要件に該当する者
・労働衛生コンサルタント試験に合格した者
・第1種衛生管理者免許または衛生工学衛生管理者免許を受けた者
・特定化学物質および四アルキル鉛等作業主任者、有機溶剤作業主任者、鉛作業主任者
・安全衛生推進者
上記の者から選任できない場合は、「保護具管理に関する教育を受講した者」から選任（令4.12.26　基安化発1226第1号）</td></tr>
</table>

職　　務	①保護具の適正な選択に関すること ②労働者の保護具の適正な使用に関すること ③保護具の保守管理に関すること ④特化則36条の３の２第４項等で規定する第三管理区分場所における同項１号および２号並びに同条５項１号から３号までに掲げる措置のうち、呼吸用保護具に関すること ⑤第三管理区分場所における特定化学物質作業主任者の職務（呼吸用保護具に関する事項に限る。）について必要な指導を行うこと等

化学物質管理専門家とは（「専門家告示（安衛則等）」令4.9.7　厚生労働省告示274号、「専門家告示（粉じん則）」令4.9.7　厚生労働省告示第275号）

①　労働衛生コンサルタント試験（試験区分が労働衛生工学限定）に合格・登録を受けた者で、５年以上化学物質の管理に係る業務（粉じん則の適用除外の際には粉じんの管理に係る業務）に従事した経験を有するもの

②　衛生工学衛生管理者免許を受けた者で、その後８年以上、衛生工学衛生管理者の業務に従事した経験を有するもの

③　作業環境測定士で、６年以上作業環境測定士としてその業務に従事した経験を有し、かつ、厚生労働省労働基準局長が定める講習を修了したもの

④　①から③と同等以上の能力を有すると認められる者（令4.9.7　基発0907第１号）

ア　労働安全コンサルタント試験（試験区分が化学限定）に合格・登録を受けた者で、その後５年以上化学物質に係る労働安全コンサルタントの業務（粉じん則の適用除外の際には、粉じんに係る労働安全コンサルタントの業務）に従事した経験を有するもの

イ　（一社）日本労働安全衛生コンサルタント会が運用の「生涯研修制度」によるCIH労働衛生コンサルタントの称号の使用を許可されているもの

ウ　（公社）日本作業環境測定協会の認定オキュペイショナルハイジ

ニストまたは国際オキュペイショナルハイジニスト協会の国別認証を受けている海外のオキュペイショナルハイジニスト若しくはインダストリアルハイジニストの資格を有する者

エ　(公社) 日本作業環境測定協会の作業環境測定インストラクターに認定されている者

オ　労働災害防止団体法12条の衛生管理士 (労働衛生コンサルタント試験 (試験区分が労働衛生工学) 合格者限定) に選任された者で、5年以上労働災害防止団体法11条1項の業務または化学物質の管理に係る業務を行った経験を有する者

作業環境管理専門家とは (令4.5.31・基発0531第9号の記の第4の9 (1) ウ)

① 化学物質管理専門家の要件に該当する者

② 労働衛生コンサルタント (試験区分労働衛生工学) または労働安全コンサルタント (試験区分化学) で3年以上化学物質または粉じんの管理に係る業務に従事した経験を有する者

③ 6年以上、衛生工学衛生管理者としてその業務に従事した経験を有する者

④ 衛生管理士 (労働衛生コンサルタント試験 (試験区分・労働衛生工学) に合格した者に限る) に選任された者であって、3年以上労働災害防止団体法11条1項の業務または化学物質の管理に係る業務を行った経験を有する者

⑤ 6年以上作業環境測定士としてその業務に従事した経験を有する者

⑥ 4年以上作業環境測定士の業務に従事した経験を有する者であって、(公社) 日本作業環境測定協会が実施する化学物質管理専門家の業務実施に当たり、受講することが適当と定めた研修または講習を全て修了した者

⑦ オキュペイショナル・ハイジニスト資格またはそれと同等の外国の資格を有する者

(4) 化学物質のリスクアセスメント

化学物質のリスクアセスメントとは、労働安全衛生法57条1項の安衛令で定める物および通知対象物について事業者が行うべき調査等をいいます。

ア　労働安全衛生法57条の3による化学物質のリスクアセスメント（義務）

対象：全業種、全規模

安全データシート（SDS）の交付義務対象である896物質（2024.4.1から）については危険性または有害性等の調査（リスクアセスメント）の実施が事業者に義務づけられています（安衛法57条の３第１項、安衛令18条の２）。

事業者には、リスクアセスメントの結果に基づき労働安全衛生法令の措置を講じる義務があるほか、労働者の危険または健康障害を防止するために必要な措置を講じることが努力義務となっています（安衛法57条の３第２項）

リスクアセスメント等の適切・有効な実施を図るため「化学物資等による危険性または有害性等の調査等に関する指針（改正令5.4.27　危険性または有害性等の調査等に関する指針公示第４号）が示されています。

イ　リスクアセスメントの実施

「化学物資等による危険性または有害性等の調査等に関する指針」によるリスクアセスメントの実施体制と手順は以下のとおりです。

①　リスクアセスメントの実施体制

総括安全衛生管理者 総括安全衛生管理者が選任されていない場合には事業の実施を統括管理する者	リスクアセスメント等の実施を統括管理
安全管理者または衛生管理者	リスクアセスメント等の実施を管理
化学物質管理者（安衛則12条の５第１項）	リスクアセスメント等に関する技術的事項を管理
安全衛生委員会、安全委員会または衛生委員会	リスクアセスメント等に関することを調査審議
事業場内の化学物質管理専門家、作業環境管理専門家 リスクアセスメント対象物に係る危険性および有害性や、機械設備、化学設備、生産技術等についての専門的知識を有する者	リスクアセスメントの実施に参画

事業場内に化学物質管理専門家や作業環境管理専門家等がいない場合は、外部の専門家	リスクアセスメント手法の導入またはリスク低減措置の実施に当たっての、技術的な助言を得る

※事業者は、上記のリスクアセスメントの実施に携わる人（外部の専門家を除く）に対し、必要な教育を実施するようにします。

②　リスクアセスメントの実施時期

〈法律上の実施義務〉

1　対象物を原材料などとして新規に採用したり、変更したりするとき

2　対象物を製造し、または取り扱う業務の作業の方法や作業手順を新規に採用したり変更したりするとき

3　対象物による危険性または有害性などについて変化が生じたり、生じるおそれがあったりするとき

・新たな危険有害性の情報がSDSなどにより提供された場合

・濃度基準値が新たに設定または変更された場合

〈指針による努力義務〉

1　労働災害発生時

過去のリスクアセスメント（RA）に問題があるとき

2　過去のRA実施以降、機械設備などの経年劣化、労働者の知識経験などリスクの状況に変化があったとき

3　過去にRAを実施したことがないとき

施行日前から取り扱っている物質を、施行日前と同様の作業方法で取り扱う場合で、過去にRAを実施したことがない、または実施結果が確認できない場合

③　リスクアセスメントの手順

手順1　情報の入手等	**次のような資料等を入手し、その情報を活用する。** ・化学物質等安全データシート（SDS）、仕様書、化学物質等に係る機械設備に係る情報　等 ・化学物質等の取扱いに係る作業標準、作業手順書　等

	・化学物質等に係る機械設備のレイアウト、作業の周辺の環境に関する情報　等 ・作業環境測定結果　等 ・複数の事業者が同一の場所で作業を実施する状況に関する情報 （混在作業における化学物質等による危険性または有害性等） ・化学物質等による災害事例、災害統計　等
手順2　危険性または有害性の特定 （安衛法57条の３第１項）	対象物について、作業標準等に基づき、必要な単位で作業を洗い出した上で、SDSに記載されているGHS分類等に則して、各作業ごとに危険性または有害性を特定する。
手順3　リスクの見積もり （安衛則34条の２の７第２項）	対象物を製造し、または取り扱う業務ごとに、次のア～ウのいずれかの方法またはこれらの方法の併用によって行う。（危険性についてはアとウに限る） ア　対象物が労働者に危険を及ぼし、または健康障害を生ずるおそれの程度（発生可能性）と、危険または健康障害の程度（重篤度）を考慮する方法 イ　労働者が対象物にさらされる程度（ばく露濃度など）とこの対象物の有害性の程度を考慮する方法 具体的には以下の方法がある。このうち実測値による方法が望ましい ウ　その他、アまたはイに準じる方法 危険または健康障害を防止するための具体的な措置が労働安全衛生法関係法令の各条項に規定されている場合に、これらの規定を確認する方法などがある。 ①特別則（労働安全衛生法に基づく化学物質等に関する個別の規則）の対象物質（特定化学物質、有機溶剤など）については、特別則に定める具体的な措置の状況を確認する方法 ②安衛令別表１に定める危険物および同等のGHS分類による危険性のある物質について、労働安全衛生規則第四章爆発、火災等の防止などの規定を確認する方法
手順4　リスクの低減措置内容の検	リスクアセスメントの結果に基づき、労働者の危険または健康障害を防止するための措置の内容を検討する。

討（安衛法57条の3第1項）	(高)　i　代替物等を使用する 優先順位　ii　発散源を密閉する設備、局所排気装置または全体換気装置を設置し、稼働する iii　作業の方法を改善する (低)　iv　有効な呼吸用保護具を使用する 呼吸用保護具の選定にあたっては、「防じんマスク、防毒マスクおよび電動ファン付き呼吸用保護具の選択、使用等について」（令5.5.25　基発0525第3号）に留意すること。 濃度基準設定物質（厚生労働大臣が定める物質）の製造・取扱い業務を行う屋内作業場については労働者のばく露の程度を基準値以下としなければならない。
手順5　優先度に対応したリスク低減措置の実施 （安衛法57条の3第2項努力義務）	検討したリスク低減措置の内容を速やかに実施するよう努める。 死亡、後遺障害または重篤な疾病のおそれのあるリスクに対しては、暫定的措置を直ちに実施する。 リスク低減措置の実施後に、改めてリスクを見積もるとよい。
手順6　関係労働者の意見聴取	リスク低減措置について関係労働者の意見を聴く機会を設ける（安衛則577条の2第10項）。
手順7　リスクアセスメント結果の労働者への周知記録の保存 （安衛則34条の2の8）	リスクアセスメントを実施したら、以下の事項を労働者に周知する。 1　周知事項 ①　対象物の名称　②　対象業務の内容 ③　リスクアセスメントの結果（特定した危険性または有害性、見積もったリスク）　④　実施するリスク低減措置の内容 2　周知の方法は以下のいずれかによる。 ①　作業場に常時掲示、または備え付け ②　書面を労働者に交付 ③　電子媒体で記録し、作業場に常時確認可能な機器（パソコン端末など）を設置 3　法第59条第1項に基づく雇入れ時の教育と同条第2項に基づく作業変更時の教育において、上記の周知事項を含めるものとする。 4　リスクアセスメントの対象の業務が継続し、上記の労働者への周知などを行っている間は、それらの周知事項を記録し、保存しておく。

ウ　ばく露の低減

リスクアセスメント対象物を製造または取り扱う事業場において、リスクアセスメントの結果等に基づき、労働者の健康障害を防止するため、下記の措置等を講ずることにより、リスクアセスメント対象物に労働者がばく露される程度を最小限度にしなければなりません（安衛則577条の２第１項)。

・代替物の使用　・発散源を密閉する設備、局所排気装置又は全体換気装置の設置および稼働　・作業の方法の改善　・有効な呼吸用保護具を使用させること等

エ　濃度基準値以下とすること

リスクアセスメント対象物のうち、一定程度のばく露に抑えることで労働者に健康障害を生ずるおそれがない物質として厚生労働大臣が定める物質（濃度基準値設定物質）は、労働者がばく露される程度を「労働安全衛生規則第577条の２第２項の規定に基づき厚生労働大臣が定める物及び厚生労働大臣が定める濃度の基準」（濃度基準告示）（令5. 4. 27　厚生労働省告示177号）以下としなければなりません。

濃度基準告示の概要

● 厚生労働大臣が定める物

安衛則第577条の２第２項の厚生労働大臣が定める物として、アクリル酸エチル等、67物質を定める。

● 厚生労働大臣が定める濃度の基準

◆ 安衛則第577条の２第２項の厚生労働大臣が定める濃度の基準(以下「濃度基準値」という。）を厚生労働大臣が定める物の種類に応じて定める。

◆ この場合、八時間時間加重平均値※１は、八時間濃度基準値を超えてはならず、十五分間時間加重平均値※２は、短時間濃度基準値を超えてはならない。

※１　１日の労働時間のうち８時間のばく露における物の濃度を各測定の測定時間により加重平均して得られる値

※２　１日の労働時間のうち物の濃度が最も高くなると思われる15分間のばく露における当該物の濃度を各測定の測定時間により

加重平均して得られる値濃度基準値

八時間濃度基準値、十五分間時間加重平均値については、「化学物質による健康障害防止のための濃度の基準の適用等に関する技術上の指針」（令5.4.27技術上の指針公示第24号）参照

オ　がん原性物質の製造・取扱いの場合の記録

厚生労働大臣が定める「がん原性物質」※「については、作業記録及び健康診断の結果等について30年保存しなければなりません（安衛則577条の２第11項）。

※「労働安全衛生規則第577条の２第３項の規定に基づきがん原性がある物として厚生労働大臣が定めるもの（がん原性４年12月26日）（令和厚生労働省告示第371号）

○対象物質

労働安全衛生規則34条の２の７第１項１号に規定するリスクアセスメント対象物のうち、発がん性の区分が区分１に該当する物であって、令和３年３月31日までの間において当該区分に該当すると分類されたもの。ただし、以下のものおよび事業者が上記物質を臨時に取り扱う場合を除く。

・エタノール　・特別管理物質

カ　リスクアセスメント支援

（ア）　法令、通知に関する相談窓口

都道府県労働局：健康課または健康安全課

労働基準監督署：安全衛生課

（イ）　リスクアセスメント支援事業

化学物質管理に関する相談窓口・訪問指導　ラベル・SDS・リスクアセスメントについて

https://www.mhlw.go.jp/stf/seisakunitsuite/bunya/0000046255.html

キ　リスクアセスメント対象物健康診断（安衛則577条の２第３項、第４項）

リスクアセスメント対象物健康診断については、「リスクアセスメント対象物健康診断に関するガイドライン」とリスクアセスメント対象物健康診断個

人票個人票様式第24号の２が示されています（令5. 10. 17　基発1017第１号）。

リスクアセスメント対象物健康診断（安衛則577条の２第３項、第４項）

	第3項健診 **（安衛則577条の2第3項）**	**第4項健診** **（安衛則577条の2第4項）**
目的	リスクアセスメントの結果、健康障害発生リスクが許容される範囲を超えると判断された場合に、関係労働者の意見を聴き、必要があると認められた者について、当該リスクアセスメント対象物による健康影響を確認するために実施する	局所排気装置が正常に稼働していないまたは使用されているはずの呼吸用保護具が使用されていないなど、何らかの異常事態が判明し、労働者が濃度基準値を超えて当該リスクアセスメント対象物にばく露したおそれが生じた場合に実施する
実施の要否の考え方	○以下の状況を勘案し、労働者の健康障害発生リスクが許容できる範囲を超えるか否か検討。 ・当該化学物質の有害性およびその程度・ばく露の程度や取扱量・労働者のばく露履歴・作業の負荷の程度・工学的措置の実施状況・呼吸用保護具の使用状況　等 ○以下のいずれかに該当する場合は、健康診断を実施することが望ましい。 ①濃度基準告示第３号に規定する努力義務を満たしていない場合 ②工学的措置や保護具でのばく露の制御が不十分と判断される場合 ③濃度基準値がない物質について、漏洩事故等により、大量ばく露した場合 ④リスク低減措置が適切に講じられているにも関わらず、何らかの健康障害が顕在化した場合	○呼吸域の濃度が、濃度基準値を超えていることから、工学的措置の実施または呼吸用保護具の使用等の対策を講じる必要があるにも関わらず、以下に該当する状況が生じた場合 ①工学的措置が適切に実施されていないことが判明した場合 ②必要な呼吸用保護具を使用していないことが判明した場合 ③呼吸用保護具の使用方法が不適切で要求防護係数が満たされていないと考えられる場合 ④その他、工学的措置や呼吸用保護具でのばく露の制御が不十分な状況が生じていることが判明した場合 ・漏洩事故等により、濃度基準値がある物質に大量ばく露した場合

検査項目	業務歴の調査、作業条件の簡易な調査等によるばく露の評価および自他覚症状の有無の検査等を実施。必要と判断された場合には、標的とする健康影響に関するスクリーニングに係る検査項目を設定	八時間濃度基準値を超えてばく露した場合、ただちに健康影響が発生している可能性が低いと考えられる場合は、業務歴の調査、作業条件の簡易な調査等によるばく露の評価および自他覚症状の有無の検査等を実施。短時間濃度基準値を超えてばく露した場合、主として急性の影響に関する検査項目を設定
	歯科領域の検査項目　歯科医師による問診および歯牙・口腔内の視診	
結果保存	・リスクアセスメント対象物健康診断を行ったときは、個人票（様式第24号の２）を作成する。 ・作成した個人票を５年間保存する。（がん原生物質の場合は30年間保存。）（安衛則577条の２第５項）	
事後措置	・異常の所見が認められたときは３か月以内に医師または歯科医師の意見を聴き個人票に記載する。 ・医師または歯科医師から意見聴取を行う上で必要な情報を求められたときは、遅滞なく提供する。 ・必要な場合には、就業場所の変更、作業の転換等の事後措置を講ずる。	
結果通知	・結果を、遅滞なく受診者に通知する。	

（5）健康診断の実施頻度の緩和

作業環境管理やばく露防止対策が適切に実施されている場合は、特化則、有機則、鉛則、四鉛則の特殊健康診断の実施頻度を６月以内ごとに１回から、１年以内ごとに１回に緩和できます。要件を満たすかどうかは、事業者が労働者ごとに判断し、監督署への届出は不要です（有機則29条６項、鉛則53条４項、四鉛則22条４項、特化則39条４項）。

この際、労働衛生に係る知識または経験のある医師等の専門家の助言を踏まえて判断することが望ましいとされています（令4.5.31　基発0531第９号）。

要　件	実施頻度
以下のいずれも満たす場合（区分1） ①当該労働者が作業する単位作業場所における直近3回の作業環境測定結果が第一管理区分に区分されたこと。（※1四鉛則を除く。） ②直近3回の健康診断において、当該労働者に新たな異常所見がないこと。 ③直近の健康診断実施日から、ばく露の程度に大きな影響を与えるような作業内容の変更がないこと。※2	次回は1年以内に1回（実施頻度の緩和の判断は、前回の健康診断実施日以降に、左記の要件に該当する旨の情報が揃ったタイミングで行う。）
上記以外（区分2）	次回は6月以内に1回

※1　四鉛則については、作業環境測定の実施が義務付けられていないが、健康診断項目として生物学的モニタリングが実施されていること等から、①の要件を除く。

※2 「健康診断の実施後に作業方法を変更（軽微なものを除く。）していないこと」とは、ばく露量に大きな影響を与えるような作業方法の変更がないことであり、例えば、リスクアセスメント対象物の使用量または使用頻度に大きな変更がない場合等をいうこと。

(6) 化学物質の管理が一定の水準にある場合の適用除外（有機則4条の2、特化則2条の3、鉛則3条の2、粉じん則3条の2）

化学物質管理の水準が一定以上であると所轄労働局長が認定した事業場について、個別規制の適用を除外し、リスクアセスメントに基づく自主管理によることができます。認定は規則ごと、3年ごとに必要です。

主な認定要件

<table>
<tr><td colspan="2">①　事業場に専属の化学物質管理専門家が配置され、リスクアセスメントの実施管理等をしていること。</td></tr>
<tr><td>過去3年間について</td><td>②　各特別規則が適用される化学物質等による死亡または、休業4日以上の労働災害が発生していないこと。
③　各特別規則に基づき行われた作業環境測定の結果が全て第1管理区分であったこと。
④　各特別規則に基づき行われた特殊健康診断の結果、新たに異常所見があ</td></tr>
</table>

	ると認められた労働者がいないこと。 ⑤　外部の化学物質管理専門家による評価を１回以上受け、労働者の健康障害予防措置等が適切と認められたこと。 ⑥　事業者が安衛法およびこれに基づく命令に違反していないこと。

(7) 第三管理区分事業場の措置の強化（有機則28条の３の２、特化則36条の３の２、鉛則52条の３の２、粉じん則26条の３の２）

作業環境測定の結果、第三管理区分に区分された場合は、改善措置を講じて、第一管理区分または第二管理区分となるようにしなければなりません。これができない場合等に、下記のことを行うこととされました。

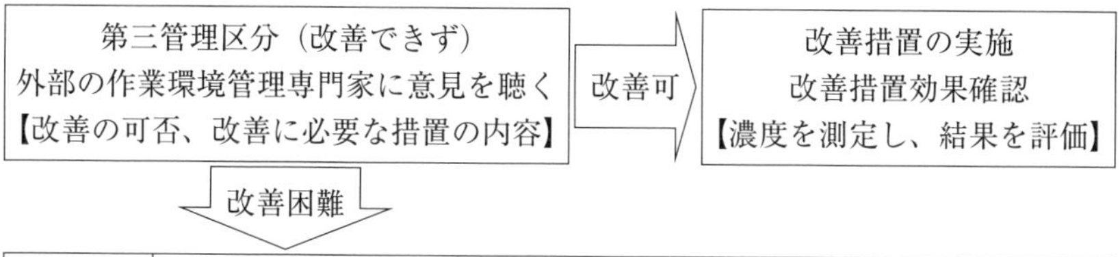

第三管理区分（改善できず）
外部の作業環境管理専門家に意見を聴く
【改善の可否、改善に必要な措置の内容】

→ 改善可 →

改善措置の実施
改善措置効果確認
【濃度を測定し、結果を評価】

↓ 改善困難 ↓

呼吸用保護具によるばく露防止対策徹底	①　個人サンプリング測定等により濃度測定し、結果に応じ有効な呼吸用保護具を使用させる。 （直ちに測定し、管理区分改善まで、６か月以内ごとに１回、定期に測定。記録を３年間保存。（特別管理物質等は30年間保存）） ②　フィットテストにより適切な装着を確認する。（直ちに実施し、管理区分改善まで１年以内ごとに１回、定期に実施。記録を３年間保存。） ③　保護具着用管理責任者を選任し、呼吸用保護具に関する管理・指導、呼吸用保護具の有効・清潔保持等を行わせる。 ④　作業環境管理専門家の意見の概要、改善措置、改善後の評価結果を、掲示・書面交付等により労働者に周知。 ⑤　講じた措置の内容を労働基準監督署長に届出する。【「第三管理区分措置状況届」（様式第１号の４）】

(8) 皮膚等障害化学物質への直接接触の防止

皮膚や眼に障害を与えるおそれがある物質や、皮膚から吸収され健康障害等を生ずるおそれがある物質について、製造・取扱いの際、次のように労働者に保護具を使用させる義務、努力義務が定められました（安衛法22条、安衛則594条、594の２条、594の３条、596条）。

皮膚から吸収され、もしくは皮膚に侵入して、健康障害を生ずるおそれがあることが明らかな化学物質に該当する物として296物質が通達により示されています（令5.7.4　基発0704第１号）

<table>
<tr><td rowspan="2">おそれが不明（おそれがないことが明らかなもの以外）</td><td colspan="2">保護衣、保護手袋、履物、保護眼鏡等を使用（努力義務）</td></tr>
<tr><td>おそれが明らか</td><td>不浸透性の保護衣、保護手袋、履物、保護眼鏡等を使用（義務）</td></tr>
<tr><td>おそれがないことが明らか</td><td colspan="2">使用義務なし</td></tr>
</table>

(9) がん等の遅発性疾病の発生の報告（安衛法100条１項、安衛則97条の２）

化学物質または化学物質を含有する製剤を製造し、または取り扱う業務を行う事業場において、１年以内に２人以上の労働者が同種のがんに罹患したことを把握したときは、当該罹患が業務に起因するかどうかについて、遅滞なく、医師の意見を聴かなければなりません。

上記の医師が、上記の罹患が業務に起因するものと疑われると判断したときは、遅滞なく、以下の事項について、所轄都道府県労働局長に報告しなければなりません。

①がんに罹患した労働者が当該事業場で従事した業務において製造し、または取り扱った化学物質の名称（化学物質を含有する製剤にあっては、当該製剤が含有する化学物質の名称）

②がんに罹患した労働者が当該事業場において従事していた業務の内容および当該業務に従事していた期間

③がんに罹患した労働者の年齢および性別

(10) 化学物質労災発生事業場等への労働基準監督署長による指示（安衛則34条の２の10）

労働基準監督署長は、化学物質による労働災害が発生した、またはそのおそれがある事業場の事業者に対し、化学物質の管理が適切に行われていない疑いがあると認めるときは、化学物質の管理の状況について改善すべき旨を指示することができます。

指示以降の流れ

① 労働基準監督署長 は、化学物質の管理の状況について改善すべき旨を指示。
② 指示を受けた事業者 は、遅滞なく、化学物質管理専門家から、事業場における化学物質の管理の状況についての確認及び事業場が実施し得る望ましい改善措置に関する助言を受ける。
③ 化学物質管理専門家 は、事業者に対し、事業場における化学物質の管理の状況についての確認結果および事業場が実施し得る望ましい改善措置に関する助言について、速やかに、事業者に書面により通知。
④ 事業者 は、通知を受けた後、１か月以内に、通知の内容を踏まえた改善措置を実施するための計画を作成
⑤ 事業者 は、計画を作成後、遅滞なく、計画の内容について、③の化学物質管理専門家からの通知および計画の写しを添えて、改善計画報告書（様式第４号）により、所轄労働基準監督署長に報告。
⑥ 事業者 は計画作成後、速やかに、計画に従い必要な改善措置を実施。
⑦ 事業者 は、実施した改善措置の記録を作成し、③の通知及び④の計画とともに３年間保存。

4　新規化学物質の有害性調査　（安衛法57条の4）

既存の化学物質として政令で定める化学物質（安衛法57条の４第３項の規定によりその名称が公表された化学物質を含む。）以外の化学物質（新規化学物質）を製造し、または輸入しようとする事業者は、以下のことを行わなければなりません（安衛法57条の４）。

○　新規化学物質を輸入または製造する事業者は、労働者の健康に与える影響についての調査（有害性調査）（※）を実施し、厚生労働大臣に届け出なければなりません。（当該新規化学物質を試験研究のため製造・輸入する場合。また一定量（１年間に100kg）以下で製造・輸入するこ

とについて厚生労働大臣の確認を受けた場合などを除く。)。

○　厚生労働大臣は、新規届出があった物質について、名称等を公表するとともに有害性調査結果について、学識経験者の意見を聴き必要に応じ以下の事項を実施します。

①届出事業者への健康障害防止措置の勧告

②強い変異原性があると認められた化学物質について、健康障害を防止するための措置を実施

※微生物を用いる変異原性試験またはがん原性試験とされている（安衛則34条の３第１項)。

5　指針・通達による化学物質対策

(1) がんその他の重度の健康障害を生ずるおそれのある化学物質

厚生労働大臣は、労働者にがんを起こすおそれのある化学物質について、「労働安全衛生法第28条第３項の規定に基づき厚生労働大臣が定める化学物質による健康障害防止指針（がん原性指針)」(改正令2.2.7　健康障害を防止するための指針公示第27号）を公表しています（安衛法28条３項)。

対象物質は、国による長期毒性試験の結果、哺乳動物にがんを生じさせることが判明したものです。これらの物質の人に対するがん原性は現在確定していませんが、労働者がこれらの物質に長期間ばく露された場合、がんを生じる可能性が否定できないことから、同指針の対象とされています。

指針では以下の措置を講じることを求めています。

①製造量、取扱量、作業の頻度、作業の態様等を総合的に勘案し、使用条件等の変更、作業工程の改善、設備の密閉化、局所排気装置等の設置、呼吸用保護具の使用、曝露時間の短縮、作業基準の作成等の対象物質へのばく露を低減させるための措置を講じること

②屋内作業場については、作業環境測定実施し、測定結果と評価の結果を30年間保存すること。

③労働衛生教育の実施

④労働者の作業を記録し、その記録を30年間保存すること。

⑤危険有害性等の表示および譲渡提供時のSDS交付等を行うこと。

※一旦がん原性指針の対象とされた物質または業務であっても、リスク

評価の結果、特定化学物質障害予防規則等により発がん性の観点で規制がなされた場合は、当該規制の範囲については指針の対象から除外する。

がん原性をもつ物質

（　）内はCAS登録番号

1　四塩化炭素
2　1,4-ジオキサン
3　1,2-ジクロルエタン（別名二塩化エチレン）
4　パラ-ニトロクロルベンゼン
5　クロロホルム
6　テトラクロルエチレン（別名パークロルエチレン）
7　酢酸ビニル
8　1,1,1-トリクロルエタン
9　パラ-ジクロルベンゼン
10　ビフェニル
11　アントラセン
12　ジクロロメタン
13　N,N-ジメチルホルムアミド
14　2,3-エポキシ-1-プロパノール
15　キノリンおよびその塩
16　1,4-ジクロロ-2-ニトロベンゼン
17　ヒドラジンおよびその塩並びにヒドラジン一水和物
18　2-ブテナール
19　塩化アリル
20　オルト-フェニレンジアミンおよびその塩
21　1-クロロ-2-ニトロベンゼン
22　2,4-ジクロロ-1-ニトロベンゼン
23　1,2-ジクロロプロパン
24　ノルマル-ブチル-2,3-エポキシプロピルエーテル
25　パラ-ニトロアニソール
26　1-ブロモ-3-クロロプロパン
27　2-アミノ-4-クロロフェノール
28　1-ブロモブタン
29　N,N-ジメチルアセトアミド
30　ジメチル-2,2-ジクロロビニルホスフェイト（別名DDVP）（62-73-7）
31　スチレン（100-42-5）
32　1,1,2,2-テトラクロロエタン（別名四塩化アセチレン）（79-34-5）
33　トリクロロエチレン（79-01-6）
34　メチルイソブチルケトン（108-10-1）
35　エチルベンゼン（100-41-4）
36　4-ターシャリ-ブチルカテコール（98-29-3）
37　多層カーボンナノチューブ
38　メタクリル酸＝2,3－エポキシプロピル（106-91-2）
39　アクリル酸メチル（96-33-3）
40　アクロレイン（107-02-8）

※がん原生：がんを誘発する性質

(2) ナノマテリアルによるばく露防止の予防的対応

ナノマテリアル（※）については、その生体への影響について十分な知見は得られてはいないが、一部の物質について、一定の条件下でマウス等に影響を与えることを示す研究報告もなされているということです。そのため、予防的アプローチの考え方に基づき、ナノマテリアルに対するばく露防止の対応について、「ナノマテリアル製造・取扱い作業現場における当面のばく露防止のための予防的対応について」（平20.2.7　基発0207004号）が発出されています。労働現場におけるナノマテリアルに対するばく露防止等の対策の実効を上げるためには、作業現場の実態を踏まえた、より具体的な管理方法を示す必要があるということで、有識者による検討会を開催され、2009年、報告書が取りまとめられ、これを踏まえ、「ナノマテリアルの労働現場におけるばく露防止等の対策について」が取りまとめられ、報告が行われています。それにより、「ナノマテリアルに対するばく露防止等のための予防的対応について」（平21.3.31　基発0331013号）が発出されています。

※ナノマテリアルの安全性等に関する、関係行政機関等から発出されている報告書においては、「少なくとも一次元が100nmより小さい」ことをもってナノマテリアルとしていることが一般的であるが、ナノマテリアルを明確に定義していない機関もある。1nm（ナノメートル）：10億分の1m（メートル）

第11章　特別規則による規制

1　有機溶剤

有機溶剤とは、他の物質を溶かす性質を持つ有機化合物の総称です。油、ロウ、樹脂、ゴム、塗料など水に溶けないものを溶かすので、様々な職場で溶剤として塗装、洗浄、印刷等の作業に幅広く使用されています。

有機溶剤は、常温では液体であり、揮発性が高いので、揮発した蒸気は、作業者の呼吸を通じて体内に吸収されやすく、油脂に溶ける性質があることから皮膚からも吸収されます。

有機溶剤による一般的な慢性中毒症状

神経系の障害（頭重、頭痛、不眠、焦燥感、めまい、下肢倦怠、神経痛等）消化器系の障害（食欲不振、胃の症状等）

大量吸入時の急性症状

頭痛、めまい(酒に酔った感じ)等を起こし、ついに麻酔状態に陥り、意識を喪失し、生命も危険となる。

有機則の対象となる有機溶剤	労働安全衛生法施行令別表６の２に掲げる54種類の有機溶剤をいう（有機則１条１号）。
有機溶剤等	労働安全衛生法施行令別表６の２に掲げられた有機溶剤または有機溶剤含有物（有機溶剤と有機溶剤以外の物との混合物で、有機溶剤の含有率が５％（重量パーセント）を超えるもの）をいう。

ア　化学物質の管理が一定の水準にある場合の適用除外

化学物質管理の水準が一定以上であると所轄労働局長が認定した事業場について、個別規制の適用を除外し、リスクアセスメントに基づく自主管理によることができます（有機則４条の２）。認定は規則ごと、３年ごとに必要

です。主な認定要件は第10章３、（６）参照

イ　使用する有機溶剤等の危険有害性の確認と周知

①　使用する溶剤、塗料、原料等の製品に添付されている安全データシート（SDS（Safety Data Sheets））により有機溶剤の種類、含有率を確認する。

②　各有機溶剤の有害性を確認する。

③　安全データシートが付されていない場合は、供給元（代理店などの納入元、メーカー）に提供を求める。

ウ　発散源対策（有機則５条、６条）

第１種有機溶剤	密閉
第２種有機溶剤	密閉、局所排気装置、プッシュプル型排気装置のいずれか
第３種有機溶剤	全体換気（呼吸用保護具の併用） タンク等の内部の吹き付け塗装については密閉、局所排気装置、プッシュプル型排気装置のいずれか

《実務のポイント～局所排気装置の使い方》

有機溶剤を取り扱う作業場に局所排気装置が設置されているのは、当然のこととして、大事なのはその使い方です。作業台に卓上用の扇風機を置き、局所排気装置の吸い込む気流に対して、斜め方向から風を送っているところを見ました。理由を尋ねたところ、製品を早く乾燥させるためだということでした。はたして、それで局所排気装置の吸い込む気流に影響を与えていないのかについて、作業者は全く考えていません。有機溶剤作業主任者や衛生管理者が制御風速の測定をして、その結果によっては対策をたてなくてはいけません。もちろん、作業者の教育も必要です。

エ　作業主任者の選任（有機則19条）

屋内作業場等において有機溶剤業務を行うときは、作業主任者を選任し、

次の事項を行わせなければなりません。（試験研究の業務を除く。）

①　作業の方法を決定し、労働者を指揮すること。

②　局所排気装置、プッシュプル型換気装置または全体換気装置を１月以内ごとに点検すること。

③　保護具の使用状況を監視すること。

④　タンク内作業における措置が講じられていることを確認すること。

オ　呼吸用保護具（有機則32条、33条）

臨時に行う有機溶剤業務、短時間の有機溶剤業務、発散面の広い有機溶剤業務等を行う場合で、局所排気装置等を置かない場合、送気マスク、有機ガス用防毒マスクまたは有機ガス用の防毒機能を有する電動ファン付き呼吸用保護具を使用させなければなりません（タンク等の内部での短時間の業務、有機溶剤等を入れたことのあるタンクの内部での業務については、送気マスクに限る。）。

なお、有機ガス用防毒マスクは吸収缶有効時間に注意が必要です。

呼吸用保護具については第13章参照

作業により必要な呼吸用保護具

<table>
<tr><td>１条１項６号ヲの有機溶剤等を入れたことのあるタンク（有機溶剤の蒸気の発散するおそれがないものを除く。）の内部における業務</td><td rowspan="2">送気マスク
（32条）</td></tr>
<tr><td>９条２項の有機溶剤の蒸気の発散源を密閉する設備、局所排気装置、プッシュプル型換気装置および全体換気装置を設けないで行うタンク等の内部における業務</td></tr>
<tr><td>①６条第１項により全体換気装置を設けたタンク等の内部における業務
②８条第２項により有機溶剤の蒸気の発散源を密閉する設備、局所排気装置およびプッシュプル型換気装置を設けないで行うタンク等の内部における業務
③９条第１項により有機溶剤の蒸気の発散源を密閉する設備および局所排気装置を設けないで吹付けによる有機溶剤業務を行う屋内作業場等のうちタンク等の内部以外の場所における業務
④10条の規定により有機溶剤の蒸気の発散源を密閉する設備、局所排気装置およびプッシュプル型換気装置を設けないで行う屋内作</td><td>送気マスク、有機ガス用防毒マスクまたは有機ガス用の防毒機能を有する電動ファン付き呼吸用保護具</td></tr>
</table>

業場等における業務 ⑤11条の規定により有機溶剤の蒸気の発散源を密閉する設備、局所排気装置およびプッシュプル型換気装置を設けないで行う屋内作業場等における業務 ⑥プッシュプル型換気装置を設け、荷台にあおりのある貨物自動車等当該プッシュプル型換気装置のブース内の気流を乱すおそれのある形状を有する物について有機溶剤業務を行う屋内作業場等における業務 ⑦屋内作業場等において有機溶剤の蒸気の発散源を密閉する設備（当該設備中の有機溶剤等が清掃等により除去されているものを除く。）を開く業務	(33条)

カ　作業環境測定（有機則28条）

第１種有機溶剤および第２種有機溶剤に係る有機溶剤業務を行う屋内作業場では、作業環境測定とその評価、結果に応じた適切な改善を行うことが必要です。

作業環境測定の結果、第三管理区分に区分された場合は、改善措置を講じて、第一管理区分または第二管理区分となるようにしなければなりません（有機則28条の３の２）。詳細は第10章３、（７）参照

キ　掲示

以下の事項を作業中でも容易にわかるよう見やすい場所に掲示しなければなりません。

①　作業主任者の氏名・職務の掲示（安衛則18条）
②　有機溶剤が人体に及ぼす作用等の掲示（有機則24条）
③　取り扱う有機溶剤等の区分の表示（有機則25条）
（第１種：赤、第２種：黄、第３種：青）

ク　貯蔵・保管（有機則35条、36条）

有機溶剤等の貯蔵および空容器の保管貯蔵するときは、有機溶剤等がこぼれ、漏えいし、または発散するおそれのない栓等をした堅固な容器を用い、施錠できる換気の良い場所に保管しなければなりません。

空容器は、当該容器を密閉するか、または当該容器を屋外の一定の場所に

集積しなければなりません。

ケ　適用除外認定（有機則２条）

消費する有機溶剤等の量が少量で、許容消費量を超えないときは、所轄労働基準監督署長の適用除外認定※を受けることができます。

※第２章、第３章、第４章中第19条、第19条の２および第24条から第26条まで、第７章並びに第９章の規定が適用除外となる。

コ　有機溶剤健康診断の実施（有機則29条）

有機溶剤業務に常時従事する労働者に対し、雇入れの際、有機溶剤業務への配置換えの際に有機溶剤健康診断を実施しなければなりません。その後以下の期間ごとに定期に有機溶剤健康診断を実施しなければなりません。

有機溶剤健康診断の実施頻度

対象労働者・条件	実施頻度
有機溶剤業務に常時従事する労働者	６か月に１回実施
以下のいずれも満たす場合（有機則29条５項） ①当該労働者が作業する単位作業場所における直近３回の作業環境測定結果が第一管理区分であること。 ②直近３回の健康診断において、当該労働者に新たな異常所見がないこと。 ③直近の健康診断実施日から、ばく露の程度に大きな影響を与えるような作業内容の変更がないこと。※	次回は１年以内に１回（実施頻度の緩和の判断は、前回の健康診断実施日以降に左記の要件に該当する旨の情報が揃った時点で行う。）

※これらの要件を満たすかどうかの判断は、事業場単位ではなく、労働者ごとに行う。この際、労働衛生に係る知識または経験のある医師等の専門家の助言を踏まえて判断することが望ましい。

同一の作業場で作業内容が同じで、同程度のばく露があると考えられる労働者が複数いる場合には、その集団の全員が上記要件を満たしている場合に実施頻度を１年以内ごとに１回に見直すことが望ましい。

《実務のポイント～有機溶剤の保管》

有機溶剤の保管は安全管理からも重要です。ある工場で、建屋の修理を出入りの建築業者（一人親方）に発注し、休日に簡単な工事を行ったときに災害が発生しました。工場の片隅に、有機溶剤の入った一斗缶が数個置かれていたのですが、それらはしっかりとふたが閉められていないものもありました。

一斗缶の置かれている場所のあたりで、その建築業者は脚立に乗ってアーク溶接を行ったのですが、散った火花によって一斗缶内の有機溶剤が引火して火災が発生しました。業者は全身火傷を負い、不幸にも労災保険の特別加入手続きをしていなかったので、治療費や生活にも困るという事態になったのです。

有機溶剤の保管庫を設置するだけでなく、確実にその中に保管させるということも行わせなければなりません。

Q11－1 厚生労働省通達「有機溶剤中毒予防規則の一部を改正する省令の施行について」（昭53. 12. 25　基発707号）の第二の4「第八条関係」（2）の解釈についてお尋ねします。「臨時に有機溶剤業務を行う」とは、本来の通常業務以外に行う一時的な有機溶剤業務を言い、実態として短時間作業が望ましいが、短時間に限るものではないとの解釈で良いでしょうか。

A ご質問にある施行通達（昭53. 12. 25　基発707号）に、「一時的必要に応じて本来の業務以外の有機溶剤業務を行うことをいい」、そのような作業にかかる時間が短時間が望ましいとまで言っているわけではありません。「一般的には、当該有機溶剤業務に要する時間は短時間である」と言っているだけです。「必ずしもそのような場合に限る趣旨ではないこと（＝短時間でなくてもいい）」のです。

例として上げられている、本来業務ではない通路の表示は作業が数時間かかることもあるわけですが、そのような長時間の作業も、一般的には「臨時に有機溶剤業務を行う」場合に該当するとしているわけです。

Q11－2 有機則第9条（短時間有機溶剤業務を行う場合の設備の特例）に対して「短時間業務であっても繰り返し行う作業は対象ではない」と厚労省リーフレット「有機溶剤を正しく使いましょう」に記され

ていますが、ここで言う「繰り返し行う」とは次のどの意味になりますか。

① その日の就業時間中に短時間業務を複数回行うことを繰り返し行うという。

② 通月で短時間業務を複数回行うことを繰り返し行うという。

③ 通年で短時間業務を複数回行うことを繰り返し行うという。

※短時間とは：概ね３時間以内（中災防「有機則の解説」抜粋）

A 例示された①から③の中では、「① その日の就業時間中に短時間業務を複数回行うことを繰り返し行うという。」と「② 通月で短時間業務を複数回行うことを繰り返し行うという。」は明らかに繰り返しに該当すると考えられます。

以下の通達では「繰り返し」の回数・定義を明確にしていないし、「③ 通年で短時間業務を複数回行うことを繰り返し行うと言う。」の複数回の回数も不明なので、③についての判断は難しいです。厳しく考えれば、複数回繰り返すことは一時的には該当しないと判断される可能性もあると思いますが、使用量や作業内容も考慮されると考えます。

厚生労働省通達「有機溶剤中毒予防規則の一部を改正する省令の施行について」(昭53. 12. 25　基発707号　資料出所　厚生労働省法令等データベース）では以下のように記載されています。

５　第九条関係

(1) 第一項及び第二項の「当該場所における有機溶剤業務に要する時間が短時間」とは、出張して行う有機溶剤業務のように、当該場所において一時的に行われる有機溶剤業務に要する時間が短時間であることをいうものであり、同一の場所において短時間の有機溶剤業務をくり返し行う場合は、該当しないものであること。

(2) 第一項及び第二項の「短時間」とは、おおむね三時間を限度とするものであること

Q11－3 女性労働基準規則（女性則）に関する質問ですが、女性をトルエンを多量に取り扱う現場に就業させることは可能ですか？

A トルエンの取扱い量が基準になっているわけではありません。女

性労働者を就業させてはいけない業務とは、以下の有機溶剤を使用するもので、①タンク、船倉内などで規制対象の化学物質を取り扱う業務で、呼吸用保護具の使用が義務づけられているもの、②は労働安全衛生法令に基づく作業環境測定を行い、「第3管理区分となった屋内作業場での全ての業務」のいずれかに該当するものです。
エチレングリコールモノエチルエーテル（セロソルブ）
エチレングリコールモノエチルエーテル、アセテート（セロソルブアセテート）
エチレングリコールモノメチルエーテル（メチルセロソルブ）
キシレン、N,N-ジメチルホルムアミド、トルエン、二硫化炭素、メタノール
　したがって、トルエン取扱い業務が①または②に該当するか否かで就労可能かどうかが決まります。（労基法64条の3　女性則2条、3条）

2 特定化学物質

　特定化学物質とは、職業がん、皮膚炎、神経障害などを発症させるおそれのある化学物質のことで、75種類と特定化学物質に準ずる4物質があり以下のように分類され、特定化学物質障害予防規則の規制対象になっています。

特定化学物質の分類

第1類物質　※製造許可物質
がん等の慢性障害を引き起こす物質の内、特に有害性が高いもの

第2類物質
がん等の慢性障害を引き起こす物質の内、第1類物質以外のもの

特定第2類物質　第2類物質の内、大量漏洩により急性中毒を引き起こす物質

特別有機溶剤等　有機溶剤として規制されていた物質等でがん原性の可能性のあるもの

オーラミン等　物質にがん原性は見られないが製造工程にがん原性のあるもの

管理第２類物質　特定第２類物質、特別有機溶剤等及びオーラミン等以外のもの

特別管理物質

第一類物質、第二類物質の中で、職業がんなど労働者に重度の健康障害を生ずるおそれがあり、発症までに長い期間がかかるもの

第３類物質

大量漏洩により急性中毒を引き起こす物質（漏洩防止措置が必要）

特定化学物質の分類と措置内容

	物質	措置	○作業主任者	○作業環境測定	○特殊健診（ホルムアルデヒド、エチレンオキシドは安衛則45条）
第１類物質	○製造許可 PCB ジクロルベンジジン、ベリリウム　等	○密閉式、局排装置 ○ぼろ処理、立入禁止、床、容器等 ○休憩室、洗浄設備、喫煙等禁止	○	○	○
第２類物質	特定第２類物質 塩化ビニル、ベンゼン、 塩素、シアン化水素、臭化メチル等 管理第２類物質 クロム酸、コールタール、 シアン化カリウム、カドミウム、水銀　等 特別有機溶剤等 オーラミン等	○密閉式、局排装置、全体換気 ○ぼろ処理、立入禁止、床、容器等 ○休憩室、洗浄設備、喫煙等禁止 特別管理物質 ○掲示 ○作業記録、測定記録の30年保存	○	○	○
第３類物質	アンモニア、一酸化炭素、塩化水素、硫酸、フェノール　等	○ぼろ処理、立入禁止、床、容器等 大量漏えい防止 ○特定化学設備	○	不要	不要

ア　化学物質の管理が一定の水準にある場合の適用除外

化学物質管理の水準が一定以上であると所轄労働局長が認定した事業場について、特化則の個別規制の適用を除外し、リスクアセスメントに基づく自主管理によることができます（特化則２条の３）認定は規則ごと、３年ごとに必要です。主な認定要件は第10章３、（６）参照

イ　作業主任者の選任

特定化学物質作業主任者を選任して労働者の指揮や装置の点検などに当たらせること（特化則27条・28条）

> ◆「特定化学物質及び四アルキル鉛等作業主任者技能講習」を修了した者のうちから、特定化学物質作業主任者を選任（特化則27条）
> ◆作業主任者の職務（特化則28条）
> ①作業に従事する労働者が対象物に汚染され、吸入しないように、作業の方法を決定し、労働者を指揮すること。
> ②局所排気装置、プッシュプル型換気装置その他労働者が健康障害を受けることを予防するための装置を１か月を超えない期間ごとに点検すること。
> ③保護具の使用状況を監視すること。

ウ　発散抑制措置等（特化則４、５、７、８、29、30、32、33、34の２、35条）（安衛則86条および別表第７）

特定化学物質のガス、蒸気または粉じんが発散する場合に、これらのガス、蒸気または粉じんに労働者がさらされること（ばく露）を防止するため、次の措置をとらなければなりません。

①　対象物の製造工程の密閉化
②　製造工程以外の対象物のガス、蒸気が発散する屋内作業場での発散抑制措置
③　局所排気装置およびプッシュプル型換気装置の性能要件、点検、届出等

エ　漏えいの防止のための措置等

第３類物質の製造・取扱い設備で移動式以外のもの（特化則で「特定化学設備」という）からの漏えい事故などによる労働者の健康障害を予防するための措置をとることが必要です。

（ア）漏洩防止のための措置

①腐食防止措置（特化則13条）、②接合部の漏えい防止措置（特化則14条）、

③バルブ等の開閉方向の表示等（特化則15条）、④バルブ等の材質等（特化則16条）、⑤送給原材料等の表示（特化則17条）、⑥作業規程（特化則20条）、⑦設備の改造等の作業時の措置（特化則22条、22条の２）、⑧適切な容器の使用、保管等（特化則25条１項から４項まで）

（イ）漏えい時など異常時・緊急時のための措置等

①２以上の出入口（特化則18条）、②計測装置の設置（特化則18条の２）、③警報設備等（特化則19条）、④緊急遮断装置の設置等（特化則19条の２）、⑤予備動力源等（特化則19条の３）、⑥不浸透性の床（特化則21条）、⑦漏えい時の退避等（特化則23条）、⑧救護組織、訓練等（特化則26条）

（ウ）点検、労働基準監督署への届出等

①　特定化学設備の定期自主検査及び点検（特化則31、32、34、34の２、35条）

②　特定化学設備の設置等の計画の届出（安衛則86、88条及び別表第７）

オ　作業環境測定（特化則36条～第36条の４））

第１類物質または第２類物質の空気中における濃度を６か月に１回測定しなければなりません。

◆６か月以内ごとに１回、定期に、作業環境測定士による作業環境測定を実施

※　分析は３号（特化物）の資格を持つ第一種作業環境測定士資格を有する測定士が実施

◆結果について一定の方法で評価を行い、評価結果に応じて適切な改善が必要

◆測定の記録および評価の記録は30年間保存

詳細は第13章　作業環境測定参照

カ　その他の措置（特化則12条の２、24条、37条、38条～38条の４、43～45条、53条）

◆特定化学物質を製造もしくは取り扱う作業場の床を不浸透性の材料で造ること（特化則21条）
◆名称や注意事項を表示した堅固な容器・包装を用い、保管場所を特定し、空き容器の管理をすること（特化則25条）
◆有効な呼吸用保護具等を備えること（特化則43～45条）
◆ぼろ等の処理（特化則12条の２）
◆関係者以外の者の立入禁止措置（特化則24条）
◆作業を記録し、30年間保存すること（特化則38条の４）
◆休憩室、洗浄設備の設置（特化則37条、38条）
◆喫煙、飲食の禁止（特化則38条の２）
◆事業廃止時の記録の報告※（特化則53条）
※特別管理物質等関係記録報告書（様式第11号）により必要書類を添えて所轄労働基準監督署長に提出する。

キ　特別管理物質（特化則38条の３、第38条の４、38条の８（有機則24条、25条準用）

第１類物質と第２類物質のうち、がん原性物質またはその疑いのある物質については特別管理物質とされて以下のような規制がされています。

①　名称、注意事項などの掲示（特化則38条の３）
②　労働者の作業や健康診断の記録を30年間保存すること（特化則38条の４）
③　作業環境測定の結果および健康診断結果の30年保存（安衛法40条２項）

ク　第三管理区分事業場の措置の強化（特化則36条の３の２）

作業環境測定の結果、第三管理区分に区分された場合は、改善措置を講じて、第一管理区分または第二管理区分となるようにしなければなりません。詳細は第10章３、（７）参照

ケ　健康診断（特化則39条）

特定化学物質を取扱う労働者に対して、雇入れ時、当該業務への配置替え

時その後６か月以内ごと（ベリリウムおよびニッケルカルボニルを取扱う労働者に対する胸部エックス線直接撮影による検査は１年以内ごと）に１回定期に実施しなければなりません。また、特定化学物質を取扱う業務（安衛令22条２項の業務に限る。）に常時従事したことのある労働者で、現在雇用している者に対しても６か月以内ごとに同様の健康診断を実施しなければなりません。

※エチレンオキシドとホルムアルデヒドについては、特化則に基づく特殊健康診断を行う必要はありませんが、安衛則45条に基づく特定業務従事者健康診断を、配置替え時およびその後６か月以内ごとに１回行わなければなりません。

特定化学物質健康診断の実施頻度

対象労働者・条件	実施頻度
特定化学物質を取扱う業務に常時従事する労働者	６か月に１回実施 (ベリリウムおよびニッケルカルボニルを取扱う労働者に対する胸部エックス線直接撮影による検査は１年以内ごと)
以下のいずれも満たす場合 ①当該労働者が作業する単位作業場所における直近３回の作業環境測定結果が第一管理区分であること。 ②直近３回の健康診断において、当該労働者に新たな異常所見がないこと。 ③直近の健康診断実施日から、ばく露の程度に大きな影響を与えるような作業内容の変更がないこと。※	次回は１年以内に１回（実施頻度の緩和の判断は、前回の健康診断実施日以降に左記の要件に該当する旨の情報が揃った時点で行う。）(特化則39条４項)

※これらの要件を満たすかどうかの判断は、事業場単位ではなく、労働者ごとに行なう。この際、労働衛生に係る知識または経験のある医師等の専門家の助言を踏まえて判断することが望ましい。

同一の作業内容が同じで、同程度のばく露があると考えられる労働者が複数いる場合には、その集団の全員が上記要件を満たしている場合に実施頻度を１年以内ごとに１回に見直すことが望ましい。

■物質別の詳しい検査項目については、特定化学物質障害予防規則の別表第３（第一次検査)、別表第４（第二次検査）で確認してください。

特定化学物質障害予防規則の物質ごとの規制早見表

https://jsite.mhlw.go.jp/shizuoka-roudoukyoku/content/contents/001303216.pdf

コ　一酸化炭素中毒の予防

特定化学物質障害予防規則は一酸化炭素（第３類物質）の製造・取扱いについて規制していますが、一酸化炭素による中毒事故の多くは、自然換気が不十分な場所での内燃機関や火気等の使用により発生しています。その対策として、以下のことを行う必要があります。

① 自然換気が不十分な場所では内燃機関を使用しないこと（安衛則578条）
② やむを得ず使用する場合は、十分な換気を行い、一酸化炭素が滞留しないようにすること
③ コンクリートの養生等で練炭等を燃焼させる場所へは、立入禁止措置を講じ、周知すること
④ ③の場所へ立ち入る場合は、十分な換気を行い、検知器等で換気が行われたことを確認すること

建設業における一酸化炭素中毒予防のためのガイドラインの策定について（平10.6.1　基発第329の１号）

サ　特別有機溶剤等

クロロホルムほか９物質（有機溶剤に位置づけられていたもの）は、発がん性を踏まえて、特定化学物質の第２類物質の「特別有機溶剤等」の中に位置づけられるとともに、特別管理物質になっています。エチルベンゼン等、1,2-ジクロロプロパン等も「特別有機溶剤等」の中に位置づけられています。

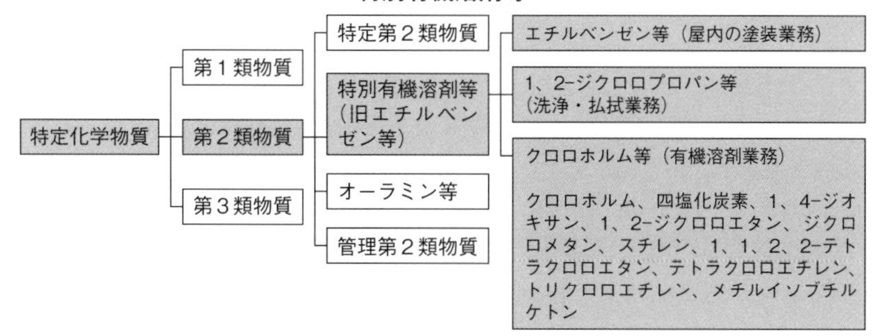

有機溶剤としての措置（有機則）＋発がん性に着目した措置（特化則）
【例：特別管理物質として記録を30年保存】

1　作業記録の作成（特化則第38条の４）
常時作業に従事する労働者について１か月以内ごとに次の事項の記録が必要。
①労働者の氏名　②従事した作業の概要および当該作業に従事した期間
③特別管理物質により著しく汚染される事態が生じたときは、その概要および事業者が講じた応急の措置の概要
2　記録の保存の延長（特化則36条、36条の２、38条の４、40条）
有害性（発がん性）の遅発性の影響を踏まえ、次の書類の30年間の保存が必要。記録の保存は、書面の保存に代えて電磁的記録による保存が可能。
①健康診断個人票　②作業環境測定の記録　③作業環境測定の評価の記録　④作業記録
3　有害性等の掲示（特化則38条の３）
作業に従事する労働者が見やすい箇所に、次の事項の掲示が必要。
①名称　②人体に及ぼす作用　③取扱上の注意事項　④使用保護具

3 鉛

ア　鉛中毒

鉛中毒は空気中に飛び散った鉛を吸い込んだり、はがれた鉛に触れた手をなめたりすることで発症します。鉛の急性中毒では、嘔吐、腹痛、ショックなどを発症し、鉛が体内に蓄積され、手足のしびれや筋肉のけいれんなどの神経症状がおきて激しい痛みにみまわれ、死に至る危険もあります。現在は、鉛中毒予防規則による管理が行われており、重篤な鉛中毒が発症することは少なくなっています。

鉛中毒

急性中毒：嘔吐、腹痛、ショックなど
慢性中毒：主に消化器症状、神経症状、一部では貧血

しかし、橋梁等の改修工事においては、鉛等の有害物を含有する塗料の掻き落とし作業で作業員の鉛中毒が発症する災害が発生しています。そこで、厚生労働省は「鉛等有害物を含有する塗料の剥離やかき落とし作業における労働者の健康障害防止について」（平26. 5. 30　基安化発0530第１号）を発出し、「剥離等作業は必ず湿潤化して行うこと。湿潤化が著しく困難な場合は、当該作業環境内で湿潤化した場合と同等程度の粉じん濃度まで低減させる方策を講じた上で作業を実施すること。」と鉛中毒予防対策を徹底するよう指導しています。

鉛業務（鉛則１条５号）

鉛中毒予防規則１条規定の鉛業務並びに安衛令別表第４第８号から第11号までおよび第17号に掲げる業務

イ　化学物質の管理が一定の水準にある場合の適用除外

化学物質管理の水準が一定以上であると所轄労働局長が認定した事業場について、鉛則の個別規制の適用を除外し、リスクアセスメントに基づく自主管理によることができます（鉛則３条の２）。認定は規則ごと、３年ごとに

必要です。詳細は第10章３、（６）参照

鉛業務の対策

１　発散源対策 （５条～21条）	業務内容に応じた発散源対策を講じること。 鉛製錬等の業務、銅製錬等の業務、鉛蓄電池の製造等の業務、電線等の製造の業務、鉛合金の製造等の業務、鉛化合物の製造の業務、鉛ライニングの業務、鉛ライニングを施した物の溶接等の業務、鉛装置の破砕等の業務、転写紙の製造の業務、含鉛塗料等の製造の業務、はんだ付けの業務、施釉に係る施設、絵付けの業務、焼入れの業務、コンベヤー、粉状の鉛等の乾燥の業務等
２　換気装置の構造・性能等 （24条～32条）	局所排気装置等のフード、ダクト、除じん装置、ファンについて、鉛則に適合したものとすること。 全体換気装置は労働者１人について100m³毎時以上の換気能力とすること。
３　鉛作業主任者の選任および職務 （33、34条）	鉛作業主任者の選任と職務 ①鉛業務に従事する労働者の身体ができるだけ鉛等または焼結鉱等により汚染されないように労働者を指揮すること。 ②鉛業務に従事する労働者の身体が鉛等または焼結鉱等によって著しく汚染されたことを発見したときは、速やかに、汚染を除去させること。 ③局所排気装置、プッシュプル型換気装置、全体換気装置、排気筒および除じん装置を毎週１回以上点検すること。 ④労働衛生保護具等の使用状況を監視すること。 ⑤令別表第４第９号に掲げる鉛業務に労働者が従事するときは、42条１項各号に定める措置が講じられていることを確認すること。
４　局所排気装置、除じん装置等の定期自主検査 （35、36条）	１年以内に１回定期に自主検査を行い、補修の状況等の記録を３年間保存する。
５　業務の管理 （39条～42条）	ホッパーの下方における作業（39条）、含鉛塗料のかき落とし（40条）、鉛化合物のかき落とし（41条）、鉛装置

	の内部における業務（42条）の作業に応じた措置義務
6　鉛の貯蔵等 （43条）	粉状の鉛等を屋内に貯蔵するときは、次の措置を講じなければならない。 ①粉状の鉛等がこぼれ、またはその粉じんが発散するおそれのない容器等に収納すること。 ②粉状の鉛等がこぼれたときは、真空そうじ機または水洗によってそうじすること。
7　休憩室の設置と設備の要件 （45条）	①鉛業務を行なう作業場以外の場所に休憩室を設けなければならない。 ②休憩室については、次の措置を講じなければならない。 ・入口には、水を流し、または十分湿らせたマットを置く等労働者の足部に付着した鉛等または焼結鉱等を除去するための設備を設けること。等
8　作業場における飲食・喫煙の禁止とその旨の掲示 （51条）	鉛業務を行なう屋内の作業場所で労働者が喫煙・飲食を禁止し、その旨を当該作業場所の労働者が見やすい箇所に表示しなければならない。
9　作業環境測定の実施 （52条）	鉛業務を行う場所は、１年以内ごとに１回、空気中の鉛の濃度を測定し、講じた予防措置も含めその記録を３年間保存しなければならない。
10　健康診断の実施 （53、54条）	安衛令別表第４の業務に常時従事する労働者に対し、雇入れの際、配置替えの際およびその後６月（安衛令別表第４第17号および鉛則１条５号リからルまでの鉛業務等に就労する労働者に対しては、１年）以内ごとに１回、定期に、法定の項目について健康診断を行わなければならない。 実施頻度の緩和については第10章３、（５）参照
11　保護具の使用 （58条）	①鉛装置の内部の業務に労働者を従事させるときは、有効な呼吸用保護具および労働衛生保護衣類を使用させなければならない（58条）。 ②①以外の業務で58条３項各号の鉛業務に労働者を従事させるときは有効な呼吸用保護具を使用させなければならない。 ③①、②以外の業務で、同条５項の鉛業務に労働者を従事させるときは、当該労働者に有効な呼吸用保護具を

	使用させなければならない（局所排気装置、プッシュプル型換気装置、全体換気装置又は排気筒を設置、稼働させる場合を除く。）。
12　作業衣の着用（59条）	粉状の鉛業務等に労働者を従事させるときは、作業衣を着用させなければならない。

ウ　第三管理区分事業場の措置の強化（鉛則52条の３の２）

作業環境測定の結果、第三管理区分に区分された場合は、改善措置を講じて、第一管理区分または第二管理区分となるようにしなければなりません。

詳細は第10章３．（７）参照

「剥離剤を使用した塗料の剥離作業における労働災害防止について」

（令2.8.17　基安化発0817第１号　改正令4.5.18　基安化発0518第１号）

①　ラベル・SDSの入手・確認

●使用する剥離剤の容器に表示されているラベル、添付されているSDSを確認※

※特に危険有害情報、取扱いおよび保管上の注意、ばく露防止および保護措置を確認

●SDSが添付されていない場合は、販売店舗またはメーカーから取り寄せる

●SDSを入手できない製品の使用は避ける

②　SDSの情報に基づいてばく露防止措置を実施

●SDSに記載されているばく露防止および保護措置を確実に実施

●SDSを入手できない製品をやむを得ず使用する場合は、有害物が含まれているものとみなして適切な呼吸用保護具、保護眼鏡、不浸透性の保護手袋・保護衣などを使用

防毒マスクを使用していても、吸収缶が破過して中毒となっている事案が発生しています！

（注）他にも様々な有害物が含まれているので、以下の物質を含まない場合も対策は必要です

●作業場所をビニルシートなどで覆って通風が不十分な場合は、排気装置を設けるなど、作業場所の有害物の濃度を低減させる対策を実

施剥離剤に含まれる主な物質の有害性とばく露防止対策

③ 剥離剤にベンジルアルコール、ジクロロメタンを含む場合の措置

	ベンジルアルコール※リスクアセスメント対象物質	ジクロロメタン※特定化学物質
有害性	・中枢神経系、腎臓に障害 ・強い眼刺激 ・眠気またはめまいのおそれ ・飲み込むまたは皮膚に接触すると有害 ・発がんのおそれ	・中枢神経系、呼吸器、肝臓、生殖器に障害 ・強い眼刺激、皮膚刺激 ・眠気またはめまいのおそれ ・吸入すると有害
主な対策	・剥離剤の吹き付け等では送気マスクを使用 ・かき落とし作業では送気マスクまたは防じん機能を有する防毒マスクを使用（吸収缶の破過に注意） ・保護眼鏡、不浸透性の保護衣、保護手袋、保護長靴の使用 ・作業場所の通風が不十分な場合の排気装置の設置など	・剥離剤の吹き付け等では送気マスクまたは防毒マスクを使用（吸収缶の破過に注意） ・かき落とし作業では送気マスクまたは防じん機能を有する防毒マスクを使用（吸収缶の破過に注意） ・保護眼鏡、不浸透性の保護衣、保護手袋、保護長靴の使用・作業場所の通風が不十分な場合の排気装の設置など

Q11－4 「鉛フリーはんだ」を使用している作業について、何か規制はありますか。（産業医）

A 鉛はんだについては、電子機器の大量廃棄に伴う環境問題に配慮して、ヨーロッパで、電子機器に含まれる有害物質の規制（RoHS指令）の対象とされていることもあり、日本でも、鉛を含有しない「鉛フリーはんだ」への代替が進んでいます。

厚生労働省では、中央労働災害防止協会に委託して、「鉛フリーはんだ」に含まれる金属等の成分および有害性について調査し、「鉛フリーはんだ」を用いる関連作業等について労働衛生管理等をとりまとめてい

ます。「平成17年度　鉛フリーはんだ関連作業等における化学物質管理マニュアル」を参考に労働衛生管理を行ってください。

中には、インジウム、銀、ビスマスなどの有害物質を含有するものもあるので、まず、使用している鉛フリーはんだの成分を調べてください。

「平成17年度　鉛フリーはんだ関連作業等における化学物質管理マニュアル」（平18.8.10　基安化発0810001号）

4 電離放射線障害の防止対策

電離放射線は、医療における検査・診断や治療、工業用の非破壊検査等、エックス線装置による検査の業務、原子炉の運転の業務など、さまざまな産業分野で使われています（安衛令別表第二放射線業務）。

電離放射線に起因して発生すると考えられる疾病としては、急性放射線症（急性放射線死を含む。）などの急性放射線障害、慢性放射線皮膚障害などの慢性的被ばくによる電離放射線障害、白血病などの電離放射線による悪性新生物、白内障などの電離放射線による退行性疾患等があります（労災認定基準　昭51.11.8　基発810号　改正平31.4.10　基発0410第1号）。

このような放射線障害を防止するための労働安全衛生規則の体系は以下のとおりです。

労働者の放射線障害防止対策の法体系

法令と適用場所	線量管理の対象 施設の線量限度等	業務の種類	業務別の規制	被ばく限度・健康管理等
【電離則】 【適用場所】 ・放射線源が一定の場所に管理された状態で存在する場所 ・屋内作業 （設備の操作等）	【管理区域】 ・線量が３月1.3mSv（2.5μSv毎時）を超える ・表面汚染が4Bq/cm^{2}を超える 【施設の線量限度】 常時労働者が立ち入る場所は１週1mSv以下 【作業環境測定】 【緊急措置】 緊急被ばく限度は100mSv	【放射線業務】 ・原子炉の運転業務 ・放射性物質又は汚染物の取扱業務 ・エックス線装置等使用等業務 ・坑内での核燃料物質の採掘の業務	・設備等が満たすべき要件 ・外部放射線の防護 ・汚染の防止 ・特別な作業の管理 ・作業主任者免許等	【被ばく限度】 ５年100mSv以下かつ１年50mSv以下 【線量の測定等】 【一般健康診断】 【特殊健康診断】 （特定線量下業務は除く。）
		・事故由来廃棄物等の処分業務 （廃棄物等が非常に大量であり、かつ、施設の規模が大きい）	・処分施設が満たすべき要件 ・汚染拡大防止措置 ・作業の管理等 ・特別教育 ・除染特別地域等に処分施設を設置する場合の特例	
【除染電離則】 【適用場所】 ・放射線源が点在しており、管理不能な場所 （除染特別地域等） ・主に屋外作業 （除染作業、建設作業等）	・除染等作業を行う場所（2.5μSv毎時以下の場合は、簡易測定）	【除染等業務】 （汚染土壌等を取り扱う業務）	・除染の実施に関する措置 ・汚染の防止 ・特別教育	
	・空間線量率2.5μSv毎時を超える場所	【特定線量下業務】 （汚染土壌等を取り扱わない業務）	・特定線量下業務の実施に関する措置 ・特別教育	

電離則：電離放射線障害防止規則
除染電離則：東日本大震災により生じた放射性物質により汚染された土壌等を除染するための業務等に係る電離放射線障害防止規則

（1）外部被ばくの防護

外部被ばく：放射線発生装置（エックス線装置、荷電粒子加速装置、放射線物質装備機器）および放射性物質の取扱い作業でのエックス線、その他の放射線からの被ばくをいう。

ア　放射線源の隔離	放射線装置は原則として区画された専用の場所（放射線装置室）に設置し、管理区域、立入禁止区域を設定して必要のない者の立入を禁止する（電離則３条、15条、18条）。 密封された放射性物質の取扱いは専用の器具を用いるか、または遠隔操作装置によって取り扱うようにし、素手で扱ってはいけない（電離則18条の３）。
イ　遮へい	放射線装置や放射性物質の取扱い当たっては含鉛手袋、鉛エプロン、防護めがね等の着用によって被ばく線量の低減を図る必要がある。放射線源と作業者の間に遮

	へい壁当を設けて作業位置の放射線レベルを下げるようにする。
ウ　作業管理	取り扱う放射性物質や作業場所の放射線レベル等を考慮した作業方法、作業時間などに関する適正な作業計画を立てる。一定の放射線業務については作業主任者を選任して作業を行う。 エックス線作業主任者（電離則46条） ガンマ線作業主任者（電離則52条の２）

(2) 内部被ばくの防護

内部被ばく：空気中または水中に分散された放射性物質が体内に摂取され、身体の組織に取り込まれ、その放射線（アルファ線、ベータ線、中性子線等）による被ばくをいう。

放射性物質が体内に取り込まれる経路は次のようなものがあるので、これらを最初の段階でコントロールすることが対策の基本となります。

経路　空気汚染（肺→体内）
　　　表面汚染（手指、衣服等の汚染→食物等の汚染→消化管→体内
　　　飲食物の汚染（飲食物→消化管→体内）
　　　皮ふ（傷口などの汚染→体内）

ア　汚染区域の隔離	①管理区域の設定（３条)、②放射性物質取扱い作業室以外での放射性物質の取扱い禁止（22条）
イ　汚染管理	局所排気装置の設置、空気中の濃度の測定 取扱い作業室等の構造等、容器等の構造（23条） 表面汚染の防止およびこれらの管理：表面汚染の測定、退去者・持ち出し物品の汚染検査
ウ　作業管理	・放射性物質を閉じ込める ・作業環境の汚染を低減する ・摂取させない（呼吸保護具等の着用）

(3) 被ばく管理

○被ばく限度：

（実効線量限度）	５年100mSv以下かつ１年50mSv以下 妊娠可能な女性は３月につき５mSv以下	電離則４条
（等価線量限度）	眼の水晶体：１年50mSv以下 ５年100mSv以下 皮膚：１年500mSv以下	電離則５条

（注）緊急作業においては、緊急作業期間中に100mSv（東電福島第一原発事故時は一時的に250mSv）電離則７条

経過措置：一定の医師※については、眼の水晶体に受ける等価線量の限度は以下のとおりとされている。

・令和５年４月１日～令和８年３月31日の間３年間につき60mSvおよび１年間につき50mSv

※　放射線業務従事者のうち、遮蔽その他の適切な放射線防護措置を講じてもなおその眼の水晶体に受ける等価線量が５年間につき100mSvを超えるおそれのある医師であって、その行う診療に高度の専門的な知識経験を必要とし、かつ、そのために後任者を容易に得ることができないもの。

○線量の測定等

放射線業務従事者および管理区域に一時的に立ち入る者は、電子線量計、ガラスバッチ、クイクセルバッチ等によって線量を測定しなければならない（電離則８条)。測定することにより、被ばく限度を超えないようにし、また低減化を図る必要がある。

線量が１日で１mSvを超えるおそれがある場合、電子線量計のように毎日の読み取りが可能なものとする必要がある。

(4) 特別な作業の管理

核燃料加工施設、原子力発電所など一定の原子力施設で核燃料物質を扱う作業、事故由来廃棄物等の処分に係る作業を行う場合は、作業の方法および順序、放射線の監視、汚染の検査および除去に関する作業規程を作成し、これにより作業を行い、関係労働者に周知する必要があります。

(5) 健康管理

電離放射線健康診断の実施とその結果に基づく事後措置を行なわなければなりません（電離則56条）。健康診断の結果の記録は30年間保存しなければなりません（電離則57条）。ただし、5年間保存した後において、（公財）放射線影響協会に引き渡すことができます。

(6) 安全衛生教育（安衛法59条）

以下の作業に対応した特別教育を実施しなければなりません。

・透過写真撮影業務に係る特別の教育（電離則52条の5）
・加工施設等において核燃料物質等を取り扱う業務に係る特別の教育（電離則52条の6）
・原子炉施設において核燃料物質等を取り扱う業務に係る特別の教育（電離則52条の7）
・事故由来廃棄物等の処分の業務に係る特別の教育（電離則52条の8）
・特例緊急作業に係る特別の教育（電離則52条の9）

(7) 作業環境測定

以下の管理区域について、1月以内ごとに1回、定期に、外部放射線による線量当量率または線量当量を放射線測定器を用いて測定し、その結果を記録し、これを5年間保存しなければなりません（電離則54条）。

・放射線業務を行う作業場のうち管理区域に該当する部分
・放射性物質取扱作業室
・事故由来廃棄物等取扱施設
・坑内における核原料物質の掘採の業務

5　酸素欠乏症等の防止対策

酸素欠乏症（※1）や硫化水素中毒（※2）（酸素欠乏症等）は死亡災害など重篤な災害に繋がりかねません。しかし、酸素欠乏症等防止規則に定められた措置を講じれば、このような災害の発生を防ぐことができます。

※1　酸素欠乏症：目まいや意識喪失、さらには死に至る場合がある。

※2　硫化水素中毒：硫化水素ガスは、嗅覚のまひや眼の損傷、呼吸障

害、肺水腫を引き起こし、死に至る場合がある。

○酸素欠乏危険箇所例（酸欠則　別表第６）

・穀物や飼料が入れてある貯蔵庫などの内部

・雨水や海水などが滞留し、また滞留したことがある槽、暗渠、マンホールなどの内部

・長期間密閉されていた鋼製タンク、船倉などの内部　など

（注）硫化水素中毒については、し尿、汚水、魚等の腐敗や、排水ピット等で泥水を攪拌することで発生することもあります。

(1) 酸素欠乏災害対策

定義（酸欠則２条）

酸素欠乏：空気中の酸素の濃度が18％未満である状態

酸素欠乏等：「酸素欠乏」の状態または「空気中の硫化水素の濃度が百万分の十（10ppm）を超える状態」

硫化水素中毒：硫化水素の濃度が百万分の十を超える空気を吸入することにより生ずる症状が認められる状態

酸素欠乏災害防止対策

1　酸素欠乏危険場所の事前確認（３条）	作業場所が酸素欠乏危険場所に該当するか、作業中に酸素欠乏空気および硫化水素の発生・漏洩・流入等のおそれはないかを、酸素または硫化水素の濃度測定等により事前に確認し、危険因子を洗い出すこと。
2　立入禁止の表示（９条）	酸素欠乏危険場所またはこれに隣接する場所で作業を行うときは、立ち入ることを禁止し、その旨を見やすい箇所に表示すること。
3　酸素欠乏危険作業主任者の選任（11条）	酸素欠乏症にかかるおそれのある場所で作業を行うときは、酸素欠乏危険作業主任者を選任し、作業指揮、酸素濃度等の測定等を行わせること。
4　特別教育の実施（12条）	酸素欠乏危険作業に係る業務は、特別教育を受けた者が行うこと。
5　作業を実施する前に、酸素濃度、	・その日の作業開始前に、作業場の酸素濃度を測定すること。

硫化水素濃度の測定 （3条）	・休憩等ですべての作業者が作業場を離れた後、再び作業を開始する場合や、作業者の身体、換気装置等に異常があった場合にも測定すること。
6　換気の実施 （5条）	爆発、酸化等の防止のために換気することができない場合または作業の性質上換気することが著しく困難な場合を除き、作業場所の酸素濃度を18％以上、硫化水素濃度が10ppm以下に保つように継続して保つこと。
7　保護具の使用 （5条の2）	作業開始前の濃度測定や換気が技術的に難しい場所での作業、また、事故の場合に救出するときには、指定防護係数が1,000以上の全面形面体を有する、循環式呼吸器、空気呼吸器、エアラインマスクおよびホースマスクの中から有効なものを使用すること。 墜落のおそれのある場合には墜落制止用器具を使用させること。
8　監視人等の配置 （13条）	酸素欠乏危険作業に労働者を従事させるときは、監視人等を配置すること。

(2) 二次災害の防止

酸欠等の災害発生時、被災者を救出する者の二次災害を防止するため、送気マスクを使用させること。墜落のおそれのある場合には墜落制止用器具を使用させること。救助活動は単独行動をとらず、救助者と同じ装備をした看視者を配置すること。

6　高気圧による健康障害防止

潜函工法などの圧気工法における高圧室内作業や潜水業務においては、高気圧下で作業を行うことにより、以下のように高気圧から大気圧への減圧による減圧障害、体内の酸素、窒素、二酸化炭素の圧力が高まることによる以下のような高気圧障害になるおそれがあります。そのため、高気圧作業安全衛生規則により規制が行われています。

①減圧障害：

・**空気（動脈ガス）塞栓症**：急速に浮上したり、十分に息を吐かずに浮上した場合に、肺が過膨張となり、行き場を失った肺内の空気が肺胞を傷つけ、肺の間質気腫を起こす。さらに、肺の毛細血管に空気が侵入し、気泡状となって動脈を経由し、脳動脈などを閉塞し、意識障害や脳梗塞を引き起こす。

・**減圧症**：加圧により体内組織の不活性ガスの溶解量が増加し、減圧のときに減圧の速度が速いと、溶解した不活性ガスの体外への排出が追いつかずに体内で気泡化し、血液循環を阻害したり組織を圧迫して、皮膚のかゆみ、関節や筋肉の痛み、胸部・腹部の痛み、運動障害、めまい、意識障害などの症状が生じる。

②**酸素中毒**：160kPa（1.6気圧）を超える程度の高い分圧の酸素を吸入すると中枢神経が冒される急性酸素中毒となり、吐き気、めまい、視野狭窄、呼吸困難、痙攣（けいれん）発作などの症状が生じる。また、50kPa（0.5気圧）を超える分圧の酸素を長時間呼吸すると肺が冒される慢性酸素中毒となり、胸部違和感、咳・痰、肺活量の減少などの症状が生じる。

③**窒素酔い**：400kPa（４気圧）を超える程度の高い分圧の窒素を吸入すると、麻酔作用により飲酒時のように愉快で大雑把になり、判断力が低下するなどの症状が生じる。

④**二酸化炭素中毒**：体内の二酸化炭素が過剰になって正常な生体機能を維持できなくなった状態で、頭痛、めまい、発汗、意識障害などの症状が生じる。

ア　高気圧室内業務に係る規制

潜函工法等の圧気工法により、大気圧下を超える気圧下の作業室またはシャフトの内部で行う作業（トンネル工事、軟弱地盤や地下水を有する地盤の掘削工事等）

項目・高圧則条文	基　　準
作業室の気積（２条）	労働者１人当たりの気積を４m^3以上とすること。
気こう室の床面積・気積（３条）	気こう室の床面積を１人当たり0.3m^2以上、気積を１人当たり0.6m^3以上とすること、

送気管の配管等 （４条）	送気管を、シャフトの中を通すことなく当該作業室または気こう室へ配管しなければならない。 送気管には、作業室に近接する部分に逆止弁を設けなければならない。
圧力計 （７条）	作業室内、気こう室内の圧力を表示する圧力計の設置
作業主任者 （10条）	作業室ごとに、高圧室内作業主任者を選任し、規定の事項を行わせること
作業計画 （12条の２）	高圧室内業務・潜水業務を行うときは、作業計画を定め、作業計画に基づいて作業を行うこと、作業計画を労働者に周知すること
ガス分圧の制限 （15条）	呼吸用ガスの酸素、窒素、二酸化炭素の分圧を以下の範囲内にすること　・酸素18kPa以上160kPa以下 ・窒素400kPa以下　・二酸化炭素0.5kPa以下
酸素ばく露量の制限 （16条）	高圧室内作業者や潜水作業者の酸素ばく露量（単位：UPTD）を①１日600　②１週間2,500を超えないようにすること 酸素ばく露量の計算方法（告示※２条） ※高気圧作業安全衛生規則８条２項等の規定に基づく厚生労働大臣が定める方法等（以下、「告示」という。
減圧の速度 （18条） 厚生労働大臣が定める区間等 （告示３条）※	・気こう室において高圧室内作業者に減圧を行うときは、減圧の速度は毎分0.08MPa以下、各圧力で一定時間減圧を停止すること等によること ・減圧を終了した者に、減圧を終了した時から14時間は、重激な業務に従事させてはならないこと
作業の状況等の記録 （20条の２）	高圧室内業務を行う都度高圧則、12条の２第２項各号に掲げる事項を記録した書類並びに高圧室内作業者の氏名および減圧の日時を記載した書類を作成し５年間保存すること

※高気圧作業安全衛生規則第八条第二項等の規定に基づく厚生労働大臣が定める方法等（平26.12.1厚労告示457）

イ　潜水業務に係る規制

潜水器を用い、かつ、空気圧縮機等による送気またはボンベからの給気を受けて、水中で行う業務（港湾整備工事、ダム・水道設備のメンテナンス、海域環境調査、海難救助等）

項目・高圧則条文	基　準
空気槽 （８条）	①潜水作業者に、空気圧縮機により送気するときは、潜水作業者ごとに、送気を調節するための空気槽および予備空気槽を設けること ②予備空気槽は、次の定めるところに適合するものでなければならないこと 〔１〕予備空気槽内の空気の圧力は、常時、最高の潜水深度における圧力の1.5倍以上であること。 〔２〕予備空気槽の内容積は、厚生労働大臣が定める方法（平26.12.1　厚労省告示第457号）により計算した値以上であること。 ③送気を調節するための空気槽が②の〔１〕、〔２〕に定める予備空気槽の基準に適合するものであるとき、または当該基準に適合する予備ボンベを潜水作業者に携行させるときは予備空気槽を設けることを要しない。
空気清浄装置、圧力計・流量計 （９条）	空気圧縮機により送気する場合には、空気清浄装置、圧力調整器を使用させるときは圧力計を、それ以外のときは流量計を設けなければならない。
潜水士 （12条）	潜水士免許を受けた者でなければ潜水業務につかせてはならない。
送気量および送気圧 （28条）	・空気圧縮機または手押ポンプにより潜水作業者に送気するときは、その水深の圧力下における送気量を、毎分60リットル以上としなければならない。 ・潜水作業者に圧力調整器を使用させる場合には、潜水作業者ごとに、その水深の圧力下において毎分40リットル以上の送気を行うことができる空気圧縮機を使用し、かつ、送気圧をその水深の圧力に0.7MPaを加えた値以上としなければならない。
さがり綱 （33条）	潜水作業者が潜降し、浮上するためのさがり綱を備え、これを潜水作業者に使用させなければならない。

ウ　高圧室内業務と潜水業務の双方に関係する規制

項目・高圧則条文	基　　準
健康診断（38条）	①雇入れの際、配置替えの際、その後後６月以内ごとに１回、定期に、医師による健康診断の実施 既往歴および高気圧業務歴の調査、関節、腰若しくは下肢の痛み、耳鳴り等の自覚症状または他覚症状の有無の検査、四肢の運動機能の検査、鼓膜および聴力の検査、血圧の測定並びに尿中の糖および蛋たん白の有無の検査、肺活量の測定 ②①の結果、医師が必要と認めた者については、次の項目を追加実施 作業条件調査、肺換気機能検査、心電図検査、関節部のエックス線直接撮影による検査
病者の就業禁止（41条）	第８章　病者の就業禁止参照

7　粉じん障害の防止対策

じん肺およびじん肺合併症は古くからある職業性疾病ですが、いまだに年間300件台の認定者がいます。じん肺は一度かかるともとの正常な肺にはもどらず、粉じん作業をやめた後も病気は進行します。じん肺には根本的な治療方法がないことを考えると、粉じんの発生源対策、局所排気装置等の適正な稼働、呼吸用保護具の適正な着用などにより粉じんへのばく露防止対策を徹底することが重要です。

化学物質の管理が一定の水準にある場合の適用除外（粉じん則３条の２）

化学物質管理の水準が一定以上であると所轄労働局長が認定した事業場について、粉じん則の個別規制の適用を除外し、リスクアセスメントに基づく自主管理によることができます（粉じん則３条の２）認定は規則ごと、３年ごとに必要です。主な認定要件は第10章３、（６）参照

ア　粉じん障害防止規則の定義

粉じん作業	粉じん障害防止規則別表第一に掲げる作業 作業場における粉じんの発散の程度および作業の工程その他からみて、この省令に規定する措置を講ずる必要がないと所轄都道府県労働局長が認定した作業を除く。
特定粉じん発生源	粉じん障害防止規則別表第２に掲げる箇所
特定粉じん作業	粉じん作業のうち、その粉じん発生源が特定粉じん発生源であるもの

イ　粉じん業務の対策

項目・粉じん則の条文	基　　準
発散源対策 （４条、５条）	局所排気装置、プッシュプル型換気装置等の設置し、適正に稼働させること
定期自主検査 （17条、21条）	局所排気装置、プッシュプル型換気装置等は、１年以内ごとに１回定期に自主検査を実施し、異常を認めたときは、直ちに補修すること
清掃の実施 （24条）	たい積粉じん清掃責任者のもとに毎日１回以上清掃を行うこと
作業環境測定の実施 （25条～26条の３の２）	常時特定粉じん作業が行われる屋内作業場においては、６か月以内ごとに１回、定期に作業環境測定を実施し、その結果を評価し、必要な改善措置を行うこと
粉じん吸入の防止 （27条）	アーク溶接、グラインダーによる研磨作業等：有効な呼吸用保護具を着用させること
健康診断の実施 （じん肺法７条～９条の２）	就業時、定期にまたは離職時にじん肺健康診断を実施すること 第５章３、（３）参照
特別教育の実施 （22条）	常時特定粉じん作業に係る業務に労働者を就かせるときは、特別の教育を行うこと

ウ　第三管理区分事業場の措置の強化（粉じん則26条の３の２）

以下の①、第10章３、（７）参照

エ　第10次粉じん障害防止総合対策の重点事項

第10次粉じん障害防止総合対策（令和５年度～令和９年度）では、事業者に対して「粉じん障害を防止するため事業者が重点的に講ずべき措置」として以下の対策を実施するよう求めています。

①　呼吸用保護具の適性な選択および使用の徹底

(1) 保護具着用管理責任者の選任及び呼吸用保護具の適正な選択と使用等の推進
(2) 電動ファン付き呼吸用保護具の使用
(3) 改正省令に関する対応
　第三管理区分に区分された場所で、かつ、作業環境測定の評価結果が第三管理区分に区分され、その改善が困難な場所では、厚生労働大臣の定めるところにより、濃度を測定し、その結果に応じて労働者に有効な呼吸用保護具を使用させること、当該呼吸用保護具に係るフィットテストを実施することが義務付けられた（令和６年４月１日施行）ことから、これらの改正内容に基づき適切な呼吸用保護具の着用等を行うこと。

②　ずい道等建設工事における粉じん障害防止対策

(1) ずい道等建設工事における粉じん対策に関するガイドライン（平12.12.26　基発768号の２）に基づく対策の徹底
(2) 健康管理対策の推進
　ア　じん肺健康診断の結果に応じた措置の徹底
　　事業者は、じん肺法に基づくじん肺健康診断の結果に応じて、当該事業場における労働者の実情等を勘案しつつ、粉じんばく露の低減措置又は粉じん作業以外の作業への転換措置を行うこと。等
　イ　省略

(3) 元方事業者の講ずべき措置の実施の徹底等元方事業者は、ずい道粉じん対策ガイドラインに基づき、粉じん対策に係る計画の調整、教育に対する指導及び援助、清掃作業日の統一、関係請負人に対する技術上の指導等を行うこと。

③ じん肺健康診断の着実な実施

第5章3、(3)参照

④ 離職後の健康管理の推進

・事業者は、粉じん作業に従事し、じん肺管理区分が管理2または管理3の離職予定者に対し、「離職するじん肺有所見者のためのガイドブック」(平成29年3月策定。)を配付するとともに、ガイドブック等を活用し、離職予定者に健康管理手帳の交付申請の方法等について周知すること。等

⑤ その他地域の実情に即した事項

事業者は、必要に応じ、第9次粉じん障害防止総合対策の「粉じん障害を防止するため事業者が重点的に講ずべき措置」の以下の措置を引き続き講じること。

(1) アーク溶接作業と岩石等の裁断等作業に係る粉じん障害防止対策

ア　改正粉じん則及び改正じん肺法施行規則の内容に基づく措置の徹底　等　　イ～オ省略

(2) 金属等の研磨作業に係る粉じん障害防止対策

ア　特定粉じん発生源に対する措置の徹底等

(3) 屋外における岩石・鉱物の研磨作業又はばり取り作業に係る粉じん障害防止対策事業者は、屋外における岩石・鉱物の研磨作業又はばり取り作業に労働者を従事させる場合には、呼吸用保護具の使用を徹底させること。等

(4) 屋外における鉱物等の破砕作業に係る粉じん障害防止対策事業者

は、屋外における鉱物等の破砕作業に労働者を従事させる場合には、呼吸用保護具の使用を徹底させること。等

アーク溶接とじん肺

大阪日倫工業事件（大阪高裁　昭和53.7.21判決）

約21年間電気熔接作業に従事し粉じんを少しずつ吸入し続けた者が、転職し新会社（大阪日輪）でさらに1年7カ月間同作業を継続し、いわゆるじん肺に罹患した（管理区分2）場合につき、新会社に安全保護義務違反による損害賠償責任を認めた事例

大阪日倫は電気熔接作業をさせるに際しては控訴人が、じん肺にかかることのないよう船底タンクに充満する粉じんを外部に排出させるための十分な換気措置を行ない、あるいは安全マスクを使用させ、マスクの交換フィルターを支給するなど、その健康に危険を与えないようにする安全保護義務があるのに、これをつくさなかった債務不履行により、控訴人がじん肺に罹患するに至らせたものというべきである。

控訴人は昭和27年9月以来職場を転々とし、昭和48年9月28日大阪日倫に臨時雇として雇傭されるに至るまで約21年間、電気熔接作業に従事し粉じんを少しづつ吸入しつづけていたことが伺われるが、昭和48年に大阪日倫に雇傭されるまでに既にじん肺にかかっていたことを確認するに足る証拠がない。そうすると、控訴人がじん肺にかかったのは、大阪日倫に雇傭され電気熔接作業に従事してから昭和50年5月2日にじん肺症の決定的な結果が判明した期間中であり、控訴人が被控訴人大阪日倫の電気熔接作業に従事したことと、右発病との間には法律上の因果関係があるものというべきである。

8　石綿による健康障害の防止

(1) 石綿の輸入、製造、使用の禁止と建築物の解体

石綿（クロシドライト（青石綿）、アモサイト（茶石綿）、アクチノライト、トレモライト、アンソフィライト、クリソタイル（白石綿））は、その繊維

を吸入すると、石綿肺、肺がん、中皮腫等の重度の健康障害を引き起こすことが明らかになっています。

① 2006年９月から石綿および石綿含有製品（石綿をその重量の0.1％を超えて含有するもの）は、労働安全衛生法で輸入、製造、使用などが禁止されています。

② 石綿建材を使用する建築物の解体棟数は、2030年頃のピークに向けてさらに増加していく見通しであることから、解体等工事における事前調査（分析）用試料や分析技術の教育用の資料として、石綿を確保する必要があります。そこで石綿分析用試料に限って労働安全衛生法56条に基づく製造時の厚生労働大臣の許可の対象とされました。

③ 今後増加する見通しの建築物、工作物・船舶の解体・改修工事の石綿対策については（２）以下の規制が行われています。

④ 一部の事業者が輸入・販売されていたバスマット等に、石綿がその重量の0.1％を超えて含有されていた事案が複数確認されたことにより以下の事項が義務付けられています。

〔１〕石綿をその重量の0.1％を超えて含有するおそれのある製品であって厚生労働大臣が定めるもの[※1]を輸入しようとする者は、当該製品の輸入の際に、厚生労働大臣が定める資格者が作成した分析結果報告書等を取得し、当該製品中に石綿がその重量の0.1％を超えて含有しないことを当該書面により確認しなければならないこと（石綿則46条の２）。

※１　珪藻土を主たる材料とするバスマット、コップ受け、なべ敷き、盆その他これらに類する板状の製品

〔２〕製品を製造し、または輸入した事業者は、当該製品が石綿をその重量の0.1％を超えて含有していることを知った場合には、遅滞なく、必要な事項について、所轄労働基準監督署長に報告しなければならないこと（石綿則50条）。

(2) 発注者などからの情報提供（石綿則８条、９条）

・建築物の解体などの作業（石綿の除去作業を含む）や、封じ込め、囲い込みの作業の発注者は、工事の請負人に対し、その建築物などの石綿含有建材の使用状況など（設計図書など）を通知するよう努めなければなりません（石綿則８条）。

・注文者は、請負業者が、労働安全衛生法などの規定が遵守できるような契約条件（解体方法、費用、工期など）となるよう配慮しなければなりません（石綿則９条）。

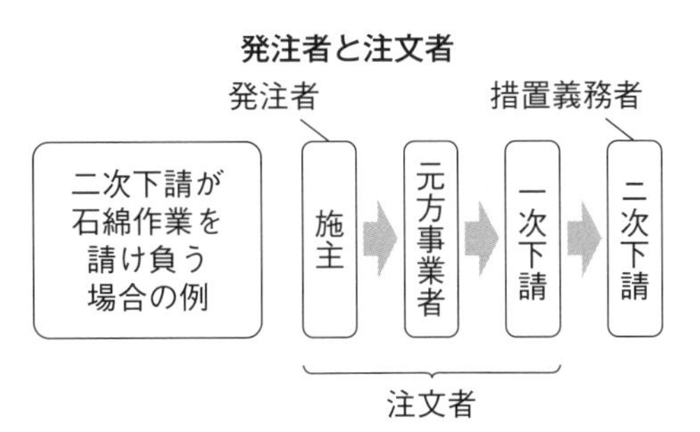

(3) 事前調査の実施と結果の掲示

建築物、工作物または船舶（鋼製のものに限る。）の解体等の作業（封じ込め、囲い込みを含む。）を行うときは、解体等対象建築物等について、**設計図書などの文書**および**目視による方法**で石綿等の使用の有無を調査しなければなりません（石綿則３条１項、２項、５項、９項）。

事前調査で石綿等の使用の有無が明らかとならなかったときは、**分析調査**を行わなければなりません。ただし、石綿等が使用されているものとみなして法令に規定する措置を講ずるときは分析調査の省略可。

○**事前調査を目視等によらなくてよい場合**（石綿則３条３項）

以下の場合等で要件に該当するときは、所定の文書等を確認する方法で事前調査を行うことができます。

・過去に事前調査に相当する調査が行われている場合
・船舶の再資源化解体の適正な実施に関する法律に基づく「有害物質一覧表確認証書」等の交付を受けた船舶・着工日が平成18年９月１日以降である建築物、船舶、施設等

○**事前調査・分析調査を行う者の要件**（石綿則３条４項、６項、令2.7.27厚労告示276号、令2.7.27厚労告示277号）

◇**建築物の事前調査を実施することができる者**

〈すべての建築物〉
・特定建築物石綿含有建材調査者
・一般建築物石綿含有建材調査者
・令和５年９月までに日本アスベスト調査診断協会に登録された者

〈一戸建て住宅・共同住宅の住戸の内部〉
・一戸建て等石綿含有建材調査者

◇工作物の事前調査を実施することができる者（令和８年１月１日～）

〈特定工作物のうち、炉設備、電気設備、配管設備、貯蔵設備等〉

・工作物石綿事前調査者

〈特定工作物のうち、建築物と一体となっている設備〉

〈工作物（特定工作物除く）のうち、石綿等が使用されているおそれがある材料の除去等〉

・工作物石綿事前調査者

・一般建築物石綿含有建材調査者、特定建築物石綿含有建材調査者、若しくはこれらの者と同等以上の能力を有すると認められる者

◇船舶の事前調査を実施することができる者

・船舶における石綿含有資材の使用実態の調査を行う者で、船舶石綿含有資材調査者講習を受講し、修了考査に合格した者またはこれと同等以上の知識を有すると認められる者

◇分析調査を実施することができる者

・厚生労働大臣が定める分析調査者講習を受講し、修了考査に合格した者

・（公社）日本作業環境測定協会の「石綿分析技術の評価事業」でAランク、Bランクの認定分析技術者

・（一社）日本環境測定分析協会の「アスベスト偏光顕微鏡実技研修（建材定性分析エキスパートコース）修了者」

・（一社）日本環境測定分析協会に登録の「建材中のアスベスト定性分析技能試験（技術者対象）合格者」

・（一社）日本環境測定分析協会に登録の「アスベスト分析法委員会認定JEMCAインストラクター」

・（一社）日本繊維状物質研究協会が実施する「石綿の分析精度確保に係るクロスチェック事業」による認定される「建築物および工作物等の建材中の石綿含有の有無および程度を判定する分析技術」の合格者

○記録の作成・保存、掲示等（石綿則３条７項、８項）

■事前調査・分析調査の結果、以下の項目を記録し調査終了日から３年間保存しなければなりません。解体等の作業場には、以下の項目（ゴシック部分）の概要を、労働者が見やすい箇所に掲示しなければなりません。

■石綿使用建築物等解体等作業を行う作業場には、事前調査の記録の写し

を備え付けなければなりません。

調査結果の記録項目
・事業場の名称　・建築物の種別　・発注者からの通知の有無 **・調査方法および調査個所　・調査結果（分析結果を含む）** **・調査者氏名および所属　・調査終了日　・材料ごとの石綿等の使用の有無および石綿等が使用されていないと判断した根拠等** （**ゴシック**部分は掲示する項目）

○事前調査の結果等の報告（石綿則第４条の２、告示278号）

次のいずれかの工事を行おうとするときは、石綿等の使用の有無に関わらず、あらかじめ電子システムにより、事前調査結果の概要等を所轄労働基準監督署長に報告することが必要です。

・建築物の解体工事（工事に係る部分の床面積の合計が80m²以上） ・建築物の改修工事（請負代金が100万円以上） ・下記の工作物（特定工作物）の解体工事又は改修工事（請負代金が100万円以上）	
・反応槽、加熱炉、ボイラー、圧力容器 ・配管設備（建築物に設ける給水・排水・換気・暖房・冷房・排煙設備等を除く） ・焼却設備・煙突（建築物に設ける排煙設備等を除く） ・貯蔵設備（穀物を貯蔵するための設備を除く） ・発電設備（太陽光発電設備・風力発電設備を除く）	・変電設備、配電設備、送電設備（ケーブルを含む） ・トンネルの天井板 ・プラットホームの上家 ・遮音壁、軽量盛土保護パネル ・鉄道の駅の地下式構造部分の壁・天井板 ・観光用エレベーターの昇降路の囲い（建築物であるものを除く）

※様式第１号により報告することもできます。

※複数の事業者が同一の工事を請け負っている場合は、元請事業者が報告義務を負います。

(4) 作業計画の作成、労働基準監督署への届出

項目・石綿則の条文	基　準
作業計画 (石綿則４条)	・石綿使用建築物等解体等作業を行うときは、作業計画を定め、それにより解体等作業を行わなければならない。 ・作業計画は、関係労働者に周知させなければならない。 **作業計画の内容** ①石綿使用建築物等解体等作業の方法および順序 ②石綿等の粉じんの発散を防止し、または抑制する方法 ③石綿使用建築物等解体等作業を行う労働者への石綿等の粉じんのばく露を防止する方法
計画届 (安衛則90条、石綿則５条)	建設業等で次の仕事を開始しようとするときは、工事開始の14日前までに、所轄労働基準監督署長に計画届を提出しなければならない。レベル２の作業も、計画届の対象となる。 計画届を提出すべき業種は、建設業と土石採取業に限られるので、これら以外の業種が作業を行う場合には、計画届でなく作業届（建築物解体等作業届）を提出しなければならない。 **仕事の内容** ・建築物・工作物・船舶に**吹き付けられている石綿等の除去・封じ込め・囲い込み**（石綿等が使用されている仕上げ用塗り材を除く。） ・建築物・工作物・船舶に張り付けられている**石綿等が使用されている保温材・耐火被覆材等の除去・封じ込め・囲い込み**（石綿等の粉じんを著しく発散するおそれのあるものに限る。）

レベル1の作業石綿吹き付け材	著しく発じん量の多い作業 作業場所の隔離　高濃度の発じん量に対応した防じんマスク、保護衣の使用　厳重なばく露対策が必要
レベル2の作業石綿含有保温材、耐火被覆材等	・比重が小さく、発じんしやすい製品の除去作業 レベル１に準じて高いレベルのばく露対策が必要
レベル3の作業成形板等	・発じん量の比較的低い作業であるが､破砕､切断等の作業においては発じんを伴う湿式作業を原則防じんマスクの使用

(5) 隔離・立入禁止などの作業前の準備（石綿則６条、７条、15条）

項目・石綿則条文	基　　準
作業場所の隔離と負圧の保持 （６条）	吹き付け石綿の除去・封じ込めの作業や石綿の切断などを伴う囲い込みの作業、または保温材・耐火被覆材・断熱材の石綿の切断などを伴う除去・囲い込み・封じ込めの作業を行うときは、次の措置を取らなければならない。 ①　作業場所の隔離 ②　ろ過集じん方式の集じん・排気装置の設置 ③　作業場所の出入口に前室、洗身室および更衣室を設置し、退出時に、前室、洗身室および更衣室の順に通過するように互いに連接させること。 ④　作業場所と前室を負圧に保つこと。 ⑤　初めて作業を行う場合には、作業開始後速やかに、ろ過集じん方式の集じん・排気装置の排気口からの石綿等の粉じんの漏えいの有無を点検すること。 ⑥　ろ過集じん方式の集じん・排気装置の設置場所を変更したときその他当該集じん・排気装置に変更を加えたときは、当該集じん・排気装置の排気口からの石綿等の粉じんの漏えいの有無を点検すること。 ⑦　その日の作業開始前および作業の中断時は、前室が負圧に保たれていることを点検すること。 ⑧　⑤～⑦の点検時に異常を認めたときは、直ちに作業を中止し、ろ過集じん方式の集じん・排気装置の補修または増設その他の必要な措置を講ずること。
立入禁止 (石綿則７条、15条)	作業に従事する労働者以外の者が立ち入ることを禁止し、その旨を見やすい箇所に表示しなければならない（石綿則７条）。 特定元方事業者は、関係請負人に作業の実施についての通知や作業の時間帯の調整などの必要な措置を取らなければならない。 石綿等を取り扱い（試験研究のため使用する場合を含む。）、若しくは試験研究のため製造する作業場または石綿分析用試料等を製造する作業場には、関係者以外の者が立ち入ることを禁止し、かつ、その旨を見やすい箇所に表示しなければならない（石綿則15条）。

(6) 作業中の措置

項目・石綿則条文	基　　準
保護具の着用 （石綿則14条、44条、45条）	建築物などの解体などの作業（石綿の除去作業を含む）や、封じ込め・囲い込みの作業をするときは、労働者に呼吸用保護具、作業衣または保護衣を使用させなければならない。 隔離した作業場所における吹き付けられた石綿の除去作業では、呼吸用保護具は、防じん機能を有する電動ファン付き呼吸用保護具若しくは防毒機能を有する電動ファン付き呼吸用保護具で防じん機能を有するものまたはこれと同等以上の性能を有する空気呼吸器若しくは送気マスクなどに限る。

（呼吸用保護具・着衣の選定）

<table>
<tr><th>作業内容</th><th>作業場所</th><th>呼吸用保護具</th><th>着衣</th></tr>
<tr><td rowspan="2">石綿の除去・封じ込め・囲い込みの作業</td><td>隔離空間内部</td><td>電動ファン付き呼吸用保護具、またはこれと同等以上の性能を有する空気呼吸器、酸素呼吸器、もしくは送気マスク</td><td>フード付き保護衣</td></tr>
<tr><td rowspan="2">隔離空間外部</td><td>取替え式防じんマスク（RS3またはRL3）と同等以上のもの</td><td rowspan="3">保護衣または作業着</td></tr>
<tr><td>・石綿の切断などを伴わない囲い込み
・石綿含有成形板などの切断などを伴わない除去</td><td>取替え式防じんマスク（RS2またはRL2）と同等以上のもの</td></tr>
<tr><td>上記以外の作業</td><td></td><td>使い捨て防じんマスクと同等以上のもの</td></tr>
</table>

湿潤化 （石綿則13条）	石綿除去等のために隔離した作業場所の、隔離を解くときには十分湿潤化し、次の者が除去の完了の確認した後でなければ隔離を解くことはできない（石綿則６条３項）。 ・当該除去作業の石綿作業主任者 ・事前調査を実施する資格を有する者（建築物に限る）
石綿含有成形	石綿含有成形品（スレート、ボード、タイル、シートなど）の除

品の除去等の施工方法（石綿則６条の２、告示279号※１）	去は、切断・破砕等以外の方法※２によらなければならない（技術上困難な場合※３を除く。） やむを得ずけい酸カルシウム板第１種の切断・破砕等をするときは、ビニルシートなどにより作業場所を隔離し、常時湿潤な状態に保って作業をしなければならない（隔離場所を負圧に保つ必要はない。）。 ※１　石綿障害予防規則６条の２第３項の規定に基づき厚生労働大臣が定める物（令2. 7. 27厚生労働省告示第279号　改正令4. 11. 17厚生労働省告示第335号） ※２　技術上困難な場合：材料が下地材などと接着材で固定されており、切断等を行わずに除去することが困難な場合や、材料が大きく切断等を行わずに手作業で取り外すことが困難な場合など ※３　切断・破砕等以外の方法とは：ボルトや釘等を撤去し、手作業で取り外すことなどをいう。
石綿含有仕上げ塗材の除去等の施工方法（石綿則６条の３）	石綿含有仕上げ塗材を、電動工具（ディスクグラインダー、ディスクサンダー）で除去するときは、ビニルシートなどにより作業場所を隔離し、常時湿潤な状態に保って作業をしなければならない（隔離場所を負圧に保つ必要はない。）。 ＊常時湿潤な状態に保つ措置には、剥離剤を使用する方法が含まれる。 ＊高圧水洗工法、超音波ケレン工法等の場合は、作業場所の隔離は不要。
石綿等の切断等の際、湿潤化できない場合の措置（石綿則13条）	解体時の建築物または船舶に吹き付けられた石綿等の除去作業または石綿を含む保温材・耐火被覆材・断熱材の除去作業を行うときは、著しく困難な場合を除き、石綿を湿潤な状態にしなければならない。 湿潤な状態にすることが著しく困難なときは、除じん性能付き電動工具の使用など、石綿粉じんの発散防止措置に努めなければならない（石綿則13条１項）。 石綿等の切断等の作業等を行う場所に、石綿等の切りくず等を入れるためのふたのある容器を備えなければならない（石綿則13条２項）。

（7）石綿作業の資格・教育・健康診断・記録

項目・石綿則の条文	基　　準
特別教育 （安衛則36条、石綿則27条）	作業に従事する労働者に特別教育を行わなければならない。
作業主任者の選任 （石綿則19条、20条）	石綿作業主任者を選任し、次の事項を行わせなければならない。 ①　作業に従事する労働者が石綿粉じんにより汚染され、またはこれらを吸入しないように、作業の方法を決定し、労働者を指揮すること ②　保護具の使用状況を監視すること
健康診断の実施 （石綿則40条）	①の者に雇入れの際、配置替えの際、その後６月以内ごとに１回健康診断の実施義務、②の者に６月以内ごとに１回健康診断の実施義務 ①石綿等を取扱いまたは試験研究のため、または石綿分析用試料等の製造に伴い石綿の粉じんを発散する場所における業務に従事する者 ②過去に石綿等の製造または取り扱いに伴い石綿の粉じんを発散する場所における業務に従事したことのある労働者で現に使用している者
作業の記録 （石綿則35条）	石綿等の粉じんを発散する場所において常時作業に従事する労働者については、１か月を超えない期間ごとに作業の記録を作成し、これを当該事業場において作業を離れた日から40年間保存しなければならない。
写真等による作業の実施状況の記録 （石綿則35条の２）	石綿使用建築物等解体等作業を行ったときは、作業計画に従って作業を行わせたことについて、写真等および所定事項を記録し、作業を終了した日から３年間保存しなければならない。 記録を作成するため必要な場合には、記録の作成者や発注者の労働者に、適切な呼吸用保護具と作業衣を着用させて、隔離された作業場所に立ち入らせることができる。

第12章 労働安全衛生規則 衛生基準、事務所則

1 有害な作業環境管理

（1）有害原因の除去

次の有害な作業環境については、その原因を除去するため、代替物の使用、作業の方法または機械等の改善等必要な措置（※１）を講じなければなりません（安衛則576条）。

① 有害物を取り扱う作業場
② ガス、蒸気または粉じんを発散する作業場
③ 有害な光線（※２）または超音波にさらされる作業場
④ 騒音または振動を発する作業場
⑤ 病原体によって汚染される等（※３）有害な作業場

※１：「機械等の改善等必要な措置」には次のようなものがあります。
・有害物取扱い作業、高熱、騒音等を伴う作業場等は、隔離室を設け、遠隔操作で行うこと。
・超音波容着機に等には、インターロック、自動遮断装置を設けること。
・有害な光線または超音波等には、遮へい板、遮へい壁を設けること。
・振動工具等には、防しん装置を取り付けること。
・精密工作、測定等の作業には、拡大投影装置等を用いること。
（昭和48. 3. 19　基発145号）

※２：「有害な光線」には、放電アークによる光線、レーザー光線、プラズマによる光線等が含まれること。

※３：「病源体によって汚染される等」の「等」とは、労働者の健康障害が生ずるおそれがあることをいい、高温、高熱、低温、寒冷、多湿等の状態がこれに含まれるものであること。

《参考通達》

・汎発性強皮症と思われる健康障害および接触性の皮ふ炎等の発生について「エポキシ樹脂の硬化剤による健康障害の防止について」（昭51. 6. 23　基発477号の２、改正昭57. 6. 8　基発399号）

「フロンによる酸素欠乏災害等の防止について」(昭60.10.3　基発567号)

・眼障害、皮膚障害等の発生について

「レーザー光線による障害の防止対策について」(昭61.1.27　基発39号、改正平17.3.25　基発0325002号)

「騒音障害防止のためのガイドラインの策定について」(平5.4.20　基発0420第2号)

(2) ガス等の発散の抑制等（安衛則577条）

ガス、蒸気または粉じんを発散する屋内作業場においては、当該屋内作業場における空気中のガス、蒸気または粉じんの含有濃度が有害な程度にならないようにするため、発散源を密閉する設備、局所排気装置または全体換気装置を設ける等（※）必要な措置を講じなければなりません。

※発散源を密閉する設備、局所排気装置または全体換気装置を設ける等：作業方法または作業工程を変更して作業場内の空気の有害物含有濃度が有害な程度にならないようにすることをいう(昭和23.1.16　基発83号、昭和33.2.13　基発90号)。

577条の２、577条の３については、第10章　化学物質の自律的管理２、（２）、イ参照

(3) 内燃機関の使用禁止（安衛則578条）

坑、井筒、潜函、タンクまたは船倉の内部その他の場所で、自然換気が不十分なところにおいては、内燃機関を有する機械を使用してはなりません。ただし、当該内燃機関の排気ガスによる健康障害を防止するため当該場所を換気するときは、使用することができます。

参考　「建設業における一酸化炭素中毒予防のためのガイドライン」(平10.6.1　基発329号)

(4) 排気の処理、排液の処理、病原体の処理（安衛則579条、580条、581条）

ア　有害物を含む排気を排出する局所排気装置その他の設備については、当該有害物の種類に応じて、吸収、燃焼、集じんその他の有効な方式による排気処理装置を設けなければなりません（安衛則579条)。

イ　有害物を含む排液については、当該有害物の種類に応じて、中和、沈でん、ろ過その他の有効な方式によって処理した後に排出しなければなりません（安衛則580条）。

ウ　病原体により汚染された排気、排液または廃棄物については、消毒、殺菌等※適切な処理をした後に、排出し、または廃棄しなければなりません（安衛則581条）。

※殺菌等の等には、焼却、固形処理、専門業者による保管廃棄があること（昭47.9.18　基発601号の２）

(5) 粉じんの飛散の防止（安衛則582条）

粉じんを著しく飛散する屋外または坑内の作業場においては、注水その他の粉じんの飛散を防止するため必要な措置を講じなければなりません。

(6) 坑内の炭酸ガス濃度の基準（安衛則583条）

坑内の作業場における炭酸ガス濃度を、1.5％以下としなければなりません。ただし、空気呼吸器、酸素呼吸器またはホースマスクを使用して、人命救助または危害防止に関する作業をさせるときは、その必要はありません。

(7) 騒音を発する場所の明示等（安衛則583条の２）

第９章　騒音障害の防止対策参照

(8) 立入禁止等（安衛則585条）

次の場所には、関係者以外の者が立ち入ることを禁止し、かつ、その旨を見やすい箇所に表示しなければなりません。

①　多量の高熱物体を取り扱う場所または著しく暑熱な場所
②　多量の低温物体を取り扱う場所または著しく寒冷な場所
③　有害な光線または超音波にさらされる場所
④　炭酸ガス濃度が1.5％を超える場所、酸素濃度が18％に満たない場所または硫化水素濃度が100万分の10を超える場所
⑤　ガス、蒸気または粉じんを発散する有害な場所
⑥　有害物を取り扱う場所
⑦　病原体による汚染のおそれの著しい場所

(9) 表示等（安衛則586条）

有害物若しくは病原体またはこれらによって汚染された物を、一定の場所に集積し、かつ、その旨を見やすい箇所に表示しなければなりません。

(10) 作業環境測定を行うべき作業場（安衛則587条）

安衛令21条２号の厚生労働省令で定める暑熱、寒冷または多湿の屋内作業場は、次のとおりです。

測定頻度については第12章　２安衛則衛生基準（３）温度および湿度参照

① 溶鉱炉、平炉、転炉または電気炉により鉱物または金属を製錬し、または精錬する業務を行なう屋内作業場

② キユポラ、るつぼ等により鉱物、金属またはガラスを溶解する業務を行なう屋内作業場

「るつぼ等」の「等」には高周波誘導炉が含まれること（昭47.9.18　基発601号の１）。

③ 焼鈍炉、均熱炉、焼入炉、加熱炉等により鉱物、金属またはガラスを加熱する業務を行なう屋内作業場

「加熱炉等」の「等」には、窒化炉、浸炭炉、焼ならし炉、パテンチング炉、ブルーイング炉が含まれること（昭47.9.18　基発601号の１）。

④ 陶磁器、レンガ等を焼成する業務を行なう屋内作業場

「レンガ等」の「等」には、セメント、焼瓦が含まれること（昭47.9.18　基発601号の１）。

⑤ 鉱物の焙焼または焼結の業務を行なう屋内作業場

「伸線等」の「等」には、焼もどし、焼ならし、引抜き、鍛接が含まれること（昭47.9.18　基発601号の１）。

⑥ 加熱された金属の運搬または圧延、鍛造、焼入、伸線等の加工の業務を行なう屋内作業場

⑦ 溶融金属の運搬または鋳込みの業務を行なう屋内作業場

⑧ 溶融ガラスからガラス製品を成型する業務を行なう屋内作業場

⑨ 加硫がまによりゴムを加硫する業務を行なう屋内作業場

⑩ 熱源を用いる乾燥室により物を乾燥する業務を行なう屋内作業場

⑪ 多量の液体空気、ドライアイス等を取り扱う業務を行なう屋内作業場

「ドライアイス等」の「等」には、冷媒として用いられる液体アンモ

ニア、フロンガスが含まれること（昭47.9.18　基発601号の１）。

⑫　冷蔵庫、製氷庫、貯氷庫または冷凍庫等で、労働者がその内部で作業を行なうもの

「冷凍庫等」の「等」には、製氷室、冷凍食品加工室が含まれること（昭47.9.18　基発601号の１）。

⑬　多量の蒸気を使用する染色槽により染色する業務を行なう屋内作業場

⑭　多量の蒸気を使用する金属または非金属の洗浄またはめっきの業務を行なう屋内作業場

⑮　紡績または織布の業務を行なう屋内作業場で、給湿を行なうもの

⑯　前各号に掲げるもののほか、厚生労働大臣が定める屋内作業場

（11）作業環境測定を行うべき坑内作業場（安衛則589条）

安衛令21条４号の厚生労働省令で定める坑内の作業場は、次のとおりとされています。

測定頻度については第２章　２安衛則衛生基準（３）温度および湿度参照

①　炭酸ガスが停滞し、または停滞するおそれのある坑内の作業場

②　気温が28℃をこえ、またはこえるおそれのある坑内の作業場

③　通気設備が設けられている坑内の作業場

（12）皮膚等障害化学物質への直接接触の防止（安衛則594条、594条の２、594条の３）

第10章　化学物質の自律的管理３、（８）皮膚等障害化学物質への直接接触の防止参照

（13）ふく射熱からの保護（安衛則608条）

第12章　２安全衛生基準　（３）温度および湿度参照

（14）加熱された炉の修理（安衛則609条）

第12章　２安全衛生基準　（３）温度および湿度参照

2 安衛則衛生基準

(1) 気積および換気

項目・安衛則条文	基　　　準
気積（600条）	・10m³/人以上。　床面から4m以上を除く。
換気・気流（601条）	・直接外気に向かって開放できる窓その他の開口部が常時床面積の20分の1以上。または換気が十分行なわれる性能を有する設備を設ける。 ・室の気温が10℃以下では、気流1m/sにさらしてはいけない。 ※室内のようなごくわずかな気流については、カタ寒暖計でよい。
坑内の通気設備（602条）	・坑内には通気設備を設けなければならない。 自然換気により衛生上必要な分量の空気が供給される場合を除く。
坑内の通気量の測定（603条）	・安衛令21条4号の坑内※については半月以内毎に1回、定期に通気量を測定しなければならない。 ・測定結果を記録し、3年間保存しなければならない。 ※安衛則589条の1炭酸ガスが停滞し、または停滞するおそれのある坑内の作業場、2気温が28℃をこえ、またはこえるおそれのある坑内の作業場、3通気設備が設けられている坑内の作業場

Q12－1　気積の計算の仕方を教えてほしい。（労務管理担当者）

A　労働者を常時就業させる屋内作業場の気積は、労働者1人につき10立方メートル以上としなければなりません。部屋の縦、横、高さを測り、部屋の容積を求めます。単位：メートル。

床から天井までの高さが4メートルをこえていれば、高さは4メートルとする。

容積＝縦×横×高さ

部屋に置いてある、書棚、パソコン、冷蔵庫等々の設備の容積を計算して部屋の容積から引き（昭23.1.16　基発83号）、出た容積を労働者数で割って出します。

(2) 採光および照明

項目・安衛則条文	基　　　　準
照度 (604条)	・作業面の照度は以下の基準に適合させること。 ⅰ精密な作業　300ルクス以上 ⅱ普通の作業　150ルクス以上 ⅲ粗な作業　　70ルクス以上 感光材料を取り扱う作業場、坑内の作業場その他特殊な作業を行う作業場は除く。
採光・照明 (605条)	・明暗の対照が著しくなく、まぶしさを生じさせない方法によること。 ・照明設備について6月に1回、定期点検しなければならない。

Q12−2　(東日本大震災の後) 職場巡視をしたところ、蛍光灯を外しているところが目についたのですが、問題はありませんか。(産業医)

A　労働安全衛生規則604条では、就業場所の作業面の照度の最低基準について、精密な作業300ルクス以上、普通の作業150ルクス以上、粗な作業70ルクス以上と定めています。おそらく、蛍光灯の一部をはずした状態でも、この最低基準は超えているのはないかと思います。

しかし、JIS照度基準では、一般の製造工場などでの普通の視作業、例えば、組立、検査、試験、選別、包装ａ　500ルクス　粗な視作業で限定された作業、例えば、包装ｂ、荷造ａ　200ルクス、ごく粗な視作業で限定された作業、例えば、包装ｂ、荷造ｂ・ｃ　100ルクスと定められています。こちらの基準からすると足りないかもしれません。一度、照度を測ってみることをお勧めします。

暗いと足下が不安全になるなどの問題があるので、節電に過剰反応するのも考えものです。

(3) 温度および湿度

項目・安衛則条文	基　　　準
温・湿度調節 (606条)	・作業位置で暑熱な作業場(28℃以上をいう。)は冷房の措置を講じなければならない。 ・作業場内の温度が寒冷な作業場(5℃以下をいう。)は暖房の措置を講じなければならない。 ・作業場の湿度が多湿の屋内作業場(85%以上をいう。)で、有害のおそれがあるものについては、通風等適当な温湿度調節の措置を講じなければならない。
気温、湿度等の測定 (607条)	・作業環境測定を行うべき作業場(安衛則587条)に規定する暑熱、寒冷または多湿の屋内作業場について、半月以内ごとに1回、定期に、当該屋内作業場における気温、湿度およびふく射熱(ふく射熱については、同条第1号から第8号までの屋内作業場に限る。)を測定しなければならない。 ・測定を行ったときは記録をし、これを3年間保存しなければならない。
ふく射熱からの保護 (608条)	・屋内作業場の多量の熱を放散する溶融炉等がある場所では、加熱された空気を直接屋外に排出し、またはふく射熱から労働者を保護する措置を講じなければならない。 ※ふく射熱から保護する措置:隔壁、保護メガネ、頭巾類、保護衣等を使用させること(昭23.1.16　基発83号)。
加熱された炉の修理 (609条)	・加熱された炉の修理では、適当に冷却後でなければ、労働者をその内部に入らせてはならない。 ※適当に冷却:作業箇所の気温を黒球温度で55℃以下にすることをいう(昭23.1.16　基発83号、昭33.2.13　基発90号)。
給湿 (610条)	作業の性質上給湿を行なうときは、有害にならない限度で行ない、かつ、噴霧には清浄な水を用いなければならない。
坑内の気温 (611条)	・坑内の気温を37℃以下としなければならない。 ・高温による健康障害防止措置を講じて人命救助または危害防止の作業をさせるときを除く。
坑内の気温測定等 (612条)	・589条2号の坑内作業場(気温が28℃をこえ、またはこえるおそれのある坑内の作業場)について、半月以内ごとに1回、定期に気温を測定しなければならない。

	・記録を作成して３年間しなければならない。

(4) 休養

項目・安衛則条文	基　　　　準
休憩設備（613条）	労働者が有効に利用できる休憩の設備を設ける。（努力義務）
有害作業場の休憩設備（614条）	著しく暑熱、寒冷または多湿の作業場、有害なガス、蒸気または粉じんを発散する作業場その他有害な作業場においては、作業場外に休憩の設備を設けなければならない。（ただし、坑内等特殊な作業場でこれによることができないやむを得ない事由があるときを除く。）
立業のための椅子（615条）	持続的立業に従事する労働者の利用できるいすを備えなければならない。
睡眠および仮眠の設備（616条）	・夜間に労働者に睡眠を与える必要のあるとき、または労働者が就業の途中に仮眠することのできる機会があるときは、適当な睡眠または仮眠の場所を、男性用と女性用に区別して設けなければならない。 ・寝具、かやその他必要な用品を備え、かつ、疾病感染を予防する措置を講じなければならない。
発汗作業に関する措置（617条）	多量の発汗を伴う作業場においては、塩および飲料水を備えなければならない。
休養室等（618条）	常時50人以上または常時女性30人以上の労働者を使用するときは、横になることのできる休養室または休養所を、男性用と女性用に区別して設けなければならない。 この規定は、病弱者、生理日の女子等に使用させるために設けるものであること（昭23. 1. 16　基発83号）。

Q12−3　鉄道事業ですが、運転手の仮眠施設の基準はないか探しています。何かありませんか。（労務担当者）

A 労働安全衛生規則616条では、「事業者は、夜間に労働者に睡眠を与える必要のあるとき、または労働者が就業の途中に仮眠することのできる機会があるときは、適当な睡眠または仮眠の場所を、男性用と女性用に区別して設けなければならない。」と定めています。さらに、同条２項では、「前項の場所には、寝具、かやその他必要な用品を備え、かつ、疾病感染を予防する措置を講じなければならない。」としています。

しかし、仮眠施設の面積等についての一般的な基準は法令にも通達にも示されていません。タクシー事業における運転手の睡眠施設の基準が、通達(昭和33.4.16　基発237号)で、次のように示されているので、これを参考にするとよいでしょう。

1　仮眠室の床の高さは35cm以上、天井の高さは2.1m以上とし、室の面積は同時仮眠者１人当り2.5m²とすること。

2　寝具は、同時に仮眠する人数と同数以上を備え付け、毎月１回以上日光消毒その他の消毒を行うこと。

3　各人専用のえり布、まくらカバー、敷布を備え常時に清潔に保つこと。

(5) 清潔

項目・安衛則条文	基　　　準
清掃等の実施 (619条)	・大掃除を、６月以内ごとに１回、定期に、統一的に行うこと。 ・ねずみ、昆虫等の発生場所、生息場所および侵入経路並びにねずみ、昆虫等による被害の状況について、６月以内ごとに１回、定期に、統一的に調査を実施し、当該調査の結果に基づき、ねずみ、昆虫等の発生を防止するため必要な措置を講ずること。 ・ねずみ、昆虫等の防除のため殺そ剤または殺虫剤を使用する場合は、薬事法14条または19条の２の規定による承認を受けた医薬品または医薬部外品を用いること。
汚染床等の洗浄 (622条)	有害物、腐敗しやすい物または悪臭のある物による汚染のおそれがある床および周壁を、必要に応じ、洗浄しなければならない。

床の構造等 （623条）	前条の床および周壁並びに水その他の液体を多量に使用することにより湿潤のおそれがある作業場の床および周壁を、不浸透性の材料で塗装し、かつ、排水に便利な構造としなければならない。
汚物の処置 （624条）	・汚物を、一定の場所において露出しないように処理しなければならない。 ・病原体による汚染のおそれがある床、周壁、容器等を、必要に応じ、消毒しなければならない。
洗浄設備等 （625条）	身体または被服を汚染するおそれのある業務に労働者を従事させるときは、洗眼、洗身若しくはうがいの設備、更衣設備または洗たくのための設備を設け、必要な用具を備えなければならない。
被服の乾燥設備 （626条）	労働者の被服が著しく湿潤する作業場においては、被服の乾燥設備を設けなければならない。
給水 （627条）	労働者の飲用に供する水その他の飲料を、十分供給するようにしなければならない。

(6) 便所（628条、628条の２）

<table>
<tr><td colspan="3">・男性用と女性用に区別すること。
・同時に就業する労働者の数が常時10人以内の場合は、特例として男女の区別のない独立個室型の便所でも可。</td></tr>
<tr><td>男性用便所</td><td>同時に就業する男性労働者の数が60人以内の場合、１個以上とすること。
60人を超える60人またはその端数を増すごとに１を加えた数とすること。</td><td rowspan="3">独立個室型の便所を設けている場合は、算定基準とする労働者数について独立個室型１個につき、男女それぞれ10人ずつを減じることができる。</td></tr>
<tr><td>男性用小便所</td><td>同時に就業する男性労働者の数が30人以内の場合、１個以上とすること。
30人を超える30人またはその端数を増すごとに１を加えた数とすること。</td></tr>
<tr><td>女性用便所</td><td>同時に就業する女性労働者の数が30人以内の場合、１個以上とすること。
30人を超える30人またはその端数を増すごとに１を加えた数とすること。</td></tr>
</table>

独立個室型の便所	四方を壁等で囲まれた１個の便房により構成される便所であること。	男性用・女性用便所の設置数に反映できること。

(7) 食堂・炊事場（事務所にも適用される。）

項目・安衛則条文		基　　　準
食堂 （629条）		衛生上有害な作業場の場合、作業場外に適当な食事の設備を設けなければならない。
食堂・炊事場 （630条）	構造等	・食堂と炊事場と区別、採光および換気が十分で、そうじに便利な構造とすること。 ・食堂の床面積は、１人について１m^2以上とすること。 ・食堂には食卓および食事用のいす（坐食の場合を除く。）を設けること。 ・便所･廃物だめから適当な距離のある場所に設けること。 ・炊事場の床は、不浸透性の材料とし、かつ、洗浄および排水に便利な構造とすること。 ・汚水および廃物は、炊事場外において露出しないように処理し、沈でん槽を設けて排出する等有害とならないようにすること。 ・炊事従業員専用の休憩室および便所を設けること。
	設備	・食器、食品材料等の消毒の設備を設けること。 ・食器、食品材料、調味料の保存のために適切な設備を設けること。 ・はえその他のこん虫、ねずみ、犬、猫等の害を防ぐための設備を設けること。 ・飲用と洗浄のために、清浄な水を十分に備えること。
	清潔	・炊事に不適当な伝染性の疾病にかかっている者を従事させないこと。 ・炊事従業員には、炊事専用の清潔な作業衣を使用させること。 ・炊事場には、炊事従業員以外の者をみだりに出入りさせないこと。 ・炊事場には、炊事場専用の履物を備え、土足のまま立ち入らせないこと。

	栄養 （631条、 632条）	・栄養の確保および向上に必要な措置を講ずるように努めなければならない。 ・１回100食以上または１日250食以上の給食を行なうときは、栄養士を置くこと（努力義務）。 ・栄養士が、食品材料の調査または選択、献立の作成、栄養価の算定、廃棄量の調査、労働者のし好調査、栄養指導等を衛生管理者および給食関係者と協力して行なうようにさせなければならない。

（8）救急用具

項目・安衛則条文	基　　　　準
救急用具 （633条）	・救急用具および材料を備え、その備付け場所・使用方法を労働者に周知させること。 ・救急用具および材料を常時清潔保持。

安衛則634条で「負傷者の手当に必要な救急用具及び材料」が規定されていたが、事業場において労働災害等により労働者が負傷し、または疾病に罹患した場合には、速やかに医療機関に搬送することが基本であること、および事業場ごとに負傷や疾病の発生状況が異なることから、事業場に一律に備えなければならない品目についての規定は令和３年に削除されました。

改正省令施行規則（令3. 12. 1第１号）において以下のことが示されています。

・負傷等の状況や事業場が置かれた環境によっては、事業場において負傷者の応急手当を行う場合もあるため、リスクアセスメントの結果や、安全管理者や衛生管理者、産業医等の意見、衛生委員会等での調査審議、検討等の結果等を踏まえ、事業場において発生することが想定される労働災害等に応じ、応急手当に必要なものを備え付けること。

・マスクやビニール手袋、手指洗浄薬等、負傷者などの手当の際の感染防止に必要な用具及び材料も併せて備え付けておくことが望ましいこと。

・事業場において労働災害等が発生した際に、速やかに医療機関へ搬送するのか、事業場において手当を行うのかの判断基準、救急用具の備付け場所・使用方法等をまとめた対応要領を事業場においてあらかじめ定めておくことが望ましいこと。

3 事務所衛生基準規則

労働安全衛生規則の第三編衛生基準には、気積および換気（安衛則600条—603条）、採光および照明（安衛則604条・605条）、温度および湿度（安衛則606条—612条）、休養（安衛則613条—618条）、清潔（安衛則619条—628条）、食堂および炊事場（安衛則629条—632条）という作業環境に関する規制が定められています。また、事務所衛生基準規則も同じように事務所内の環境基準を規定しています。

この二つの規則の適用関係については、事務所則１条２項により事務所（※）（これに附属する食堂および炊事場を除く）における衛生基準については、労働安全衛生規則第３編衛生基準の規定は適用しないとされています。

※「事務所」とは、「建築基準法２条１号に掲げる建築物またはその一部で、事務作業に従事する労働者が主として使用するものをい」います。（事務所則２条１項）。工場現場の一部において、ついたて等を設けて事務作業を行っているものは、本規則による事務所に該当しません（昭46.8.23基発597号）。

事務室の環境管理

項目・事務所則条文	基　　準	備　考
気積（２条）	10m³/人　以上	床面から４m以上を除く。
換気・気流（３条）	直接外気に向かって開放できる窓その他の開口部が常時床面積の20分の１以上	換気設備設置の場合を除く。 室の気温が10℃以下では、気流１m/sにさらしてはいけない。
温度（４条）	室の気温が10℃以下の場合暖房する等適当な温度調節	

<table>
<tr><td></td><td>室を冷房する場合は、室温を外気温より著しく低くしてはならない。</td><td>電算室等で保温衣類等を着用の場合を除く。
外気温の差、7℃以内が適当</td></tr>
<tr><td rowspan="6">空気調和設備による調整
（5条）</td><td>浮遊粉じん量0.15mg以下</td><td></td></tr>
<tr><td>・空気中に占める一酸化炭素の含有率が10ppm以下
・外気が汚染されているために、一酸化炭素の含有率が100万分の10以下の空気を供給することが困難な場合は20ppm以下</td><td></td></tr>
<tr><td>二酸化炭素の含有率が0.1%以下</td><td></td></tr>
<tr><td>ホルムアルデヒドの量0.1mg以下</td><td></td></tr>
<tr><td>・流入する空気が、特定の労働者に直接、継続して及ばない。
・室の気流を0.5m/s以下</td><td></td></tr>
<tr><td>・気温が17℃以上28℃以下
・相対湿度が40%以上70%以下</td><td>努力義務</td></tr>
<tr><td>照度
（10条1項）</td><td>室の作業面の照度は下表の基準に適合させなければならない。
<table><tr><td>作業の区分</td><td>基準</td></tr><tr><td>一般的な事務作業</td><td>300ルクス以上</td></tr><tr><td>付随的な事務作業</td><td>150ルクス以上</td></tr></table></td><td>左の基準を満たした上で、日本産業規格JIS Z 9110に規定する各種作業における推奨照度等を参照し、照度基準を事業場ごとに検討の上、定めることが適当であること。</td></tr>
<tr><td rowspan="2">採光・照明
（10条2項、3項）</td><td>・明暗の対照が著しくない。
・まぶしさを生じさせない方法による。</td><td rowspan="2">全体照明が局部照明のおおむね10分の1以上</td></tr>
<tr><td>照明設備について6月に1回、定期点検しなければならない。</td></tr>
<tr><td>清掃等の実</td><td>日常の清掃以外に大掃除を6月以内ごとに1</td><td></td></tr>
</table>

施 （15条）	回、定期に行うこと。	

便所 （17条、17条の2）	2　安衛則衛生基準（6）と同じ

休憩の設備 （19条）	労働者が有効に利用できる休憩の設備	努力義務
睡眠または仮眠の設備 （20条）	・夜間、労働者に睡眠を与える必要のあるとき等は、睡眠または仮眠の場所を男女別に設けること。 ・寝具等の用品を備え、疾病感染を予防する措置を講じること。	
休養室等 （21条）	常時50人以上または常時女性30人以上の労働者を使用するときは、が床可能な休養室または休養所を、男女別に設けること。	
立業のための椅子 （22条）	持続的立業に従事する労働者の利用できるいすを備えること。	
救急用具 （23条）	・救急用具および材料を備え、その備付け場所 ・使用方法を労働者に周知させること。 ・救急用具および材料の常時清潔保持	

第13章 作業環境測定、呼吸用保護具

1 作業環境測定

(1) 作業環境測定の定義

作業環境中には、ガス・蒸気・粉じん等の有害物質や、騒音・放射線・高熱等の有害エネルギーが存在することがあり、これらが働く人々の健康に悪影響を及ぼすことがあります。これらの有害因子による職業性疾病を予防するためには、これらの因子を職場から除去するか一定のレベル以下に管理することが必要です。そのためには作業環境の実態を把握し、必要な対策のための情報を得ることが必要であり、それを「作業環境測定」といいます。

労働安全衛生法では「作業環境測定」を「作業環境の実態を把握するため空気環境その他の作業環境について作業環境について行うデザイン、サンプリングおよび分析（解析を含む。）」と定義づけています（安衛法２条４号）。

(2) 安衛法65条の作業環境測定

事業者は、有害業務を行う屋内作業場その他の作業場で労働安全衛生施行令21条で定めるものについて、労働安全衛生規則等の定めにより作業環境測定を行い、その結果を記録しておかなければなりません（安衛法65条１項）。事業者が作業環境測定を実施しなければならない作業場は、以下のとおりです（安衛令21条）。

作業環境測定を行うべき場所と測定の種類等

作業場の種類（安衛令21条）		測定の種類	測定回数	記録の保存年
1 ○ ●	土石、岩石、鉱物、金属または炭素の粉じんを著しく発散する屋内作業場　粉じん則26条	空気中の粉じんの濃度および粉じん中の遊離けい酸含有率	６月以内ごとに１回	7
2	暑熱、寒冷または多湿の屋内作業場　安衛則587条	気温、湿度およびふく射熱	半月以内ごとに１回	3

<table>
<tr><td>3</td><td colspan="2">著しい騒音を発する屋内作業場
安衛則590、591条</td><td>等価騒音レベル</td><td>6月以内ごとに1回</td><td>3</td></tr>
<tr><td rowspan="3">4</td><td rowspan="3">坑内の作業場</td><td>イ　炭酸ガスが停滞する作業場
安衛則592条</td><td>炭酸ガスの濃度</td><td>1月以内ごとに1回</td><td>3</td></tr>
<tr><td>ロ　28℃を超える作業場
安衛則612条</td><td>気温</td><td>半月以内ごとに1回</td><td>3</td></tr>
<tr><td>ハ　通気設備のある作業場
安衛則603条</td><td>通気量</td><td>半月以内ごとに1回</td><td>3</td></tr>
<tr><td>5</td><td colspan="2">中央管理方式の空気調和設備を設けている建築物の室で、事務用の用に供されるもの
事務所則7条</td><td>一酸化炭素および炭酸ガスの含有率、室温および外気温、相対湿度</td><td>2月以内ごとに1回</td><td>3</td></tr>
<tr><td rowspan="4">6</td><td rowspan="4">放射線業務を行う作業場
電離則54条
電離則55条</td><td>イ　放射線業務を行う管理区域</td><td>外部放射線による線量当量率</td><td>1月以内ごとに1回</td><td>5</td></tr>
<tr><td>ロ○　放射性物質を取り扱う作業室</td><td rowspan="3">空気中の放射性物質の濃度</td><td rowspan="3">1月以内ごとに1回</td><td rowspan="3">5</td></tr>
<tr><td>ハ○　事故由来廃棄物等取扱施設</td></tr>
<tr><td>ニ　坑内の核原料物質の掘採業務を行う作業場</td></tr>
<tr><td>7
○
●</td><td colspan="2">特定化学物質等（第1類物質または第2類物質）を製造し、または取り扱う屋内作業場、石綿等を取り扱い、若しくは試験研究のため製造する屋内作業場またはコークス炉上において若しくはコークス炉に接してコーク</td><td>特定化学物質は第1類物質または第2類物質の空気中の濃度、石綿は空気中の石綿の濃度</td><td>6月以内ごとに1回</td><td>特定化学物質は3年（一部30年）、石綿は40年</td></tr>
</table>

	ス製造の作業を行う場合の当該作業場　特化則36条 石綿則36条			
8 ○ ●	一定の鉛業務を行う屋内作業場 鉛則52条	空気中の鉛の濃度	1年以内ごとに1回	3
9	酸素欠乏危険場所において作業を行う場合の当該作業場 酸欠則3条	第1種酸素欠乏危険作業に係る作業場にあっては、空気中の酸素の濃度	作業開始前ごとに	3
		第2種酸素欠乏危険作業に係る作業場にあっては、空気中の酸素および硫化水素の濃度	作業開始前ごとに	3
10 ○ ●	第1種有機溶剤または第2種有機溶剤を製造し、または取り扱う業務を行う屋内作業場　有機則28条	当該有機溶剤の濃度	6月以内ごとに1回	3

○……作業環境測定士による測定義務がある指定作業場を示す。
●……作業環境評価基準の適用される作業場を示す。

（岡山労働局HPを加工）

(3) 作業環境測定の方法

ア　作業環境測定基準

作業環境測定は、厚生労働大臣の定める「作業環境測定基準」に従って行わなければなりません（安衛法65条2項）。

作業環境測定基準には、粉じん濃度、気温・湿度等、騒音等の作業環境測定を行うべき対象ごとに、①単位作業場所の設定方法、②測定点の設定方法、③測定時刻および測定時間の選定方法、④測定に用いる機器の種類、が定められています。

作業環境測定の方法は以下の2種類があります。

A測定：作業環境測定基準2条1項1号から2号までの規定により行う測

定：作業場の気中有害物質濃度の空間的および時間的な変動の平均的な状態を把握するための測定

Ｂ測定：作業環境測定基準２条１項２号の２の規定により行う測定：発生源の近くで作業が行われる場合、Ａ測定を補完するために、作業者の暴露が最大と考えられる場所における濃度測定

もう一つは、個人サンプリングによるＣ測定、Ｄ測定があります。

Ｃ測定：有害物を取り扱う作業を行う複数の作業者の身体にサンプラーを装着して原則全作業時間を通してサンプリング

Ｄ測定：発散源への近接作業等、高濃度のばく露が想定される作業を行う作業者の身体にサンプラーを装着して15分間サンプリング

個人サンプリング法による作業環境測定の対象となる測定については、作業環境測定基準により以下の測定と定められています。

① 労働安全衛生法施行令別表第３に掲げる特定化学物質のうち、令別表第３第１号６または同表第２号２、３の２、５、８～11まで、13、13の２、15、15の２、19、19の４、20若しくは36に掲げるものおよび鉛に係る測定。

② 労働安全衛生法施行令別表第６の２第１号から第47号までに掲げる有機溶剤および特定化学物質障害予防規則第２条第３号の２に規定する特別有機溶剤に係る測定で行われるもの。

③ 粉じん（遊離けい酸の含有率が極めて高いものを除く。）に係る測定。

作業環境測定基準

https://www.jaish.gr.jp/anzen/hor/hombun/hor1-18/hor1-18-1-1-0.htm

イ　評価に基づく作業環境の改善

労働安全衛生法施行令21条１号（粉じん）、７号（特定化学物質）、８号（鉛）および10号（有機溶剤）の作業環境測定結果については、「作業環境測定評価基準」に従って評価を行い、必要な措置を講じなければならないこととされています（安衛法65条の２第２項）。

具体的にはＡ測定およびＢ測定の結果に統計的な処理を行い、管理濃度と比較することにより、以下のように第１管理区分、第２管理区分および第３管理区分の３つの区分に分け、各管理区分に応じた措置を行います。

管理区分と改善の内容

作業環境評価基準の適用について（昭63. 9. 16　基発605号）

区　分	作業場の状態	講ずべき措置
第１管理区分	単位作業場所のほとんど（95％以上）で、気中有害物質の濃度が管理濃度を超えない状態	現在の管理の継続的維持に努める
第２管理区分	単位作業場所の気中有害物質の濃度の平均が管理濃度を超えない状態	施設、設備、作業工程または作業方法の点検を行い、その結果に基づき、作業環境を改善するため必要な措置を講ずるよう努めなければならない。
第３管理区分	単位作業場所の気中有害物質の濃度の平均が管理濃度を超える態	①施設、設備、作業工程または作業方法の点検を行い、その結果に基づき、作業環境を改善するために必要な措置を講ずる。 ②有効な呼吸用保護具を使用する。 ③産業医が必要と認める場合には、健康診断の実施その他労働者の健康を維持するため必要な措置を講ずる。 ※

※第３管理区分の事業場の措置の強化については第10章３、（８）参照

第３管理区分となった屋内作業場での全ての業務については女性の就労をさせてはいけません。第11章Q11－3参照

作業環境測定評価基準

https://www.jaish.gr.jp/anzen/hor/hombun/hor1-18/hor1-18-2-1-0.htm

ウ　作業環境測定結果の記録

作業環境測定を行った場合は、①測定日時、②測定方法、③測定箇所、④測定条件、⑤測定結果、⑥測定者名、⑦結果に基づく改善等概要を記録しておかなければなりません（安衛法65条１項）。

作業環境測定の記録のモデル様式の改正について（令5. 9. 28　基発0928第３号）

「個人サンプリング法による作業環境測定及びその結果の評価に関するガイドライン」(令和２年２月17日付け基発0217第１号)

https://www.mhlw.go.jp/content/11302000/000595744.pdf

(4) 作業環境測定士による作業環境測定

作業環境測定法では、安衛法65条１項により前掲の作業環境測定を行うべき場所と測定の種類等表の１、７、８、10、６のロとハの指定作業場の作業環境測定は作業環境測定士に行わせなければなりません(作業環境測定法３条１項)。

事業者は、作業環境測定士による作業環境測定を行うことができないときは、作業環境測定機関に委託しなければなりません(作業環境測定法３条２項)。

指定作業場：１　労働安全衛生法施行令21条１号、７号、８号、10号に掲げる作業場

２　労働安全衛生法施行令21条６号に掲げる作業場のうち厚生労働省令で定める作業場※

(作業環境測定法２条３号、作業環境測定法施行令第１条)

※電離則53条から55条の作業場

作業環境測定士：第一種作業環境測定士と第二種作業環境測定士がある。

第一種作業環境測定士　厚生労働大臣の登録を受け、指定作業場について作業環境測定の業務を行うほか、第一種作業環境測定士の名称を用いて事業場(指定作業場を除く。)における作業環境測定の業務を行う者をいう。

第二種作業環境測定士　厚生労働大臣の登録を受け、指定作業場について作業環境測定の業務(厚生労働省令で定める機器を用いて行う分析(解析を含む。)の業務を除く。以下同じ。)を行うほか、第二種作業環境測定士の名称を用いて事業場(指定作業場を除く。)における作業環境測定の業務を行う者をいう。

作業環境測定機関：厚生労働大臣または都道府県労働局長の登録を受け、他人の求めに応じて、事業場における作業環境測定を行うことを業とする者をいう(作業環境測定法２条７号)。

2 呼吸用保護具

(1) 電動ファン付き呼吸用保護具

性能向上を理由として、2023年10月１日から電動ファン付き呼吸用保護具が譲渡等制限および型式検定の対象となりました（安衛令13条５項、14条の２）。

① 型式検定に合格していない電動ファン付き呼吸用保護具は令和８年９月30日までしか使用できない。

② 防毒マスクの使用が義務付けられている作業場所等で、防毒機能を有する電動ファン付き呼吸用保護具(G-PAPR)も使用できるようになる。

③ すでに「電動ファン付き呼吸用保護具」と規定されている政省令等については、「防じん機能を有する電動ファン付き呼吸用保護具」（P-PAPR）と名称変更された。

(2) 防じんマスク、防毒マスクおよび電動ファン付き呼吸用保護具

「防じんマスク、防毒マスクおよび電動ファン付き呼吸用保護具の選択、使用等について」（令5.5.25　基発0525第３号）により、

第１共通事項、第２防じんマスクおよびP-PAPRの選択および使用に当たっての留意事項、第３防毒マスクおよびG-PAPRの選択および使用に当たっての留意事項、第４呼吸用保護具の保守管理上の留意事項、第５製造者等が留意する事項

が示されています。

第１共通事項の４呼吸用保護具の選択について以下のように示されています。

3 呼吸用保護具の選択

(1) 呼吸用保護具の種類の選択

酸欠対策	・酸素欠乏またはそのおそれがある場所および有害物質の濃度が不明な場所では、ろ過式呼吸用保護具を使用させてはならないこと。 ・指定防護係数が1000以上の全面形面体を有する、循環式呼吸器、空気呼吸器、エアラインマスクおよびホースマスク（以下、「吸気式呼吸用保護具」

	の中から有効なものを選択すること。 ・防じんマスクおよび防じん機能を有する電動ファン付き呼吸用保護具(「P-PAPR」)は、酸素濃度18%以上の場所であっても、「有毒ガス等」が存在する場所においては使用しないこと。 ・防毒マスク、防毒機能を有する電動ファン付き呼吸用保護具(「G-PAPR」)または給気式呼吸用保護具を使用すること。 ・粉じん作業で、他の作業の影響等によって有毒ガス等が流入するような場合には、適切な防じん機能を有する防毒マスク、防じん機能を有するG-PAPRまたは給気式呼吸用保護具を使用すること。
爆発・火災対策	・引火性の物の蒸気または可燃性ガスが爆発の危険のある濃度に達するおそれのある箇所での非防爆タイプの電動ファン付き呼吸用保護具を使用禁止(安衛則280条1項)。 ・可燃性の粉じん(マグネシウム粉、アルミニウム粉等爆燃性の粉じんを除く。)または爆燃性の粉じんが存在して爆発の危険のある濃度に達するおそれのある箇所および爆発の危険のある場所での非防爆タイプの電動ファン付き呼吸用保護具を使用禁止(安衛則281条1項、282条1項)。

(2) 要求防護係数を上回る指定防護係数を有する呼吸用保護具の選択

金属アーク等溶接作業を行う事業場で第3管理区分場所	「第3管理区分に区分された場所に係る有機溶剤等の濃度の測定の方法等」(令和4年厚生労働省告示第341号)に定める方法により濃度の測定を行い、その結果に基づき算出された要求防護係数を上回る指定防護係数を有する呼吸用保護具を使用しなければならない。
濃度基準値が設定されている物質	技術上の指針の7−3※に定める方法により算出された要求防護係数を上回る指定防護係数を有する呼吸用保護具を選択すること。
濃度基準値または管理濃度が設定されていない物質で、化学物質の評価機関によりばく露限界の設定がなされている物質	原則として、技術上の指針の2−1(3)および2−2に定めるリスクアセスメントのための測定を行い、技術上の指針の5−1(2)アで定める八時間時間加重平均値を八時間時間加重平均のばく露限界(TWA)と比較し、技術上の指針の5−1(2)イで定める十五分間時間加重平均値を短時間ばく露限界値(STEL)と比較し、「防じんマスク、防毒マスクおよび電動ファン付き呼吸用保護具の

	選択、使用等について」の別紙１の計算式によって要求防護係数を求めること。 求めた要求防護係数と上記通達別表１から別表３により、要求防護係数より大きな値の指定防護係数を有する呼吸用保護具を選択すること。
有害物質の濃度基準値やばく露限界に関する情報がない場合	労働衛生に関する専門家に相談し、適切な指定防護係数を有する呼吸用保護具を選択すること。

※化学物質による健康障害防止のための濃度の基準の適用等に関する技術上の指針（令5.4.27　技術上の指針公示第24号）

(3) 法令に保護具の種類が規定されている場合の留意事項

・安衛則第592条の５、有機溶剤中毒予防規則33条、鉛中毒予防規則58条、四アルキル鉛中毒予防規則４条、特化則38条の13および43条、電離放射線障害防止規則38条並びに粉じん障害防止規則27条のほか労働安全衛生法令に定める防じんマスク、防毒マスク、P-PAPRまたはG-PAPR	法令に定める有効な性能を有するものを労働者に使用させなければならないこと。
・法令上、呼吸用保護具のろ過材の種類等が指定されているもの	上記（２）の通達別表５を参照すること。
・上記(２)の通達別表５中の金属のヒューム（溶接ヒュームを含む。）および鉛	粉じんとしての有害性も配慮すべきことから、算出された要求防護係数の値にかかわらず、ろ過材の種類をRS2、RL2、DS2、DL2以上のものとしている趣旨であること。

(4)　呼吸用保護具の適切な装着

ア　フィットテストの実施

フィットテスト：面体のある呼吸用保護具は、顔に密着していなければ本来の性能が得られません。被験者が所定の動作を行い、面体と顔との密着性を評価する検査をフィットテストといいます。手順は、JIS T 8150を参照。

フィットテスト実施義務のある作業場

○金属アーク溶接等作業を行う作業場所：金属アーク溶接等作業溶接ヒュームの濃度測告示３条（令2.7.30厚生労働省告示286号）で定める方法により、１年以内ごとに１回、定期に、フィットテスト実施義務（特化則38条の21）。

○作業環境測定の評価結果が第３管理区分に区分された場合、１年以内ごとに１回定期にフィットテストテストの実施義務（特化則36条の３の２、有機則28条の３の２、鉛則52条の３の２、粉じん則26条の３の２）。

○リスクアセスメントに基づくリスク低減措置として呼吸用保護具を労働者に使用させる事業場においては、技術上の指針の7－4及び通達（令5.5.25　基発0525第３号）に定めるところにより、１年以内ごとに１回、フィットテストの実施義務。

イ　フィットテストの実施に当たっての留意事項

面体については、フィットテストによって、着用する労働者の顔面に合った形状および寸法の接顔部を有するものを選択および使用し、面体を着用した直後には、シールチェック（面体を有する呼吸用保護具を着用した労働者自身が呼吸用保護具の装着状態の密着性を調べる方法。以下同じ。）を行い、各着用者が顔面と面体とが適切に密着しているかを確認すること。

着用者の顔面と面体とを適正に密着させるためには、着用時の面体の位置、しめひもの位置および締め方等を適切にさせることが必要であり、特にしめひもについては、耳にかけることなく、後頭部において固定させることが必要であり、加えて、次のような着用を行わせないことに留意すること。

①面体と顔の間にタオル等を挟んで使用すること。

②着用者のひげ、もみあげ、前髪等が面体の接顔部と顔面の間に入り込む、排気弁の作動を妨害する等の状態で使用すること。

③ヘルメットの上からしめひもを使用すること。

ウ　シールチェックの実施

シールチェックは、ろ過式呼吸用保護具（電動ファン付き呼吸用保護具については、面体形のみ）の取扱説明書に記載されている内容に従って行うこと。シールチェックの主な方法には、以下の陰圧法と陽圧法がある。これら以外に、作業場等に備え付けた簡易機器等によって、簡易に密着性を確認する方法(例えば、大気じんを利用する機器、面体内圧の変動を調べる機器等)がある。

陰圧法	面体を顔面に押しつけないように、フィットチェッカー等を用いて吸気口をふさぐ（連結管を有する場合は、連結管の吸気口をふさぐ又は連結管を握って閉塞させる)。息をゆっくり吸って、面体の顔面部と顔面との間から空気が面体内に流入せず、面体が顔面に吸いつけられることを確認する。
陽圧法	面体を顔面に押しつけないように、フィットチェッカー等を用いて排気口をふさぐ。息を吐いて、空気が面体内から流出せず、面体内に呼気が滞留することによって面体が膨張することを確認する。

第14章 健康情報の管理

1 労働安全衛生法と健康情報

労働安全衛生法は、事業者に対して、単にこの法律で定める労働災害の防止のための最低基準を守るだけでなく、快適な職場環境の実現と労働条件の改善を通じて職場における労働者の安全と健康を確保する義務を定め（安衛法３条１項)、そのために、以下のようにさまざまな労働者の健康情報を事業者が収集することを前提としており、基本的枠組みがプライバシー保護の要請に反しています。

・事業者は、各種の健康診断を実施（安衛法66条）し、その結果を記録し（同法66条の３)、有所見者について医師または歯科医師の意見を聴取（同法66条の４）する義務を課され、有所見者に保健指導を実施する努力義務（同法66条の７）を課されている。

・これらの健康診断等を実施するのは医師または歯科医師ですが、その結果は事業者に提供される。

・労働者は、健康診断の受診義務（同法66条５項）を課され、自らの健康情報を事業者に提供しなければならない。

・労働安全衛生法は、使用者に労働者に対する健康診断結果の通知義務を課し（安衛法66条の６)、面接指導等を義務付け（安衛法66条の８)、その面接指導結果の記録義務（同条３項）および面接指導結果に基づく医師の意見聴取義務（同条４項）等も課している。

・使用者の安全配慮義務（健康配慮義務）（労契法５条）を果たすためには、労働者の健康情報を把握しておくことが求められている。

産業医の選任が義務付けられていない50人未満の事業場はもちろん、専任の産業医のいない事業場では、事業主を始め人事あるいは総務の担当者が直接健康情報に触れる制度となっています。

このような制度のもとでは、労働者の健康情報を他に利用されることが危惧されます。労働者の健康情報が、勤務成績の査定、配置転換、昇格・昇進などの人事措置の決定等に不相当に利用されてはなりません。また、退職勧奨や解雇を行うことを目的として労働者の健康情報を収集するようなことがあってはなりません。

国際的には労働者の健康情報については特に厳格な取扱いが求められています。ILO「労働者の個人情報保護に関する行動準則」(1996年)の第6.7では、個人の医学的情報は、国内法、医学的秘密、および安全や保健の一般原則に適合する場合で、かつ、以下のような必要がある場合を除き収集されてはならないとしています。
(a) 労働者が特定の仕事に適合するか否かを判定するため。
(b) 職業上の安全衛生上の要請を履行するため。
(c) 社会給付に関する権利を判定したり、当該給付をなすため。
さらに、同準則第8.2では、医学的秘密に関する個人情報は、医学的な守秘義務のある者により、他の個人情報とは別の場所に保管されなければならないこと、第10.8および第10.9では、健康診断の結果について、事業者には、特定の業務への適正の有無のみが知らされるべきであること、その通知内容には医学的な情報を含まないことが定められています。

2 健康情報に関する法規制

「個人情報の保護に関する法律」(以下、個人情報保護法)はOECD「プライバシー保護と個人データの国際流通に関するガイドライン」(1980年)に示された8つの原則(1目的明確化の原則　2利用制限の原則　3収集制限の原則　4データ内容の原則　5安全保護の原則　6公開の原則　7個人参加の原則　8責任の原則)にしたがって、個人情報取扱事業者に、①利用目的の特定と通知、②目的外利用の禁止、③取得方法の制限、④データの正確性の確保、⑤安全管理措置(セキュリティー)の確保、⑥担当者や委託先の監督、⑦第三者提供の禁止、⑧本人への公表・開示、⑨本人による訂正・利用停止、⑩苦情の処理体制の確立を求める内容を規定しています。

したがって、労働安全衛生法による健康情報についても、個人情報保護法を遵守して収集や保管をしなければなりません。また、法定外の健康診断項目については、その情報を取得する場合は、事業者が労働者に説明の上で同意を得るべきであることを示しています（「雇用管理分野における個人情報のうち健康情報を取り扱うにあたっての留意事項」（平29.5.29　個情749基発0529第３号））。

労働者の健康情報の取扱いに関する法令、指針、通達
「個人情報保護法」（平成15年　改正平29.9.9、令2.6.12）
「個人情報の保護に関する法律についてのガイドライン」（通則編）（平28.11個人情報保護委員会）
「労働者の心身の状態に関する情報の適切な取扱いのために事業者が講ずべき措置に関する指針」（平30.9.7　労働者の心身の状態に関する情報の適正な取扱い指針公示第１号）
「雇用管理分野における個人情報のうち健康情報を取り扱うに当たっての留意事項」（平29.5.29　個情749号　基発0529第３号）
「職場における肝炎ウィルス感染に関する留意事項」（平16.12.8　基発1208003号）
「職場におけるエイズ問題に関するガイドライン」（平7.2.20　職発97号　改正平22.4.30　基発0430第２号　職発0430第７号）

3　健康情報の取扱いについての留意事項

労働安全衛生法等に基づき実施した健康診断の結果等の健康情報の取扱いについては、「個人情報の保護に関する法律についてのガイドライン」（通則編）により取り扱わなければなりません。また、「雇用管理分野における個人情報のうち健康情報を取り扱うに当たっての留意事項」（平29.5.29　個情749号　基発0529第３号）により適切に取り扱うことが求められています。

労働者の健康情報は、医療機関において「医療・介護関係事業者における個人情報の適切な取扱いのためのガイダンス」に基づき取り扱われ、また、健康保険組合において「健康保険組合等における個人情報の適切な取扱いのためのガイダンス」に基づき取り扱われることから、事業者は、特に安全管理措置等について、両ガイダンスの内容についても留意することが期待されています。

労働者の健康情報について、「雇用管理分野における個人情報のうち健康情報を取り扱うに当たっての留意事項」(平成29. 5. 29　個情749号　基発0529第３号）で以下枠内の例示がなされています。これらの例示以外にも、リスクアセスメント対象物健康診断（安衛則577条の２）や情報機器作業の健康診断などの行政指導による特殊健康診断の結果があります。

健康情報

① 産業医、保健師、衛生管理者その他の健康管理に関する業務に従事する者（以下「産業保健業務従事者」という。）が労働者の健康管理等を通じて得た情報

② 安衛法65条の２第１項の規定に基づき事業者が作業環境測定の結果の評価に基づいて、労働者の健康を保持するため必要があると認めたときに実施した健康診断の結果

③ 安衛法66条１項から４項までの規定に基づき事業者が実施した健康診断の結果並びに安衛法66条５項および66条の２の規定に基づき労働者から提出された健康診断の結果

④ 安衛法66条の４の規定に基づき事業者が医師または歯科医師から聴取した意見および66条の５第１項の規定に基づき事業者が講じた健康診断実施後の措置の内容

⑤ 安衛法66条の７の規定に基づき事業者が実施した保健指導の内容（健康診断の事後措置としての保健指導）

⑥ 安衛法66条の８第１項、安衛法66条の８の２第１項および安衛法66条の８の４第１項の規定に基づき事業者が実施した面接指導の結果および同条２項（66条の８の２第２項および66条の８の４第２項の規定により準用する場合を含む。）の規定に基づき労働者から提出された面接指導の結果（長時間労働者等の面接指導）

⑦ 安衛法66条の８第４項、安衛法66条の８の２第２項および安衛法66条の８の４第２項の規定に基づき事業者が医師から聴取した意見並びに安衛法66条の８第５項、安衛法66条の８の２第２項および安衛法66条の８の４第２項の規定に基づき事業者が高じた面接指導実施後の措置の内容（長時間労働者等の面接指導後の措置）

⑧ 安衛法66条の９の規定に基づき事業者が実施した面接指導または面

接指導に準ずる措置の結果
⑨　安衛法66条の10第１項の規定に基づき事業者が実施した心理的な負担の程度を把握するための検査（ストレスチェック）の結果
⑩　安衛法66条の10第３項の規定に基づき事業者が実施した面接指導の結果（高度プロフェッショナルの面接指導）
⑪　安衛法66条の10第５項の規定に基づき事業者が医師から聴取した意見および同条６項の規定に基づき事業者が講じた面接指導実施後の措置の内容（ストレスチェック関係）
⑫　安衛法69条１項の規定に基づく健康保持増進措置を通じて事業者が取得した健康測定の結果、健康指導の内容（健康教育）
⑬　労働者災害補償保険法27条の規定に基づき、労働者から提出された二次健康診断の結果
⑭　健康保険組合等が実施した健康診断等の事業を通じて事業者が取得した情報
⑮　受診記録、診断名等の療養の給付に関する情報
⑯　事業者が医療機関から取得した診断書等の診療に関する情報
⑰　労働者から欠勤の際に提出された疾病に関する情報
⑱　①から⑰までに掲げるもののほか、任意に労働者等から提供された本人の病歴、健康診断の結果、その他の健康に関する情報

4　健康情報の収集について

（1）労働者本人から直接入手が原則

健康情報等は「要配慮個人情報」（個人情報保護法２条３項）としてより慎重な取扱いをすべき情報と位置付けられています。個人情報取扱事業者は、次に掲げる場合を除くほか、あらかじめ本人の同意を得ないで、要配慮個人情報を取得してはなりません（個人情報保護法20条２項　個人情報保護法施行令９条）。

労働安全衛生法に基づく場合は以下の本人の同意不要で取得可能の要配慮個人情報①の法令に基づく場合に該当し、労働者の同意は不要です。したがって、上記健康情報の①から⑬については、労働者本人以外から入手する

ことが認められています。

本人の同意不要で取得可能の健康情報（個人情報保護法20条）

① 法令に基づく場合

② 人の生命、身体または財産の保護のために必要がある場合であって、本人の同意を得ることが困難であるとき

③ 公衆衛生の向上または児童の健全な育成の推進のために特に必要がある場合であって、本人の同意を得ることが困難であるとき。

④ 国の機関若しくは地方公共団体またはその委託を受けた者が法令の定める事務を遂行することに対して協力する必要がある場合であって、本人の同意を得ることにより当該事務の遂行に支障を及ぼすおそれがあるとき

⑤ 個人情報取扱事業者が学術研究機関等である場合であって、要配慮個人情報を学術研究目的で取り扱う必要があるとき（要配慮個人情報を取り扱う目的の一部が学術研究目的である場合を含み、個人の権利利益を不当に侵害するおそれがある場合を除く。）。

⑥ 学術研究機関等から要配慮個人情報を取得する場合であって、要配慮個人情報を学術研究目的で取得する必要があるとき（要配慮個人情報を取得する目的の一部が学術研究目的である場合を含み、個人の権利利益を不当に侵害するおそれがある場合を除く。）（個人情報取扱事業者と学術研究機関等が共同して学術研究を行う場合に限る。）。

⑦ 当該要配慮個人情報が、本人、国の機関、地方公共団体、学術研究機関等個人情報保護法57条１項各号に掲げる者その他個人情報保護委員会規則で定める者により公開されている場合

⑧ その他前各号に掲げる場合に準ずるものとして個人情報の保護に関する法律施行令９条で定める場合

i 本人を目視し、または撮影することにより、その外形上明らかな要配慮個人情報を取得する場合

ii 個人情報保護法27条５項各号（法41条６項の規定により読み替えて適用する場合および法42条２項において読み替えて準用する場合を含む。）に掲げる場合において、個人データである要配慮個人情報の提供を受けるとき。

Q14－1　健診機関から健康診断の結果を従業員に直接送付しています。会社には送られてこないので、従業員から提出してもらうことになっています。中には、個人情報だから渡さないという者がいるのですが、どうすればよいでしょうか。(産業保健スタッフ)

A　健康情報は労働者から直接入手することが原則とされていますが、法令に基づく場合や人の生命、身体または財産の保護のために必要がある場合であって、本人の同意を得ることが困難であるときなどは、労働者本人の同意によらずに健康情報を入手できるとされています。労働安全衛生法に基づく場合は法令に基づく場合に該当するので、労働者の同意は不要です。会社は、従業員の健康情報を把握し、就労上の配慮をしなければならないこと、もし、その情報を得られないのであれば、労働環境を十分に整備できず、仮に当該従業員に健康被害が発生したとしても使用者は安全配慮義務を負わない可能性もあります。このような事情を本人に説明して協力してもらいましょう。

(2) 同意による健康情報取得の場合の健康情報の取扱いの注意点

労働者の同意を得て健康情報を取得する場合は、利用目的をあらかじめ特定しなければなりません（個人情報保護法21条1項)。

あらかじめその利用目的を公表していない場合は、速やかに、その利用目的を、本人に通知するか、または公表しなければなりません（個人情報保護法18条)。

健康情報の取得をあらかじめ特定しておく方法として、入社時に健康情報の利用、第三者提供および利用目的について、以下の内容のような誓約書を取るという方法があります。就業規則にもそれらについて規定しておくとよいでしょう。

誓約書記載例

「採用にあたり会社に提出または提供しました個人情報（健康情報を含む）は、入社後提出、提供するものを含め、私の人事労務管理・給与・健康管理・安全管理・業務管理等に利用し、またこれを人事異動等のために出向、転籍、派遣先に提供し、またグループ会社間での人事等の取り扱いために利用すること、さらに基本情報について退職後は社友会名簿に掲載し、福利厚生案内等に利用することをあらかじめ承諾いたします。」

Q14−2 定期健康診断と同時実施する「がん検診」の同意について

弊社の子宮がん検診の受診率向上を図る目的で、定健と同時に婦人科検診を実施いたしました。社員の健康増進を目的として、の実施ですが、その際、定健（法定健診）と同時実施であっても、別途、婦人科検診の結果についての取り扱い等については、受診者全員に対して「同意書」を必要がありますか？　法定健診と同時実施の場合、オプトアウトという判断で宜しいのでしょうか？

A 1　がん検診の実施

がん検診などの法定外項目を取得する場合には、労働安全衛生法令等の法令に基づく場合や、人の生命、身体又は財産の保護のために必要がある場合であって、本人の同意を得ることが困難であるとき等を除き、その利用目的や取扱い方法等について労働者に周知した上で労働者本人の同意を得る必要があります。

「本人の同意を得（る）」とは、労働者本人の承諾する旨の意思表示を事業者等が認識することをいい、事業の性質及び健康情報等の取扱状況に応じ、本人が同意に係る判断を行うために必要と考えられる合理的かつ適切な方法で行う必要があります。

2　第三者提供

がん検診などの法定外健診については、あらかじめ本人の同意を得ないで、個人データを第三者に提供してはならないので（個人情報保護法27条）、同意を得ておく必要があります。

法定健診は安衛法に基づく健診なので第三者提供の同意は必要ありません。

5 個人データの第三者提供

個人情報取扱事業者は、次に掲げる場合を除くほか、あらかじめ本人の同意を得ないで、個人データを第三者に提供してはなりません（個人情報保護法27条）。

要配慮個人情報は、オプトアウト※により第三者に提供することはできません。

※「オプトイン」（opt-in）：本人から「事前の同意」を得ること。
「オプトアウト」（opt-out）：あらかじめ本人に対して個人データを第三者提供することについて通知または認識し得る状態にしておき、本人がこれに反対をしない限り、同意したものとみなし、第三者提供をすることを認めること。

本人同意の必要のない個人データの第三者提供（個人情報保護法27条）

① 法令に基づく場合
② 人の生命、身体または財産の保護のために必要がある場合であって、本人の同意を得ることが困難であるとき
③ 公衆衛生の向上または児童の健全な育成の推進のために特に必要がある場合であって、本人の同意を得ることが困難であるとき
④ 国の機関若しくは地方公共団体またはその委託を受けた者が法令の定める事務を遂行することに対して協力する必要がある場合であって、本人の同意を得ることにより当該事務の遂行に支障を及ぼすおそれがあるとき
⑤ 個人情報取扱事業者が学術研究機関等である場合であって、個人データの提供が学術研究の成果の公表または教授のためやむを得ないとき（個人の権利利益を不当に侵害するおそれがある場合を除く。）。
⑥ 個人情報取扱事業者が学術研究機関等である場合であって、個人データを学術研究目的で提供する必要があるとき（個人データを提供する目的の一部が学術研究目的である場合を含み、個人の権利利益を不当に侵害するおそれがある場合を除く。）（個人情報取扱事業者と第三者が共同して学術研究を行う場合に限る。）。
⑦ 第三者が学術研究機関等である場合であって、第三者が個人データを学術研究目的で取り扱う必要があるとき（個人データを取り扱う目

的の一部が学術研究目的である場合を含み、個人の権利利益を不当に侵害するおそれがある場合を除く。)。

法令に基づく場合の例

・特定健康診査の項目の事業主からのデータ提供

高齢者医療確保法27条により保険者は事業主からの健康診断の記録の提供を要求できる。ただし、特定健康診査に含まれない検査項目の取扱いについては、第三者に提供する場合は、労働者の同意を必要とする。

参照　第14章　11の表の下②の注釈

(1) 第三者提供の取扱い

ア　健康保険組合等について

あらかじめ本人の同意を得ないで、個人データを第三者に提供してはならないとされているので、職場から照会があった場合には、健保組合等は、本人の同意を得る必要があります。

健保組合等と共同で健康診断を実施する場合等において、個人情報保護法27条5項3号の要件である「三　特定の者との間で共同して利用される個人データが当該特定の者に提供される場合であって、その旨並びに共同して利用される個人データの項目、共同して利用する者の範囲、利用する者の利用目的および当該個人データの管理について責任を有する者の氏名または名称について、あらかじめ、本人に通知し、または本人が容易に知り得る状態に置いているとき。」を満たしている場合は、当該共同利用者は第三者に該当しないので、労働者の同意を得る必要はありません（「健康保険組合等における個人情報の適切な取扱いのためのガイダンス」平29.4.14)。

イ　医療機関からの情報収集について

労働者から診断書が提出されたときに、診断書以外の情報について主治医から健康情報を収集する必要がある場合は、主治医にとって第三者提供に該当します。主治医は労働者の同意を得なければ、会社に健康情報の提供はできません。

〈主治医から医療情報の提供を受ける〉

年　　月　　日

医療情報提供依頼書

病院
クリニック
先生御侍史

〒
株式会社
産業医　　　　　　　　印
電話

お忙しいところ大変恐縮に存じますが、下記１の弊社従業員の就業にあたり、現在の病状、治療内容、今後の見込み、生活・就業上の注意等について、情報提供およびご意見をいただければ幸いに存じます。なお、いただいた情報は、本人のプライバシー、医師の守秘義務は十分配慮し管理いたします。今後とも弊社の健康管理活動へのご協力をよろしくお願い申し上げます。

記

1　従業員
　氏　　名　　　　　　　　（ 男 ・ 女 ）
　生年月日　　　　　年　　　月　　　日
2　照会目的
　復職判定、出張判定、病状確認、就業制限の要否、就業制限解除判定
　その他（　　　　　　　　　　　　　　　　　　　）
3　現在の職務（危険有害業務、変則勤務、残業の有無等）

4　情報提供依頼事項
（1）病名
（2）治療経過

（3）現在の状態（業務に影響を与える症状および薬の副作用の可能性なども含めて）

（4）就業上の配慮に関するご意見（疾患の再燃・再発防止のために必要な注意事項など）

医療機関名 記入日　　　　年　　月　　日　　　主治医名　　　　　　　　印
（本人記入） 私は本情報提供依頼書に関する説明を受け、情報提供文書の作成並びに産業医への提出について同意します 年　　月　　日　　　　　氏名　　　　　　　　印

(2) 嘱託産業医について

労働安全衛生法は、産業医の選任と、産業医に労働者の健康管理等を行わせなければならない旨を罰則付きで規定しているので、産業医は外部の医師であっても第三者ではなく、事業者の措置義務者と解されています。

HIV感染者解雇事件（東京地裁　平7.3.30判決　労働判例667号14頁）

〈事件の概要〉

1992年９月親会社から派遣されてタイに行った労働者が就労ビザ取得のため健康診断を受けた。本人の承諾もなく、検査項目ではないHIV検査を医師が実施したところHIV陽性の結果が出た。病院から派遣先に、さらに派遣先から派遣元へ本人の同意を取らずに連絡した。同年10月派遣元から帰宅命令、日本で再検査を受けるよう勧奨、その後解雇された。

〈判決の内容〉

使用者の従業員に対するHIV告知行為とこの感染を理由とする解雇が違法で不法行為を構成するとされた。第三者への提供について、個人の病状に関する情報はプライバシーに属する事柄であり、とりわけHIV感染に関する情報は、HIV感染者に対する社会的偏見と差別の存在することを考慮すると、きわめて秘密性の高い情報に属するものであり、何人といえどもこの情報を第三者にみだりに漏えいすることは許されないとし、子会社社長が親会社に検査結果を伝えたことはプライバシー侵害にあたり、不法行為を構成するとされた。

6 健康情報の漏洩、滅失、毀損のための安全管理措置（個人情報保護法23条）

(1) 健康情報の管理体制について

① 健康情報を取扱う従業者とその権限を明確にする。

② 権限を与えられた者だけが業務の遂行上必要な限りにおいて健康情報を取扱う。

③ 健康情報の取扱者は健康情報を第三者に漏らしたり、不当な目的に使用してはならない。その業務を退いた後も守秘義務が課せられる。

④　健康情報の管理に当たる者の中から管理責任者を選任する。
⑤　健康情報管理責任者と健康情報を取扱う従業者に健康情報の保護措置に習熟させるための教育、研修を行う。

(2) 健康情報の適切な加工

①　健康診断の結果のうち診断名、検査値等のいわゆる生データの取扱いについては、産業医や保健師等の産業保健職員に行わせることが望ましい。
②　産業保健業務従事者以外の者に健康情報を取り扱わせる時は、必要に応じて健康情報を適切に加工した上で提供する等の措置を講ずること。

《実務のポイント～職場の上司への情報提供》

職場の上司は以下のような労働安全衛生法の規定に基づく健康管理措置を履行します。このような場合に、生データではなく、必要に応じて適切に加工した健康情報の提供を受けて行います。

安衛法62条　事業者は、中高年齢者その他労働災害の防止上その就業に当たって特に配慮を必要とする者については、これらの者の心身の条件に応じて適正な配慮を行うよう努めなければならない。
安衛法65条の3　事業者は、労働者の健康に配慮して、労働者の従事する作業を適切に管理するように努めなければならい。

7　保有個人データの開示請求（個人情報保護法33条）

（1）　事業者は、本人から、当該本人が識別される保有個人データの開示を求められたときは、本人に対し、書面の交付による方法（開示の求めを行った者が同意した方法があるときは当該方法）により、遅滞なく、当該保有個人データを開示しなければなりません。

ただし、次の各号のいずれかに該当する場合は、その全部または一部を開示しないことができます。開示しない旨の決定をしたときは、本人に対し、遅滞なく、その旨を通知しなければなりません。

①　保有個人データを開示することにより、本人または第三者の生命、身

体、財産その他の権利利益を害するおそれがある場合

② 保有個人データを開示することにより、当該事業者の業務の適正な実施に著しい支障を及ぼすおそれがある場合

③ 保有個人データを開示することが他の法令に違反することとなる場合

(2) 他の法令の規定により、本人が識別される保有個人データの全部または一部を、当該本人に対し(1)に規定する方法に相当する方法で開示することとなる場合には、(1)の規定は適用しません。

(3) 事業者は、労働者等本人から開示を求められた保有個人データについて、あらかじめ労働組合等と必要に応じ協議した上で、その全部または一部を開示することによりその業務の適正な実施に著しい支障を及ぼすおそれがある場合に該当するとして非開示とすることが想定される保有個人データの開示に関する事項を定め、労働者等に周知させるための措置を講ずるよう努めなければなりません。

8 苦情処理(個人情報保護法40条)

事業者は、雇用管理に関する個人情報の取扱いに関する苦情の適切かつ迅速な処理を行うため苦情および相談を受け付けるための窓口の明確化等必要な体制の整備に努めなければなりません。

9 健康情報の収集制限

HIV検査やB型肝炎等のように職場において感染したり、蔓延したりする可能性が低い感染症に関する情報や色覚検査等の遺伝情報については、職業上の特別な必要性がある場合を除き、労働者から取得すべきではありません(「雇用管理に関する個人情報のうち健康情報を取り扱うに当たっての留意事項について」)。

労働者の採用選考を行うに当たって、応募者の適性・能力を判断する上で真に合理的かつ客観的必要性がある場合を除き、肝炎ウィルス検査を行ってはなりません。真に必要な場合であっても、応募者に対して検査内容とその

必要性についてあらかじめ十分な説明を行ったうえで実施する必要があります（「職場における肝炎ウィルス感染に関する留意事項」平16.12.8　基発128001号、職発128001号）。

国民金融公庫事件（東京地裁　平15.6.20.判決　労働判例854号５頁）

〈事件の概要〉

平成９年５月から４回の面接試験や適性検査を受けたＸは翌６月および７月、Ｂ型肝炎ウイルス感染の有無を判定するため２回の血液検査を受け陽性と判明後、同年９月にＹから不採用通知を受けた。採用時に、同意なしになされたＢ型肝炎検査で陽性が判明し、内定が取消されたとして1500万円の損害賠償を求めた。

〈判決の内容〉

Ｂ型肝炎ウイルスの感染経路や労働能力との関係について社会的な誤解や偏見が存在し、特に求職や就労の機会に感染者に対する誤った対応が行われることがあった事実を指摘して、Ｂ型肝炎ウイルスのキャリアであることは、「他人にみだりに知られたくない情報」としてプライバシー権の１つであるとした。企業は、採用選考の応募者に対し、特段の事情がない限り、Ｂ型肝炎ウイルス感染の有無について情報を取得するための調査を行ってはならず、調査の必要性が肯定できる場合でも、調査の目的や必要性を事前に説明し、同意を得ることが必要というべきであり、このことは、Ｂ型肝炎ウイルスに関する病状を判定する精密検査についても当てはまる。調査の目的や必要性について何らの説明もなく、本人の同意も得ることなく、被告が、原告に、ウイルス感染、ウイルス量、感染力等についての精密検査を受検させた行為は、企業が、採用選考の応募者に対し、本人の同意なくＢ型肝炎ウイルスに関する病状を調査する行為であるから、原告のプライバシー権を侵害するものとして違法である。しかし、検査結果と不採用との因果関係については、「当時、内定が確実な段階ではなかった」などから、「感染だけを理由に不採用になったとは言えない」と、これを否定した。

T工業（HIV解雇）事件（千葉地裁　平12.6.12判決　労働判例785号10頁）

〈事件の概要〉

平成９年９月17日被告会社に雇用されその工場に勤務していた日系ブラジル人である原告が、同年11月被告Ｓの経営する一病院で定期健康診断を受けた際に原告の同意なくHIV抗体検査が行われたことについて、①被告会社については、原告に無断でHIV抗体検査を医療機関に依頼し、検査結果が記載された検査結果票を受け取るなどの行為が、②被告Ｓについては、原告に無断でHIV抗体検査を行い、その検査結果票を被告会社に交付するなどの行為が、原告の情報プライバシー権を侵害するものであるとして、被告それぞれに慰謝料の支払いを求めるとともに、HIV感染を理由に不当解雇されたことについて雇用契約上の権利を有する地位にあることの確認を求めた。

〈判決の内容〉

個人のHIV感染に関する情報は保護されるべきであり、事業主がその従業員についてHIV感染の有無を知る必要性は通常認められないことからすれば、事業主であっても、特段の必要性がない限り、HIV抗体検査等によってHIV感染に関する従業員の個人情報を取得し、あるいは取得しようとしてはならず、右特段の必要性もないのにHIV抗体検査を行うことはプライバシーの権利を侵害するとされた。

被告会社が、定期健康診断の際に、原告の同意なくHIV抗体検査を行ったことは、原告のプライバシーを不当に侵害するとともに、感染を実質的な理由としてなされた解雇も、正当な理由を欠くものであって解雇権の濫用として無効であるとされた。

HIV抗体検査を実施する医療機関においては、たとえ事業主からの依頼があったとしても、本人の承諾を得ないままHIV抗体検査を行ったり、本人以外の者にその検査結果を知らせたりすることは、プライバシーの侵害に当たるとされた。

10 保管について

医療上の個人情報は、後掲11の健康情報取扱規程に定められた健康情報等の取扱い者が他の個人情報とは別途に保管しなければなりません。収集目的に照らして保管する必要がなくなった個人情報については、速やかに廃棄または削除しなければなりません。

《実務のポイント～健康診断個人票保存期間》

健康診断個人票およびエックス線フィルム（CD）については、保存年限が決められているのでそれを遵守しなければなりません。保存期間については第５章　健康診断９(1)結果の記録と保存参照。保存期間を経過した健康診断個人票等は廃棄あるいは本人に返還するのが個人情報管理からは望ましいといえます。しかし、安全配慮義務履行の証明等の観点からは、相当期間保存しておくことが必要です。

11 健康情報等の取扱規程

(1) 健康情報等の取扱規程

労働安全衛生法は、前記１のように、事業者に対して、この法律で定める労働災害の防止のための最低基準を守るだけでなく、快適な職場環境の実現と労働条件の改善を通じて職場における労働者の安全と健康を確保する義務を定め（安衛法３条１項）、そのために、さまざまな労働者の健康情報を事業者が収集することを前提としており、基本的枠組みがプライバシー保護の要請に反しています。

このような制度のもとでは、労働者の健康情報が、勤務成績の査定、配置転換、昇格・昇進などの人事措置の決定等に不相当に利用されたり、退職勧奨や解雇を行うことを目的として労働者の健康情報を収集されたりするおそれがあります。

そこで、事業場においては、労使の話合いに基づき、事業場の状況に応じた「健康情報等の取扱規程」を策定し、労働者に周知し、健康情報の適正な取扱いが確保されることで労働者が不安を抱くことなく、自身の健康に関する情報を事業者に提供する環境を整備することが必要です。

取扱規程の策定に当たっては、衛生委員会等（含む常時50人未満の事業場の安衛則23条の２に定める関係労働者の意見を聴く機会）で労使関与の下で検討し、策定したものは就業規則その他の社内規程等に定め、当該文書を常時作業場の見やすい場所に掲示、備え付けまたはイントラネットに掲載を行う等の方法により周知する必要があります。

心身の状態に関する情報の取扱いについて事業者が講ずべき措置の適切かつ有効な実施を図るため、労働安全衛生法104条３項およびじん肺法35条の３第３項に基づき、「労働者の心身の状態に関する情報の適正な取扱いのために事業者が講ずべき措置に関する指針」（平30. 9. 7　労働者の心身の状態に関する情報の適正な取扱い指針公示第１号）が公表されています。この指針によると、取扱規程に定めるべき事項は以下のとおりです。

取扱規程に定めるべき事項

①　心身の状態の情報を取り扱う目的および取扱方法
②　心身の状態の情報を取り扱う者およびその権限並びに取り扱う心身の状態の情報の範囲
③　心身の状態の情報を取り扱う目的等の通知方法および本人同意の取得方法
④　心身の状態の情報の適正管理の方法
⑤　心身の状態の情報の開示、訂正等（追加および削除を含む。以下同じ。）および使用停止等（消去および第三者への提供の停止を含む。以下同じ。）の方法
⑥　心身の状態の情報の第三者提供の方法
⑦　事業承継、組織変更に伴う心身の状態の情報の引継ぎに関する事項
⑧　心身の状態の情報の取扱いに関する苦情の処理
⑨　取扱規程の労働者への周知の方法

心身の状態の情報の取扱いの原則（情報の性質による分類）

心身の状態の情報の分類	具体例	取扱いの原則
①　労働安全衛生法令に基づき事業者が直接取り扱うこととされ安全衛生法令に定める義務を履行するために、事業者が必ず取り扱わなければならない心身の状態の情報	健康診断：受診・未受診の情報、事後措置について医師から聴取した意見 長時間労働：面接指導の申出の有無、面接指導の事後措置について医師から聴取した意見 ストレスチェック：面接指導の申出の有無、高ストレスと判定された者に対する面接指導の事後措置について医師から聴取した意見	全ての情報をその取扱いの目的の達成に必要な範囲を踏まえて、事業者等が取り扱う必要がある。 それらに付随する健康診断の結果等の心身の状態の情報については、②の取扱いの原則に従って取り扱う必要がある。
②　労働安全衛生法令に基づき事業者が労働者本人の同意を得ずに収集することが可能であるが、事業場ごとの取扱規程により事業者等の内部における適正な取扱いを定めて運用することが適当である心身の状態の情報	健康診断の結果（法定の項目） 健康診断の再検査の結果（法定の項目と同一のものに限る。） 長時間労働者に対する面接指導の結果 ストレスチェックの結果、高ストレスと判定された者に対する面接指導の結果	事業者等は、当該情報の取扱いの目的の達成に必要な範囲を踏まえて、取り扱うことが適切である。そのため、事業場の状況に応じて、 ・情報を取り扱う者を制限する。 ・情報を加工する等、事業者等の内部における適切な取扱いを取扱規程に定め、また、当該取扱いの目的および方法等について労働者が十分に認識できるよう、丁寧な説明を行う等の当該取扱いに対する労働者の納得性を高める措置を講じた上で、取扱規程を運用する必要がある。
③　労働安全衛生法令において事業者	健康診断：法定外の項目の結果、保健指導の結果、再	個人情報の保護に関する法律に基づく適切な取扱いを確

が直接取り扱うことについて規定されていないため、あらかじめ労働者本人の同意を得ることが必要であり、事業場ごとの取扱規程により事業者等の内部における適正な取扱いを定めて運用することが必要である心身の状態の情報	検査の結果（法定の項目と同一のものを除く。）、健康診断の精密検査の結果、がん検診の結果 健康相談の結果 職場復帰のための面接指導の結果 治療と仕事の両立支援等のための医師の意見書 通院状況等疾病管理のための情報	保するため、事業場ごとの取扱規程に則った対応を講じる必要がある。

②の心身の状態の情報について、労働安全衛生法令に基づき行われた健康診断の結果のうち、特定健康診査および特定保健指導の実施に関する基準（平成19年厚生労働省令第157号）２条各号に掲げる項目については、高齢者の医療の確保に関する法律27条３項の規定により、事業者は保険者の求めに応じて健康診断の結果を提供しなければならないこととされているため、労働者本人の同意を得ずに事業者から保険者に提供できる。

③の心身の状態の情報について、「あらかじめ労働者本人の同意を得ることが必要」としているが、 個人情報の保護に関する法律20条２項各号に該当する場合（４、（１）参照）は、あらかじめ労働者本人の同意は不要である。また、労働者本人が自発的に事業者に提出した心身の状態の情報については、「あらかじめ労働者本人の同意」を得たものと解されるが、当該情報について事業者等が医療機関等に直接問い合わせる場合には、別途、労働者本人の同意を得る必要がある。

(2) 心身の状態の情報の適正な取扱いのための体制の整備

心身の状態の情報の取扱いに当たっては、前掲「心身の状態の情報の取扱いの原則」の表の右欄に掲げる心身の状態の情報の取扱いの原則のうち、特に心身の状態の情報の加工に係るものについては、主に、医療職種を配置している事業場での実施が想定されています。

なお、健康診断の結果等の記録については、事業者の責任の下で、健康診断を実施した医療機関等と連携して加工や保存を行う場合においても、取扱規程においてその取扱いを定めた上で、健康確保措置を講じるために必要な心身の状態の情報は、事業者等が把握し得る状態に置く等の対応が必要とされています。

「労働者の心身の状態に関する情報の適正な取扱いのために事業者が講ずべき措置に関する指針」（平30. 9. 7　労働者の心身の状態に関する情報の適正な取扱い指針公示第１号　改正令4. 3. 31　労働者の心身の状態に関する情報の適切な取扱い指針公示第２号）

https://www.jaish.gr.jp/anzen/hor/hombun/hor1-20/hor1-20-19-1-0.htm

「事業場における労働者の健康情報等の取扱規程を策定するための手引き」

https://www.mhlw.go.jp/content/000497426.pdf

第15章 パワーハラスメント対策

1 企業のパワハラ対策義務

職場におけるパワーハラスメント防止のために、雇用管理上必要な措置を講じることが事業主の義務とされています（労働施策総合推進法30条の２第１項)。措置を講じていない場合には都道府県労働局雇用環境・均等部指導課による是正指導の対象となります。事業主が具体的に講ずべき措置等は、**「事業主が職場における優越的な関係を背景とした言動に起因する問題に関して雇用管理上講ずべき措置等についての指針」**（以下「**パワハラ指針**」という。)（令和２年１月15日厚生労働省告示第５号）に示されています。

2 パワハラ指針

(1) パワーハラスメントの定義

職場におけるパワーハラスメントは、
　職場において行われる
　①**優越的な関係を背景とした**言動であって、
　②**業務上必要かつ相当な範囲を超えたもの**により、
　③**労働者**の就業環境が害されること
であり、**①から③までの要素を全て満たすもの**をいう。
（パワハラ指針２、(１))

「**職場**」とは、
　事業主が雇用する労働者が業務を遂行する場所を指し、
　当該労働者が通常就業している場所以外の場所であっても、当該労働者が業務を遂行する場所
が含まれる。(パワハラ指針２、(２))
「職場」には、
・出張先、業務で使用する車中および取引先との打ち合わせの場所（接待の席も含む。）等も含まれる。

・勤務時間外の「懇親の場」、社員寮や通勤中等であっても、実質上職務の延長と考えられるものは職場に該当する。
・その判断に当たっては、職務との関連性、参加者、参加や対応が強制的か任意か等を考慮して個別に行うものであること。

「労働施策の総合的な推進並びに労働者の雇用の安定および職業生活の充実等に関する法律第8章の規定等の運用について」(平2. 2. 10 雇均発0210第1号)

「**労働者**」とは

・パートタイム労働者、契約社員などいわゆる非正規雇用労働者も含む。
・派遣労働者については、労働者派遣法47条の4の規定により、派遣先も派遣労働者を雇用する事業主とみなされる。(「パワハラ指針」2(3))

(2) 職場におけるパワーハラスメントの内容

①「優越的な関係を背景とした」言動とは

当該事業主の業務を遂行するに当たって、当該言動を受ける労働者が当該言動の行為者とされる者（以下「行為者」という。）に対して**抵抗または拒絶することができない蓋然性が高い関係**を背景として行われるものを指す（パワハラ指針2、(4))。

例：・職務上の地位が上位の者による言動
・同僚または部下による言動で、当該言動を行う者が業務上必要な知識や豊富な経験を有しており、当該者の協力を得なければ業務の円滑な遂行を行うことが困難であるもの
・同僚または部下からの集団による行為で、これに抵抗または拒絶することが困難であるもの

②業務上必要かつ相当な範囲を超えたもの

社会通念に照らし、当該言動が明らかに当該事業主の業務上必要性がない、またはその態様が相当でないものを指し、例えば、以下のもの等が含まれる。

・業務上明らかに必要性のない言動

・業務の目的を大きく逸脱した言動

・業務を遂行するための手段として不適当な言動

・当該行為の回数、行為者の数等、その態様や手段が社会通念に照らして許容される範囲を超える言動

この判断に当たっては、様々な**要素（当該言動の目的、当該言動を受けた労働者の問題行動の有無や内容・程度を含む当該言動が行われた経緯や状況、業種・業態、業務の内容・性質、当該言動の態様・頻度・継続性、労働者の属性や心身の状況、行為者の関係性等）**を総合的に考慮することが適当である。また、その際には、個別の事案における労働者の行動が問題となる場合は、その内容・程度とそれに対する指導の態様等の相対的な関係性が重要な要素となることについても留意が必要である（パワハラ指針２、（５））。

労働者の「属性」：例えば、労働者の経験年数や年齢、障害がある、外国人である等

労働者の「心身の状況」：精神的または身体的な状況や疾患の有無等が含まれ得ること。

労働者に問題行動があった場合であっても、人格を否定するような言動など業務上必要かつ相当な範囲を超えた言動がなされれば、当然職場におけるパワーハラスメントに当たり得ること（平2.2.10　雇均発0210第１号）。

③労働者の就業環境が害される（職場におけるパワハラ指針２、（６））

○当該言動により労働者が身体的または精神的に苦痛を与えられ、労働者の就業および就業環境が不快なものとなったため、能力の発揮に重大な悪影響が生じる等当該労働者が就業する上で看過できない程度の支障が生じること

○この判断に当たっては、「平均的な労働者の感じ方」、すなわち、同様の状況で当該言動を受けた場合に、社会一般の労働者が、就業する上で看過できない程度の支障が生じたと感じるような言動であるかどうかを基準とすることが適当

(3) 職場におけるパワーハラスメントの代表的な言動の類型

「指針に掲げる典型的な例に関しては、個別の事案の状況等によって判断が異なる場合もあり得ること、また、限定列挙ではないこと」ということです（令2.2.10　雇均発0210第１）。

代表的な言動の類型	（イ）　該当すると考えられる例	（ロ）　該当しないと考えられる例
(1)　身体的な攻撃 （暴行・傷害）	①　殴打、足蹴りを行う ②　相手に物を投げつける	①　誤ってぶつかる
(2)　精神的な攻撃 （脅迫・名誉棄損・侮辱・ひどい暴言）	①　人格を否定するような言動を行う。相手の性的指向・性自認に関する侮辱的な言動を含む（※１） ②　業務の遂行に関する必要以上に長時間にわたる厳しい叱責を繰り返し行う ③　他の労働者の面前における大声での威圧的な叱責を繰り返し行う ④　相手の能力を否定し、罵倒するような内容の電子メール等を当該相手を含む複数の労働者宛てに送信する	①　遅刻など社会的ルールを欠いた言動が見られ、再三注意してもそれが改善されない労働者に対して一定程度強く注意をする ②　その企業の業務の内容や性質等に照らして重大な問題行動を行った労働者に対して、一定程度強く注意をする
(3)　人間関係からの切り離し （隔離・仲間外し・無視）	①　自身の意に沿わない労働者に対して、仕事を外し、長期間にわたり、別室に隔離したり、自宅研修させたりする ②　一人の労働者に対して同僚が集団で無視をし、職場で孤立させる	①　新規に採用した労働者を育成するために短期間集中的に別室で研修等の教育を実施する。 ②　懲戒規定に基づき処分を受けた労働者に対し、通常の業務に復帰させるために、その前に、一時的に別室で必要な研修を受けさせる
(4)　過大な要求 （業務上明らかに不要なことや遂行不可能なことの強制・仕事の妨害）	①　長期間にわたる、肉体的苦痛を伴う過酷な環境下での勤務に直接関係のない作業を命ずる ②　新卒採用者に対し、必要な教育を行わないまま到底対応できないレベルの業績目標を課し、達成できなかったことに対し厳しく叱責する ③　労働者に業務とは関係のない私的な雑用の処理を強制的に行わせる	①　労働者を育成するために現状よりも少し高いレベルの業務を任せる ②　業務の繁忙期に、業務上の必要性から、当該業務の担当者に通常時よりも一定程度多い業務の処理を任せる
(5)　過小な要求 （業務上の合理	①　管理職である労働者を退職させるため、誰でも遂行可能な業務を行わせる ②　気にいらない労働者に対して嫌がらせ	①　労働者の能力に応じて、一定程度業務内容や業務量を軽減する

性なく能力や経験とかけ離れた程度の低い仕事を命じることや仕事を与えないこと）	のために仕事を与えない	
(6)　個の侵害（私的なことに過度に立ち入ること）	①　労働者を職場外でも継続的に監視したり、私物の写真撮影をしたりする ②　労働者の性的指向・性自認や病歴、不妊治療等の機微な個人情報について、当該労働者の了解を得ずに他の労働者に暴露する（※２）	①　労働者への配慮を目的として、労働者の家族の状況等についてヒアリングを行う ②　労働者の了解を得て、当該労働者の機微な個人情報（左記）について、必要な範囲で人事労務部門の担当者に伝達し、配慮を促す

※１　相手の性的指向・性自認の如何は問いません。また、一見、特定の相手に対する言動ではないように見えても、実際には特定の相手に対して行われていると客観的に認められる言動は含まれます。なお、性的指向・性自認以外の労働者の属性に関する侮辱的な言動も、職場におけるパワーハラスメントの３つの要素を満たす場合には、これに該当します。

※２　プライバシー保護の観点から、⑹②のように機微な個人情報を暴露することのないよう、労働者に周知・啓発する等の措置を講じることが必要です。

「性的指向」「性自認」とは？

○　恋愛感情または性的感情の対象となる性別についての指向のことを「性的指向（Sexual Orientation」、自己の性別についての認識のことを「性自認（Gender Identity」といいます。性的指向や性自認は全ての人に関係する概念であり、その在り方は人によって様々です。男性に惹かれる人・女性に惹かれる人・どちらにも惹かれる人・どちらにも惹かれない人と、恋愛対象は人それぞれですし、「自分は男性(または女性)」と思う人もいれば、「どちらでもない」や「どちらでもある」と思う人もいます。

性的指向や性自認への理解を深め、差別的言動や嫌がらせが起こらないようにすることが重要です。

○　性的指向・性自認に関する言動や性的指向・性自認に関する望まぬ暴露であるいわゆる「アウティング」は、職場におけるパワーハラスメントの定義の３つの要素を満たす場合には、これに該当します。

加えて、特定の相手に向けられたものではない言動であっても、性的指向・性自認に関する侮辱的な言動は、周囲の誰かを傷つけてしまうかもしれません。自らの性的指向・性自認について他者に伝えるいわゆる「カミングアウト」を行っていない人がいること等にも留意し、性的指向・性自認にかかわらず誰もが働きやすい職場環境づくりに向け、こうした言動にも気をつけましょう。

○　また、職場におけるセクシュアルハラスメントには、相手の性的指向または性自認にかかわらず、該当することがあり得ます。

「ホモ」「オカマ」「レズ」などを含む言動は、セクシュアルハラスメントやパワーハラスメントの背景にもなり得ます。また、性的性質を有する言動はセクシュアルハラスメントに該当します。

（厚生労働省「職場におけるパワーハラスメント対策が事業主の義務になりました！」）

(4) 職場におけるパワーハラスメントを防止するために講ずべき措置

事業主は、「パワハラ指針」で示されている以下の職場におけるパワーハラスメントを防止するために講ずべき措置を行わなければなりません（労働施策推進法30条の２第１項）。

職場におけるパワハラ指針４

◇　事業主の方針の明確化およびその周知・啓発

1　職場におけるパワハラの内容・パワハラを行ってはならない旨の方針を明確化し、管理監督者を含む労働者に周知・啓発すること

例　①　就業規則等において、職場におけるパワーハラスメントを行ってはならない旨の方針を規定し、当該規定と併せて、職場におけるパワーハラスメントの内容およびその発生の原因や背景を労働者に周知・啓発すること。

②　社内報、パンフレット、社内ホームページ等広報または啓発のための資料等に職場におけるパワーハラスメントの内容およびその発生の原因や背景並びに職場におけるパワーハラスメントを行ってはならない旨の方針を記載し、配布等すること。

③　職場におけるパワーハラスメントの内容およびその発生の原因や背景並びに職場におけるパワーハラスメントを行ってはならない旨の方針を労働者に対して周知・啓発するための研修、講習等を実施すること。

2　行為者について厳正に対処する旨の方針・対処の内容を就業規則等の文書に規定し、労働者に周知・啓発すること

例　①　就業規則等において、職場におけるパワーハラスメントに係る言動を行った者に対する懲戒規定を定め労働者に周知・啓発すること。

②　職場におけるパワーハラスメントに係る言動を行った者は、現行の就業規則等で定められている懲戒規定の適用の対象となる旨を明確化し、これを労働者に周知・啓発すること。

◇　相談に応じ、適切に対応するために必要な体制の整備

1　相談窓口をあらかじめ定め、労働者に周知すること

例　①　相談に対応する担当者をあらかじめ定めること。

②　相談に対応するための制度を設けること。

③　外部の機関に相談への対応を委託すること。

2　相談窓口担当者が、内容や状況に応じ適切に対応できるようにすること

被害を受けた労働者が萎縮するなどして相談を躊躇する例もあること等も踏まえ、相談者の心身の状況や当該言動が行われた際の受け止めなどその認識にも配慮しながら、職場におけるパワハラの発生のおそれがある場合や、パワハラに該当するか否か微妙な場合であっても、広く相談に対応すること

例　①　相談窓口の担当者が相談を受けた場合、その内容や状況に応じて、相談窓口の担当者と人事部門とが連携を図ることができる仕組みとすること。

②　相談窓口の担当者が相談を受けた場合、あらかじめ作成した留意点などを記載したマニュアルに基づき対応すること。

③　相談窓口の担当者に対し、相談を受けた場合の対応についての研修を行うこと。

◇ 職場におけるパワーハラスメントにかかる事後の迅速かつ適切な対応

1　事実関係を迅速かつ正確に確認すること

例　①　相談窓口の担当者、人事部門または専門の委員会等が、相談者および行為者の双方から事実関係を確認すること。

その際、相談者の心身の状況や当該言動が行われた際の受け止めなどその認識にも適切に配慮すること。

相談者と行為者との間で事実関係に関する主張に不一致があり、事実の確認が十分にできないと認められる場合には、第三者からも事実関係を聴取する等の措置を講ずること。

②　事実関係を迅速かつ正確に確認しようとしたが、確認が困難な場合などにおいて、労働施策総合推進法第30条の６に基づく調停※の申請を行うことその他中立な第三者機関に紛争処理を委ねること。

※都道府県労働局、優越的言動問題調停会議による調停

2　速やかに被害者に対する配慮の措置を適正に行うこと

例　①　事案の内容や状況に応じ、被害者と行為者の間の関係改善に向けての援助、被害者と行為者を引き離すための配置転換、行為者の謝罪、被害者の労働条件上の不利益の回復、管理監督者または事業場内産業保健スタッフ等による被害者のメンタルヘルス不調への相談対応等の措置を講ずること。

②　労働施策総合推進法第30条の６に基づく調停その他中立な第三者機関の紛争解決案に従った措置を被害者に対して講ずること。

3　行為者に対する措置を適正に行うこと

例　①　就業規則等の職場におけるパワーハラスメントに関する規定等に基づき、行為者に対して必要な懲戒その他の措置を講ずること。

事案の内容や状況に応じ、被害者と行為者の間の関係改善に向けての援助、被害者と行為者を引き離すための配置転換、行為者の謝罪等の措置を講ずること。

②　労働施策総合推進法第30条の６に基づく調停その他中立な

第三者機関の紛争解決案に従った措置を行為者に対して講ずること。

4　再発防止に向けた措置を講ずること（事実確認ができなかった場合も同様）

例　①　職場におけるパワーハラスメントを行ってはならない旨の方針および職場におけるパワーハラスメントに係る言動を行った者について厳正に対処する旨の方針を、社内報、パンフレット、社内ホームページ等広報または啓発のための資料等に改めて掲載し、配布等すること。

②　労働者に対して職場におけるパワーハラスメントに関する意識を啓発するための研修、講習等を改めて実施すること。

◇　そのほか併せて講ずべき措置

1　相談者・行為者等のプライバシーを保護するために必要な措置を講じ、周知すること

例　①　相談者・行為者等のプライバシーの保護のために必要な事項をあらかじめマニュアルに定め、相談窓口の担当者が相談を受けた際には、マニュアルに基づき対応するものとすること。

②　相談者・行為者等のプライバシーの保護のために、相談窓口の担当者に必要な研修を行うこと。

③　相談窓口においては相談者・行為者等のプライバシーを保護するために必要な措置を講じていることを、社内報、パンフレット、社内ホームページ等広報または啓発のための資料等に掲載し、配布等すること。

2　相談したこと等を理由として、解雇その他不利益取扱いをされない旨を定め、労働者に周知・啓発すること

例　①　就業規則等に、パワーハラスメントの相談等を理由として、労働者が解雇等の不利益な取扱いをされない旨を規定し、労働者に周知・啓発をすること。

②　社内報、パンフレット、社内ホームページ等広報または啓発のための資料等に、パワーハラスメントの相談等を理由と

して、労働者が解雇等の不利益な取扱いをされない旨を記載し、労働者に配布等すること。

(5) 職場における優越的な関係を背景とした言動に起因する問題に関し行うことが望ましい取組の内容

「パワハラ指針」はさらに、職場における優越的な関係を背景とした言動に起因する問題に関し行うことが望ましい取組を以下のように示しているので、義務ではありませんが事業主はこれらの取組を実施するのが望まれます。

職場におけるパワハラ指針5

◇ セクハラ、妊娠・出産・育児休業等に関するハラスメント等と一元的に相談に応じることのできる体制の整備

1 相談窓口で受け付けることのできる相談内容の明示と周知をすること

■ 相談窓口で受け付けることのできる相談として、パワーハラスメントだけでなく、セクシュアルハラスメント、妊娠・出産・育児休業等に関するハラスメント等も明示すること。

■ セクシュアルハラスメントの相談窓口が、パワーハラスメントや妊娠・出産・育児休業等に関するハラスメント等の相談窓口を兼ねることとし、全ての労働者に周知すること。

2 職場におけるパワーハラスメントの原因や背景となる要因を解消するため、次の取組を行うこと

■ コミュニケーションの活性化や円滑化のために研修等の必要な取組を行うこと

■ 適正な業務目標の設定等の職場環境の改善のための取組を行うこと

(6) 自らの雇用する労働者以外の者に対する言動に関し行うことが望ましい取組の内容

職場におけるパワハラ指針6

■　他の事業主が雇用する労働者、就職活動中の学生等の求職者、労働者以外の者（個人事業主などのフリーランス、インターンシップを行う者、教育実習生等）に対しても同様の方針を併せて示すこと

■　雇用管理上の措置全体も参考にしつつ、適切な相談対応等に努めること

(7) 雇用する労働者等からのパワーハラスメントや顧客等からの著しい迷惑行為に関し行うことが望ましい取組

職場におけるパワハラ指針7

1　**相談に応じ、適切に対応するために必要な体制の整備**

■　相談先をあらかじめ定め、これを労働者に周知すること。

■　相談を受けた者が、相談に対し適切に対応できるようにすること。

2　**被害者への配慮のための取組**

著しい迷惑行為が認められた場合には、速やかに被害者に対する配慮の取組を行うことが望ましい。

3　**他の事業主が雇用する労働者等からのパワーハラスメントや顧客等からの著しい迷惑行為による被害を防止するための取組**

■　被害防止のための取組

・マニュアル作成や研修の実施等、業種・業態等の状況に応じた取組

・業種・業態等における被害の実態や業務の特性を踏まえて、それぞれの状況に応じた必要な取り組みを進めることも効果的である。

3 パワーハラスメントと企業の法的責任

(1) 加害者の責任

暴力や脅迫をするパワハラについては、加害者が刑事責任を追及されることもありえます。被害者が、使用者（会社）だけでなく、加害者に対して謝罪や損害賠償を請求することもあります。

刑事責任	：暴行罪（刑法208条）、脅迫罪（同法222条）、侮辱罪（同法231条）、名誉毀損罪（同法230条）等
民事責任 （不法行為）	：故意または過失によって他人の権利または法律上保護される利益を侵害した者は、これによって生じた損害を賠償する責任を負う（民法709条）。

(2) 事業主の責任

パワハラを行った社員を使用している会社（個人事業主）も民法715条の「使用者責任」が問われます。また、労働者への安全配慮義務（労働契約法5条)を怠ったとして、債務不履行責任も当然問われる可能性があります(民法415条)。

(3) 労災保険の給付

第17章参照

Q15－1 介護施設ですが、利用者の家族からの嫌がらせがあります。その人は夕方来られて夜9時頃まで、職員のやることを監視しているのです。職員が精神的負担を感じており、困っています。利用者の家族からの言動で精神疾患になった場合でも労災の請求ができますか。
（衛生管理者）

A 「心理的負荷による精神障害の認定基準」（令5.9.1　基発0901第2号）の具体的出来事の中には、「27顧客や取引先、施設利用者等から著しい迷惑行為を受けた」というものがあり、その程度が「強」と認められれば､業務上と認定される可能性があるということになっています。

認定基準では、出来事の事例が示されていますが、利用者から嫌がらせを受けたという事例はないので、それに近い出来事にあてはめをします。

具体的な出来事の27の【「強」になる例】として、「・通常なら拒むことが明らかな注文（業績の著しい悪化が予想される注文、違法行為を内包する注文等）ではあるが、重要な顧客や取引先からのものであるためこれを受け、他部門や別の取引先と困難な調整に当たった」という例が記載されています。これを参考にすると、嫌がらせの内容によっては「強」と認められる可能性があります。

Q15−2　外部専門家というのは、どのようなものをいうのですか。

A　外部専門家というのは、有料のEAPサービス（※）のことを意味していると思います。無料の相談窓口が、厚生労働省のパワハラ対策のホームページ「明るい職場応援団」に紹介されていますが、労働局の総合労働相談や法務省のみんなの人権110番などがあります。

明るい職場応援団　相談機関紹介
https://www.no-harassment.mhlw.go.jp/inquiry-counter
人権110番
https://www.moj.go.jp/JINKEN/jinken20.html

※：EAP（Employee Assistance Program従業員援助プログラム）と呼ばれる米国生まれの職場のメンタルヘルスサービスで、企業が自社内部で設置する場合と、外部のEAP会社に依頼して社員の悩み相談に対応する場合とがある。

4　パワハラ指針の問題点

パワハラ指針はパワハラ防止について以下のような実効性を欠くところが

あるので、労働施策総合推進法の措置義務としてパワハラ指針で示されている事項を行っていたとしても、必ずしもパワハラの発生を防ぐことができないこともあり、前記３の企業の法的責任を問われる可能性があります。したがって、以下のようなパワハラ指針の問題点を知って、それを補った措置を実施することが必要と言われています。

(1) パワーハラスメントの定義が狭い

① **職場に限定するのはパワハラが行われる場所としては限定的過ぎる。**

パワハラは、居酒屋で暴行や暴言が行われた例（コンビニエース事件　東京地裁平28.12.20判決　労働判例1156号28頁）や、休日に呼び出したり使い走りを命じた例（サン・チャレンジ事件　東京地裁平26.11.4判決　労働判例1109号34頁）などがあり、勤務時間外に業務遂行場所とはいえない場所で行われることもある。「業務を遂行する場所」のみの対策でよいと誤解されかねない。

② **個人事業主、就職活動中の学生等が対象となっていない。**

参議院の附帯決議、「フリーランス、就職活動中の学生、教育実習生等に対するハラスメントを防止するため、男女雇用機会均等法等に基づく指針等で必要な対策を講ずる」必要がある。

③ **定義「抵抗または拒絶できない蓋然性が高い関係」はパワハラの範囲を大きく限定する。**

厚生労働省「職場のいじめ・嫌がらせ問題に関する円卓会議ワーキング・グループ報告」（平24.1.30）では、「……先輩・後輩間や同僚間、さらには部下から上司に対して行われるものもあり、こうした行為も職場のパワーハラスメントに含める必要があることから、……「職場内の優位性」を「職務上の地位」に限らず、人間関係や専門知識などの様々な優位性が含まれる趣旨が明らかになるよう整理を行った。」としている。

④ **労働者の行動が問題となる場合は、その内容・程度とそれに対する指導の態様等の相対的な関係性が重要な要素となる。**

労働者の行動に問題があったとしても、暴行や人格を否定する言葉を伴う指導が許されるわけではない。労働者の行動の問題性が大きければ、指導・叱責がパワハラに該当しなくなるかのような誤解を与える可能性がある。裁判例としては、同僚を誹謗中傷した労働者に対する叱責がパワハラと認められている三洋電機コンシューマエレクトロニクス事件（広島高裁松江支部　平21. 5. 22判決　労働判例987号29頁）がある。

⑤　**平均的な労働者の感じ方**

「労働者の主観」への配慮が考慮されていないので、相談者の心身の状況や当該言動が行われた際の受け止めなどその認識にも配慮」する必要がある。

（2）パワーハラスメントの類型が不適当

６つの類型に共通して、該当しないと考えられる例が示されていますが、使用者の弁解カタログのような不適当な例示であるので、「該当しない例」は削除するか見直すべきと批判されています。

①　**身体的な攻撃**

当たらなくても物を投げつける、机を叩くといった、いわゆる間接暴力についても、身体的な攻撃としてハラスメントにあたるものであることも明記すべきである。

②　**精神的な攻撃**

該当しない事例の「社会的ルールやマナー」の範囲や「強く注意」の程度が不明確であるため、幅広く解釈される危険性がある。

③　**人間関係からの切り離し**

該当しないと考えられる例が不適切で、退職強要や嫌がらせ目的で追い出し部屋に入れたり一人隔離したりすることを正当化する理由になる可能性がある。

④　**過大な要求**

適正な業務命令や指導との線引きが問題となる可能性があるので、パワハラにあたる例を明示するべきである。

・業務上明らかに不要なことを命じること　・遂行不可能なことを命じること　・仕事の妨害　など

⑤　過小な要求

過小な要求は、職務分掌上の理由から行われる業務命令等との線引きが問題となることがあり得ますが、例えば以下の場合にはパワハラにあたる過小な要求と言えるため、これらを明記すべきと言われている。

・能力や経験とかけ離れた程度の低い仕事を命じること

・仕事を与えないこと

⑥　個の侵害

業務上の適正な指導との線引きが必ずしも容易でない場合があるとして、何が「業務の適正な範囲を超える」かについては、業種や企業文化の影響を受け、また、具体的な判断については、行為が行われた状況や行為が継続的であるかどうかによっても左右される部分もあるとされています。該当する例としては、以下を明記すべきといわれています。

・私的な交際関係について、交際をやめるよう迫る

・労働者に対し、当該労働者の配偶者は物好きである等と発言するなど

《参考サイト》

職場におけるハラスメントの防止のために（厚生労働省）

https://www.mhlw.go.jp/stf/seisakunitsuite/bunya/koyou_roudou/koyoukintou/seisaku06/index.html

明るい職場応援団……ハラスメント裁判事例、他社の取組などハラスメント対策の総合情報サイト

https://www.no-harassment.mhlw.go.jp/

パワハラ指針案およびセクハラ指針改正案に対する意見書～日本労働弁護団

http://roudou-bengodan.org/wpRB/wp-content/uploads/2019/12/546e2096fca68a068ddff08aa2f9a368.pdf

ILO2019年の暴力およびハラスメント条約（第190号）

https://www.ilo.org/tokyo/standards/list-of-conventions/WCMS_723156/lang--ja/index.htm

国際法学会　ILO「暴力およびハラスメント撤廃条約について

https://jsil.jp/archives/expert/2020-3

第16章 派遣・請負への対応

1 派遣労働者の安全衛生管理

(1) 労働安全衛生法の適用関係と安全衛生対策措置義務

労働安全衛生法上の義務は派遣労働者の雇い主である派遣元が負っています。労働契約だけに着目して事業者としての責任を課せば、派遣先は責任を負う必要がありません。そこで、労働者派遣事業の適正な運営の確保および派遣労働者の保護等に関する法律（以下、派遣法）45条には、労働安全衛生法の各条文について、派遣元、派遣先またはその両者のうち、最も適当なものを「事業者」として適用するとする特例が規定されています。派遣先を「事業者」とみなす場合には、労働契約関係ではなく、指揮命令関係のみを有するものを事業者とみなし、労働安全衛生法の規定を適用することとしています。

同様にじん肺法と作業環境測定法も特例適用の対象とされています。これは労働者派遣という就業形態に対して行われる、労働者派遣事業の実施について許可を受けた適正な派遣事業主が行う労働者派遣だけでなく、それ以外の不適法な事業形態（いわゆる偽装請負など）についても適用されます。

派遣労働者の安全衛生を確保するためには、派遣先と派遣元それぞれが法律で義務付けられた措置等を的確に実施するとおもに、相互が密接に連絡調整をすることが必要です。

労動安全衛生法の適用がある条文と派遣元、派遣先の責任分担表

○が実施義務あり

適用条項　(　)内は条文	派遣元	派遣先	備　考
第1章　総則			
事業者の責務（3-1）	○	○	職場の安全衛生確保
労働者の責務（4）	○	○	事業者等の災害防止措置への協力
共同企業体（5）	○	○	
第3章　安全衛生管理体制			

統括安全衛生管理者（10）	○	○	事業場規模等によって規定されている条文においては、「常時使用する労働者」数に派遣労働者数も含めること。
安全管理者（11）		○	
衛生管理者（12）	○	○	
安全衛生推進者等（12の２）	○	○	
産業医等（13）	○	○	
作業主任者（14）		○	
統括安全衛生責任者（15）		○	
元方安全衛生管理者（15の２）		○	
店社安全衛生管理者（15の３）		○	
安全衛生責任者（16）		○	
安全委員会（17）		○	
衛生委員会（18）	○	○	
安全衛生委員会（19）	○	○	
第４章　労働者の危険または健康障害を防止するための措置			
事業者の構ずべき措置（20～25の２）		○	
労働者の遵守すべき事項（26）		○	
危険性、有害性の調査等（28の２）		○	
元方事業者の構ずべき措置等（29、29の２）		○	
特定元方事業者等の構ずべき措置等(30､30の２)		○	
注文者の構ずべき措置（31の２）		○	
第５章　機械等及び有害物に関する規制			
定期自主検査（45）		○	
化学物質の有害性の調査（57の３～58）		○	
第６章　労働者の就業に当たっての措置			
安全衛生教育（59−１）	○		雇入れ時
安全衛生教育（59−２）	○	○	作業内容変更時
安全衛生教育（59−３、60の２）	○	○	特別教育

職長教育（60）		○	
就業制限（61−１）		○	
中高年齢者についての配慮（62）	○	○	
第７章　健康の保持増進のための措置			
作業環境測定（65）		○	
作業環境測定結果の評価（65の２）		○	
作業の管理（65の３）		○	
作業時間の制限（65の４）		○	
健康診断（66−１）	○		一般健康診断
健康診断（66−２、−３）		○	有害業務に関する特殊健康診断
健康診断の結果の記録（66の３）	○	○	
健康診断の結果についての医師等からの意見聴取（66の４）	○	○	
健康診断実施後の措置（66の５）	○	○	
長時間労働の面接指導等（66の８～９）	○		
労働時間の状況の把握（66の８の３）		○	
ストレスチェック（66の10）	○		
病者の就業禁止（68）		○	
健康教育等（69）	○	○	
体育活動等についての便宜供与（70）	○	○	
第７章の２　快適な職場環境の形成のための措置			
快適職場の形成のための事業者の措置（71の２）		○	
第９章　安全衛生改善計画等			
安全衛生改善計画（78～80）		○	
第10章　監督等			
計画の届出等（88～89の２）		○	

（静岡労働局HPの表を修正）

ア　安全衛生管理体制

製造現場の機械設備の危険または健康障害を防止するための措置など、派遣労働者の労働災害の防止措置は派遣先が対策を行うことになっています。一方、安全衛生管理体制は派遣元・派遣先の両方で整えなければならないとされています。ただし、安全委員会の設置・開催と安全管理者の選任は派遣先の義務とされています。

イ　安全衛生教育

派遣労働者を雇入れたときや、作業内容を変更したときの安全衛生教育は派遣元に実施義務があります（安衛法59条）。しかし、一般に派遣元は製造業務の詳細がわからないので、派遣先は、派遣元から雇入れ時の安全衛生教育の協力の申し入れがある場合は教育カリキュラムの作成支援、講師の紹介、派遣、教育用テキストの提供、教育用の施設、機材の貸与などの必要な協力や配慮を行わなければなりません（派遣先が構ずべき措置に関する指針第２の17）。労働安全衛生法による教育についての派遣元と派遣先の適用関係は前掲責任分担表　第６章労働者の就業にあたっての措置のとおりです。

派遣元・派遣先事業者が連携して行う事項

派遣元	連絡・調整	派遣先
◆派遣先事業者から派遣労働者が行う業務の情報提供を受ける。	←	◆派遣元事業場に対し、派遣労働者が行う業務の情報を積極的に提供する。
◆派遣先事業者に対し、教育カリキュラムの作成支援など必要な協力を依頼する。	→	◆派遣元事業者から教育カリキュラムの作成支援などの依頼があった場合は、可能な限りこれに応じるよう努める。
◆派遣労働者に対し、雇入れ時等の安全衛生教育を実施する。	←	◆派遣元事業場に対し、雇入れ時等の安全衛生教育の実施状況を確認する。
◆派遣先事業者に対し、雇入れ時等の安全衛生教育の実施を委託した場合は、実施状況を確認する。	→ ←	◆派遣元事業場に対し、雇入れ時等の安全衛生教育の委託の申入れがあった場合は、可能な限りこれに応じるように努める。 教育の実施を受託した場合は、実施結果を派遣元事業場に報告する。

ウ　健康診断

（ア）健康診断の実施責任

一般健康診断、特定業務健康診断および特殊健康診断の実施義務者は前掲責任分担表のとおりです。登録型派遣労働者の場合は、派遣期間と派遣雇用契約期間が同じである場合がほとんであるために、健康診断実施義務が発生する常時使用する労働者にならないことが多いという問題があります。

（イ）記録の保存

派遣元は、事業者として一般健康診断の記録の保存義務があります（安衛法66条の３）。派遣先は、特殊健康診断の記録の保存義務があります。

Q16−1　深夜業を行う派遣社員もいるのですが、深夜業の健康診断の実施義務は派遣先にあるのでしょうか。

A　深夜業の健康診断は、労働安全衛生法66条１項に定める一般健康診断になるので、派遣元に実施義務があります。特殊健康診断については、派遣先が事業者とみなされています。

《実務のポイント～健康診断実施後の事後措置》

実務においては派遣先との協力により事後措置を行うことになります。協力を求めるときに、当該労働者の健康情報を提供する必要がある場合は、当該労働者の同意を得て行うということになります。

連絡調整の方法については、「製造業における派遣労働者に係る安全衛生管理マニュアル」の80ページをご覧ください。

派遣元事業者が健康診断結果に基づいて講じる事後措置の中には、派遣労働者が就労する場所の改善、作業環境の測定とその結果に基づく環境改善、さらには施設の整備など派遣先でなければ実施できないことも多いので、これらの事後措置を適切に行うため派遣元と派遣先が十分に連絡調整を図る必要があります。派遣元は、健康診断結果について派遣元の産業医等から出された意見や派遣労働者の就労実態などの情報を派遣先へ伝え、派遣先はその情報も参考にして派遣労働者の就労する場所の具体的な改善措置を検討・実施します。

なお、健診結果の取扱いに当たっては、個人名が特定されないようにする、あるいは個々の同意を得るなど派遣労働者の個人情報の保護に十分配慮する必要があります。

また、健康診断を実施した医師・歯科医師の意見については、派遣労働者の同意を得た上で派遣先の衛生委員会へ報告するなど、健康診断結果に基づく事後措置については派遣先も積極的に取り組むことが適当です。

さらに、派遣元と派遣先は、派遣労働者に対する健康教育や健康相談の実施などについても継続的、計画的に連携を図っていくことが大切です。

「製造業における派遣労働者に係る安全衛生管理マニュアル」

https://www.mhlw.go.jp/new-info/kobetu/roudou/gyousei/anzen/091130-1.html

エ　長時間労働の医師による面接指導と労働時間管理

派遣労働者に月に80時間を超えて時間外労働を行わせた場合の医師による面接指導については、派遣元事業者に実施義務があります。派遣元が小規模で産業医がいない場合は地域産業保健センターの利用が可能です。あるいは、派遣労働者の労働環境を知っている派遣先の産業医が面接を行うのが適切だといえます。その場合は、派遣先は派遣元にある労働者の定期健康診断のデータなどを労働者の同意を得て入手する必要があります。

なお、派遣労働者の労働時間については、実際の派遣就業した日ごとの始業し、および終業した時刻並びに休憩した時間について、労働者派遣法42条３項に基づき派遣先が派遣元事業主に通知することとなっており、面接指導が適正に行われるためには派遣先および派遣元の連携が不可欠となります。

《実務のポイント～労働時間の適正把握》

ある会社では、派遣社員の始業・終業時刻は記録されていたのですが、昼休みに働いた時間の記録が洩れていたということがありました。それでは残業手当も不払いになってしまいます。派遣労働者の労働時間については、派遣先が把握・記録し、派遣元事業主に通知することとなっており、面接指導が適正に行われるためには派遣先と派遣元の以下のような連携が不可欠とされています。

〈労働時間の枠組みについて〉

派遣元は時間外労働・休日労働協定届を行い、その内容を派遣先に知らせる。

〈労働時間の記録と管理〉

派遣先は適正に労働時間を把握して派遣先管理台帳に記録し、派遣元に通知しなければならない（労働者派遣法42条３項）。

〈労働時間に関する連絡体制の確立〉

派遣先は派遣元との労働時間に関する連絡調整を適切に行うこと（派遣先が講ずべき措置に関する指針第２の11）

〈派遣先管理台帳〉

派遣労働者ごとに次に掲げる事項を記載し、３年間保存しなければならない。さらに、派遣先は、１か月ごとに１回以上、一定の期日を定めて、書面の交付等により、②～⑦の事項を派遣元事業主に通知しなければならない。（労働者派遣法42条）

①　派遣元事業主の氏名または名称
②　派遣就業をした日
③　派遣就業をした日ごとの始業し、および終業した時刻並びに休憩した時間
④　従事した業務の種類
⑤　派遣労働者から申出を受けた苦情の処理に関する事項
⑥　紹介予定派遣に係る派遣労働者については、当該紹介予定派遣に関する事項
⑦　その他厚生労働省令で定める事項
（派遣労働者の氏名、派遣元事業主の事業所の名称、派遣元事業主の事業所の所在地、派遣労働者が労働者派遣に係る労働に従事した事業所の名称および所在地その他派遣就業をした場所など）

オ　ストレスチェック

派遣労働者のストレスチェックについては、「心理的な負担の程度を把握するための検査及び面接指導の実施並びに面接指導結果に基づき事業者が講ずべき措置に関する指針」（平成27年４月15日　心理的な負担の程度を把握するための検査等指針公示第１号）の12（２）において以下のように定められています。

（2）派遣労働者に関する留意事項

ア　派遣元事業者と派遣先事業者の役割

派遣労働者に対するストレスチェック及び面接指導については、法第66条の10第１項から第６項までの規定に基づき、派遣元事業者がこれらを実施することとされている。

一方、努力義務となっている集団ごとの集計・分析については、職場単位で実施することが重要であることから、派遣先事業者においては、派遣先事業場における派遣労働者も含めた一定規模の集団ごとにストレスチェック結果を集計・分析するとともに、その結果に基づく措置を実施することが望ましい。

イ　派遣労働者に対する就業上の措置に関する留意点

派遣元事業者が、派遣労働者に対する面接指導の結果に基づき、医師の意見を勘案して、就業上の措置を講じるに当たっては、労働者派遣契約の変更が必要となること等も考えられることから、必要に応じて派遣先事業者と連携し、適切に対応することが望ましい。

Q16－2　派遣社員の心の健康問題への支援（産業医やカウンセラーへの相談）は、派遣先が実施するのでしょうか。もし、派遣社員がメンタル的な問題を抱えた場合は、復職までの対応が必要でしょうか。

A　派遣元事業場では①派遣先への定期的な巡回の際に相談を受けること、派遣労働者が随時利用できる相談体制を整備することのほか、②定期健康診断等の際や派遣先への巡回等の際に、ストレスへの気づきの機会を与えることが望まれます。
　派遣先事業場では、自社の社員を対象として相談体制や、ストレスへの気づきの機会を設ける場合には派遣労働者を対象に加えることが望まれます。

(2) 労働者死傷病報告

　派遣先で派遣労働者が労働災害にあった場合は、派遣先・派遣元双方に報告義務があります。派遣先が所轄労働基準監督署に労働者死傷病報告を提出後、その写しを派遣元の事業者に送付し（派遣法施行規則42条)、派遣元は写しの内容を踏まえた労働者死傷病報告書を作成して、派遣元の所轄労働基準監督署に提出しなければなりません。休業４日未満は四半期毎の報告義務があります。

(3) 派遣労働者に対する安全配慮義務

　うつ病で自殺した派遣労働者に対する安全配慮義務については、派遣元と派遣先の両方に義務があると判断された裁判例があります。派遣先も派遣労働者に安全配慮義務を負うという判断が示され、派遣先も労働安全衛生法上の義務を履行するだけでなく、派遣労働者の健康に配慮して就労させなければならないということです。

アテスト（ニコン熊谷製作所）事件（東京地裁　平17.3.31判決、東京高裁　平21.7.28判決）
〈事件の概要〉
　ニコンの工場に派遣された業務請負会社「アテスト」の元社員（当時23）が自殺したのは過重労働によるうつ病が原因として、母親が両社に計１億4000万円の損害賠償を求めた。東京高裁は、両社に約7058万円の支払いを命じた。
　判決は、元社員の自殺前の勤務状況について（1）時間外や休日労働をしていた（2）担当外の重い業務との兼務で心理的負荷を蓄積させていた――などと指摘。「自殺の原因は業務に起因するうつ病と推認できる」と判断した。「製造業への派遣を禁止していた当時の労働者派遣法に反していた」と言及。ニコンの従業員には指揮・監督権限があったのに、過重労働で心身の健康を損なうことがないよう注意する義務に違反したと結論付けた。

〈判決の内容〉

「不規則、長時間の勤務で、作業内容や閉鎖的な職場の環境にも精神障害の原因となる強い心理的負担があり、自殺原因の重要部分は業務の過重によるうつ病にある」と指摘した。また、「人材派遣、業務請負など契約形態の違いは別としても、両社は疲労や心理的負担が蓄積しすぎないよう注意すべきだった」と安全配慮義務違反を認定した。結果、両社に損害賠償の支払を命じた。

（4）苦情の処理

「派遣対象業務以外の業務への就業をさせられた」、あるいは職場環境や危険防止措置などの派遣労働者の苦情を聞き、解決する方法を次のように確立しなければなりません。

① 派遣先は、労働者派遣契約において以下のことを定めること。
派遣労働者の苦情の申出を受ける者
派遣先において苦情の処理をする方法
派遣元事業主と派遣先との連携を図るための体制等をととのえること。

② 派遣労働者の受入れに際し、説明会等を実施して、上記①の内容を派遣労働者に説明すること。

③ 派遣先管理台帳に苦情の申出を受けた年月日、苦情の内容および苦情の処理状況について、苦情の申出を受け、および苦情の処理に当たった都度、記載し、その内容を派遣元事業主に通知すること。

④ 派遣労働者から苦情の申出を受けたことを理由として、当該派遣労働者に対して不利益な取扱いをしてはならないこと。

Q16－3 派遣社員で、腎性高血圧の者がいます。お金がないので病院に行けないと言うのですが、どうすればよいでしょうか。

A　無料低額診療事業

経済的理由により適切な医療等が受けられない方々に対して、無料または低額で診療を行う無料低額診療事業という制度があります（社会福祉法２条３項９号）。

厚生労働省は、「低所得者」「要保護者」「ホームレス」「DV被害者」「人身取引被害者」などの生計困難者が無料低額診療の対象と説明しています。

要保護者：現に保護を受けているといないとにかかわらず、保護を必要とする状態にある者（生活保護法６条２項）

2　請負人（一人親方、下請業者）に対する措置

（1）労働安全衛生法の目的の変化

建設アスベスト訴訟の最高裁判決（最高裁一小　令和３年５月17日判決）を受けた労働安全衛生規則等の改正により、作業を請け負わせる一人親方等や、同じ場所で作業を行う労働者以外の人に対しても、労働者と同等の保護が図られるよう、新たに一定の措置を実施することが事業者に義務付けられました。

○安衛法の規定と従来の考え方

安衛法は、職場における労働者の安全と健康を確保することを目的としており、これまでこの法律により保護すべき対象は、事業者に雇用されている「労働者」と位置付け、運用してきた。

〈参考〉労働安全衛生法

（目的）

第１条　この法律は、労働基準法と相まって、労働災害の防止のための危害防止基準の確立、責任体制の明確化および自主的活動の促進の措置を講ずる等その防止に関する総合的計画的な対策を推進することにより**職場における労働者の安全と健康を確保するとともに、快適な職場環境の形成を促進することを目的**とする。

○最高裁の判断

建設作業で石綿（アスベスト）にばく露し、肺がん等に罹患した元労働者や一人親方が、国を相手取り、規制が十分であったかが争われた「建設アスベスト訴訟」の最高裁判決において、石綿の規制根拠である安衛法22条は、労働者だけでなく、同じ場所で働く労働者でない者も保護する趣旨との判断がされた。

〈最高裁判決の論拠〉

・第１条の目的規定には、「快適な職場環境の形成を促進」とされており、その対象は労働者に限定していないこと。

・石綿等の有害物に対する措置を事業者に義務付けている第22条では、その保護対象を労働者に限定していないこと。

建設アスベスト訴訟（最高裁一小　令和３年５月17日判決）

石綿にばく露した労働者等が石綿肺、肺がん、中皮腫等の健康被害を被ったのは、国が規制権限を適切に行使しなかったためとして、建設業の元労働者等やその遺族等が国を相手取った国家賠償請求訴訟同判決においては、以下①および②について、国が規制権限を行使しなかったことは、著しく合理性を欠き、国家賠償法１条１項の適用上違法とされた。

① 掲示義務規定（法第22条に係る特定化学物質障害予防規則（以下「特化則」という。）第38条の３の規定）は、特別管理物質を取り扱う作業場という場所の危険性に着目した規制であり、その場所において危険にさらされる者が労働者に限られないこと等を考慮すると、特別管理物質を取り扱う作業場における掲示を義務付けることにより、その場所で作業する者であって労働者に該当しない者も保護する趣旨のものと解するのが相当である。

② 省令を制定して、事業者に対し、石綿含有建材を使う建設現場における警告表示（掲示）の内容として、石綿により引き起こされる石綿関連疾患の具体的内容および症状等、並びに防じんマスクを着用する必要があることについて、より具体的に記載することを義務付けるべきであった。

(2) 労働安全衛生規則をはじめとする省令改正

労働安全衛生法22条に係る①労働安全衛生規則、②有機溶剤中毒予防規則、③鉛中毒予防規則、④四アルキル鉛中毒予防規則、⑤特化則、⑥高気圧作業安全衛生規則、⑦電離放射線障害防止規則、⑧酸素欠乏症等防止規則、⑨粉じん障害防止規則、⑩石綿障害予防規則および⑪東日本大震災により生じた放射線物質により汚染された土壌等を除染するための業務等に係る電離放射線障害防止規則の規定が改正されています。

ア　有害物の発散防止の装置等の稼働

事業者は、特定の危険有害業務または作業を行うときは、局所排気装置、プッシュプル型換気装置、全体換気装置、排気筒その他の換気のための設備を設け、一定の条件の下に稼働させる義務があるところ、当該業務または作業の一部を請負人に請け負わせる場合において、当該請負人のみが業務または作業を行うときは、これらの設備を一定の条件の下に稼働させること等について配慮しなければならない。

> 例：石綿障害予防規則第17条（局所排気装置等の稼働）
> 2　事業者は、前項の作業の一部を請負人に請け負わせるときは、当該請負人が当該作業に従事する間（労働者が当該作業に従事するときを除く。）、同項の局所排気装置またはプッシュプル型換気装置を同項の厚生労働大臣が定める要件を満たすように稼働させること等について配慮しなければならない。

イ　安全確保のための作業方法の遵守の周知義務

事業者は、特定の危険有害業務または作業の一部を請負人に請け負わせるときは、当該請負人に対し、一定の作業方法により当該業務または作業を行う必要がある旨を周知させなければならない。

> 例：石綿障害予防規則第13条（石綿等の切断等の作業等に係る措置）
> 3　事業者は、第一項各号のいずれかに掲げる作業の一部を請負人に請け負わせるときは、当該請負人に対し、石綿等を湿潤な状態のものと

する必要がある旨を周知させなければならない。ただし、同項ただし書の場合は、除じん性能を有する電動工具の使用その他の石綿等の粉じんの発散を防止する措置を講ずるように努めなければならない旨を周知させなければならない。

ウ　特定の作業実施時の保護具使用の必要性に関する周知義務

事業者は、特定の危険有害業務または作業の一部を請負人に請け負わせるときは、当該請負人に対し、必要な保護具を使用する必要がある旨を周知させなければならない。

例：石綿障害予防規則第14条
2　事業者は、石綿等の切断等の作業等の一部を請負人に請け負わせるときは、当該請負人に対し、呼吸用保護具（吹付石綿等除去作業の一部を請負人に請け負わせるときは、電動ファン付き呼吸用保護具等に限る。）を使用する必要がある旨を周知させなければならない。

エ　作業終了時の身体の汚染除去等に関する周知義務

事業者は、特定の危険有害業務または作業の一部を請負人に請け負わせるときは、当該請負人に対し、有害物により汚染等されたときは、汚染の除去、医師による診断の受診等をする必要がある旨を周知させなければならない。

例：有機溶剤中毒予防規則第26条（タンク内作業）
4　当該有機溶剤業務の一部を請負人に請け負わせるときは、当該請負人に対し、身体が有機溶剤等により著しく汚染されたとき、および作業が終了したときは、直ちに身体を洗浄し、汚染を除去する必要がある旨を周知させること。

オ　特定の場所への立入禁止等の対象拡大

事業者は、特定の危険有害な環境にある場所、特定の危険有害な物を取り扱う場所または特定の危険有害な物が発生するおそれがある場所には、必要がある労働者を除き、請負関係の有無に関わらず、労働者以外の者も含めて、必要がある者を除き、当該場所で作業に従事する者が立ち入ることを禁止し、その旨を見やすい箇所に表示しなければならない。

> 例：特定化学物質障害予防規則第38条の14（燻蒸作業に係る措置）
> 9　サイロ燻蒸作業にあつては、次に定めるところによること。
> ハ　臭化メチル等により汚染されるおそれのないことを確認するまでの間、燻蒸したサイロに作業に従事する者が立ち入ることについて、禁止する旨を見やすい箇所に表示することその他の方法により禁止するとともに、表示以外の方法により禁止したときは、当該サイロが立入禁止である旨を見やすい箇所に表示すること。

カ　事故等発生時の退避の対象拡大

事業者は、特定の事故等が発生し、労働者に健康障害のおそれがあるときは、事故等が発生した場所から、請負関係の有無に関わらず、労働者以外の者も含めて、当該場所で作業に従事する者を退避させなければならない。

> 例：酸素欠乏等障害防止規則第14条（退避）
> 事業者は、酸素欠乏危険作業に労働者を従事させる場合で、当該作業を行う場所において酸素欠乏等のおそれが生じたときは、直ちに作業を中止し、作業に従事する者をその場所から退避させなければならない。

キ　特定の場所での喫煙および飲食の禁止

事業者は、特定の場所においては、請負関係の有無に関わらず、労働者以外の者も含めて、当該場所で作業に従事する者が喫煙し、または飲食することを禁止し、その旨を見やすい箇所に表示しなければならない。

例：石綿障害予防規則第33条（喫煙等の禁止）
　事業者は、石綿等を取り扱い、若しくは試験研究のため製造する作業場または石綿分析用試料等を製造する作業場における作業に従事する者の喫煙または飲食について、禁止する旨を見やすい箇所に表示することその他の方法により禁止するとともに、表示以外の方法により禁止したときは、当該作業場において喫煙または飲食が禁止されている旨を当該作業場の見やすい箇所に表示しなければならない。

ク　有害物の有害性等に関する掲示による周知の対象拡大

事業者は、特定の有害物を取り扱う場所については、有害物の有害性等を周知させるため、労働者以外の者も含めて、見やすい箇所に掲示しなければならない。

例：石綿障害予防規則第34条（掲示）
　事業者は、石綿等を取り扱い、若しくは試験研究のため製造する作業場または石綿分析用試料等を製造する作業場には、次の事項を、見やすい箇所に掲示しなければならない。
2　石綿により生ずるおそれのある疾病の種類およびその症状
　四　当該作業場においては保護具等を使用しなければならない旨および使用すべき保護具等

第17章 脳・心臓疾患、精神障害の労災認定基準

1 過重労働による脳・心臓疾患の労災認定基準

(1) 対象疾病

脳血管疾患	虚血性心疾患等
脳内出血（脳出血） くも膜下出血 脳梗塞 高血圧性脳症	心筋梗塞 狭心症 心停止（心臓性突然死を含む。） 重篤な心不全 大動脈解離

(2) 認定要件

「血管病変等を著しく増悪させる業務による脳血管疾患及び虚血性心疾患等の認定基準」（令3.9.14　基発0914第1号）によると、次の3つの業務による明らかな過重負荷を受けたことにより発症した脳や心臓の病気は、業務によるものとして取り扱われます。

認定要件1	発症前の長期間にわたって、著しい疲労の蓄積をもたらす特に過重な業務（長期間の過重業務）に就労したこと。
認定要件2	発症に近接した時期において、特に過重な業務（短期間の過重業務）に就労したこと。
認定要件3	発症直前から前日までの間において、発生状態を時間的及び場所的に明確にし得る異常な出来事（異常な出来事）に遭遇したこと。

(3) 認定要件の具体的判断

ア　長期間の過重業務（認定要件1）

評価期間：発症前おおむね6か月間

疲労の蓄積

発症との関連性について、業務の過重性を評価するに当たっては、発症

前の一定期間の就労実態等を考察し、発症時における疲労の蓄積がどの程度であったかという観点から判断する。

特に過重な業務

日常業務※に比較して特に過重な身体的、精神的負荷を生じさせたと客観的に認められる業務をいう。

※「日常業務」とは、通常の所定労働時間内の所定業務内容をいう。

過重負荷の有無の判断

著しい疲労の蓄積をもたらす特に過重な業務に就労したと認められるか否かは、業務量、業務内容、作業環境等を考慮し、同種労働者※にとっても、特に過重な身体的、精神的負荷と認められる業務であるか否かという観点から、客観的かつ総合的に判断する。

業務の過重性の具体的な評価をするには、疲労の蓄積の観点から、労働時間のほか、労働時間以外の負荷要因について十分検討する。

※同種労働者とは、脳・心臓疾患を発症した労働者と職種、職場における立場や職責、年齢、経験等が類似する者をいい、基礎疾患を有していたとしても日常業務を支障なく遂行できる者を含む。

労働時間

（ア）　労働時間の評価

① 発症前１か月間ないし６か月間※１にわたって、１か月当たりおおむね45時間を超える時間外労働※２が認められない場合は、業務と発症との関連性が弱いと評価できること

② おおむね45時間を超えて時間外労働時間が長くなるほど、業務と発症との関連性が徐々に強まると評価できること

③ 発症前１か月間におおむね100時間または発症前２か月間ないし６か月間※３にわたって、１か月当たりおおむね80時間を超える時間外労働が認められる場合は、業務と発症との関連性が強いと評価できること

※１　「発症前１か月間ないし６か月間」は、発症前１か月間、発症前２か月間、発症前３か月間、発症前４か月間、発症前５か月間、発症前６か月間のすべての期間をいう。

※２　「時間外労働」とは、１週間当たり40時間を超えて労働した時間をいう。

※３　「発症前２か月間ないし６か月間」は、発症前２か月間、発症前３か月間、発症前４か月間、発症前５か月間、発症前６か月間のいずれかの期間をいう。

（イ）　労働時間と労働時間以外の負荷要因の総合的な評価

労働時間以外の負荷要因において一定の負荷が認められる場合には、労働時間の状況をも総合的に考慮し、業務と発症との関連性が強いといえるかどうかを適切に判断します。具体的には以下のとおりです。

> 前記（ア）③の水準には至らないが、これに近い時間外労働が認められる場合には、特に他の負荷要因の状況をも総合的に考慮し、そのような時間外労働に加えて一定の労働時間以外の負荷が認められるときには、業務と発症との関連性が強いと評価できる。

労働時間以外の負荷要因

労働時間以外の負荷要因		負荷の程度を評価する視点（抄）
勤務時間の不規則性	拘束時間の長い勤務	拘束時間数、実労働時間数、労働密度（実作業時間と手待時間との割合等）等
	休日のない連続勤務	連続労働日数、連続労働日と発症との近接性、休日の数、連続労働日数　等
	勤務間インターバル	勤務間インターバルが短い勤務の程度（時間数、頻度、連続性等）　等
	不規則な勤務・交替制勤務・深夜勤務	予定された業務スケジュールの変更の頻度・程度・事前の通知状況、予定された業務スケジュールの変更の予測の度合

事業場外における移動を伴う業務	出張の多い業務	出張（特に時差のある海外出張）の頻度、出張が連続する程度、出張期間　等
	その他事業場外における移動を伴う業務	移動（特に時差のある海外への移動）の頻度、交通手段、移動時間及び移動時間中の状況　等
心理的負荷を伴う業務		別表１及び別表２※に掲げられている日常的に心理的負荷を伴う業務または心理的負荷を伴う具体的出来事　等
身体的負荷を伴う業務		業務内容のうち重量物の運搬作業、人力での掘削作業などの身体的負荷が大きい作業の種類、作業強度、作業量、作業時間、歩行や立位を伴う状況等のほか、当該業務が日常業務と質的に著しく異なる場合にはその程度　等
作業環境	温度環境	寒冷・暑熱の程度、防寒・防暑衣類の着用の状況　等
	騒音	おおむね80dBを超える騒音の程度、そのばく露時間・期間、防音保護具の着用の状況　等

※別表１日常的に心理的負荷を伴う業務　別表２心理的負荷を伴う業務
参照「脳・心臓疾患の労災認定」
https://www.mhlw.go.jp/content/001004366.pdf

イ　短期間の過重業務（認定要件２）

評価期間（発症に近接した時期）：評価期間は、発症前おおむね１週間

過重負荷の有無の判断

特に過重な業務に就労したと認められるか否かは、業務量、業務内容、作業環境等を考慮し、同種労働者にとっても、特に過重な身体的、精神的負荷と認められる業務であるか否かという観点から、客観的かつ総合的に判断します。

業務の過重性の具体的な評価をするには、労働時間のほか、労働時間以外の負荷要因について十分検討します。

■業務と発症との時間的関連性

短期間の過重業務と発症との関連性を時間的にみた場合、業務による過重な負荷は、発症に近ければ近いほど影響が強いと考えられることから、次に示す業務と発症との時間的関連を考慮して判断します。

①　発症直前から前日までの間の業務が特に過重であるか否か ②　発症直前から前日までの間の業務が特に過重であると認められない場合であっても、発症前おおむね１週間以内に過重な業務が継続している場合には、業務と発症との関連性があると考えられるので、この間の業務が特に過重であるか否か

■業務の過重性の具体的評価

「労働時間」の長さは、業務量の大きさを示す指標であり、また、過重性の評価の最も重要な要因です。評価期間の労働時間は十分に考慮し、発症直前から前日までの間の労働時間数、発症前１週間の労働時間数、休日の確保の状況等の観点から検討し、評価します。

次の場合には、業務と発症との関連性が強いと評価できることを踏まえて判断します。

①　発症直前から前日までの間に特に過度の長時間労働が認められる場合 ②　発症前おおむね１週間継続して深夜時間帯に及ぶ時間外労働を行うなど過度の長時間労働が認められる場合　等 （いずれも、手待時間が長いなど特に労働密度が低い場合を除く。）

※労働時間の長さのみで過重負荷の有無を判断できない場合には、労働時間と労働時間以外の負荷要因を総合的に考慮して判断します。

ウ　異常な出来事（認定要件３）

評価期間：発症直前から前日

異常な出来事

出来事	出来事の内容	考えられる例
精神的負荷	極度の緊張、興奮、恐怖、驚がく等の強度の精神的負荷を引き起す事態	① 業務に関連した重大な人身事故や重大事故に直接関与した場合 ② 事故の発生に伴って著しい身体的、精神的負荷のかかる救助活動や事故処理に携わった場合 ③ 生命の危険を感じさせるような事故や対人トラブルを体験した場合
身体的負荷	急激で著しい身体的負荷を強いられる事態	上記①、②のほか、 ④ 著しい身体的負荷を伴う消火作業、人力での除雪作業、身体訓練、走行等を行った場合
作業環境の変化	急激で著しい作業環境の変化	⑤ 著しく暑熱な作業環境下で水分補給が阻害される状態や著しく寒冷な作業環境下での作業、温度差のある場所への頻回な出入りを行った場合

過重負荷の有無の判断

異常な出来事と認められるか否かは、以下のような事項について検討し、これらの来事による身体的、精神的負荷が著しいと認められるか否かという観点から、客観的かつ総合的に判断します。

（検討の視点）

出来事の異常性・突発性の程度、予測の困難性、事故や災害の場合にはその大きさ、被害・加害の程度、緊張、興奮、恐怖、驚がく等の精神的負荷の程度、作業強度等の身体的負荷の程度、気温の上昇または低下等の作業環境の変化の程度等

(4)「複数の会社等に雇用されている労働者」の取り扱い

１つの勤務先の負荷を評価しても労災認定できない場合は、全ての勤務先の負荷を総合的に評価して労災認定できるかどうかを判断します。

業務による負荷は、労働時間については通算し、労働時間以外の負荷要因については負荷を総合的に評価し、業務による明らかな過重負荷を受けたか否かを判断します。

実務のポイント～特別条項の運用で留意すべきこと

特別条項付き時間外労働協定を届け出たといっても、長時間労働を無制限に認める免罪符になるわけではありません。特別条項付き時間外労働協定の「特別の事情」に該当しない理由で特別条項を使っていることが臨検監督時に明らかになれば、是正勧告されます。

特別条項付き時間外労働協定の「手続」をとらずに、原則とする延長時間を超えて労働時間を延長した場合は、労働基準法違反となり是正勧告される可能性があります。

そのような事態を避けるためには、①時間外・休日労働協定の周知し、②特別条項を適正に運用すること、③「手続」の時期、内容、相手方等を書面で残しておくことが求められます。

Q17－1　長時間労働の医師用チェックリストの使い方を教えてください。（産業医）

A　産業医学振興財団のHPに「長時間労働者への医師用チェックリスト」と「面接指導チェックリスト・マニュアル」が掲載されています。このチェックリストは、厚生労働省からの委託により産業医学振興当財団において作成されたものです。本チェックリストはダウンロードし、医師、事業場等で自由に利用できます。

Q17－2　担当している企業では労働者は過重労働をしていません。しかし、三交替制で、一人当たりについて年に２、３回連続勤務（夜勤から引き続き日勤をする等）をしています。連続勤務が身体によくないということはわかっています。法的に何か規制されているのか、あるいは連続勤務が身体によくないという報告書等があるのか教えてください。それをもって、企業に助言をしようと思っています。（産業医）

A　労働時間等の設定の改善に関する特別措置法２条１項により、「事業主は、～（略）～健康および福祉を確保するために必要な終業から始業までの時間の設定　～（略）～その他の必要な措置を講ずるように努めなければならない。」と定められており、「勤務間インターバル」制度導入が企業の努力義務となっています。

勤務間インターバルの具体的な時間は示されていませんが、働き方改革推進支援助成金（勤務間インターバル導入コース）では、勤務間インターバルは９時間が基準となっているので、少なくとも９時間を勤務と勤務の間に置くのが望ましいといえます。

《参考》

□ILO　夜業に関する勧告（第178号）

http://wcmsq3.ilo.org/tokyo/standards/list-of-recommendations/WCMS_238818/lang--ja/index.htm

ILOは、国際基準を設定する条約および勧告を三者構成（使用者・労働者・政府）の国際労働総会で採択する機能をもっています。条約は、国の批准によって、その規定の実施を義務づける拘束力を生じます。勧告は、政策、立法、慣行の指針となるものです。この勧告は同時に採択された夜業条約（第171号）を補足し、より詳細な規定を含むものですが、残念ながら、日本はこの条約を批准していません。

Ⅱ　労働時間および休息の期間

6　夜業を伴う交替勤務の場合においては、

（a）　不可抗力または現実の若しくは急迫した事故の場合を除き、二連続の勤務は行われるべきでない。

（b）　二の勤務の間に少なくとも十一時間の休息の期間ができる限り保障されるべきである。

□EU労働時間指令

労働時間の編成の一定の側面に関する欧州会議および閣僚理事会の指令（2003/88/EC）

第３条　毎日の休息

加盟国は、すべての労働者が24時間ごとに最低連続11時間の休息をとることができるようにするために必要な措置を講じなければならない。

Q17－3　外国人労働者は、長時間労働をして、現金をたくさん持って帰国したいと思っています。長時間労働を望むのであればさせてもいいのではないでしょうか。

A　「過労死認定基準」の考え方の基礎となった医学的検討結果によると、長期間にわたる長時間労働やそれによる睡眠不足に由来する疲労の蓄積が血圧の上昇などを生じさせ、その結果、血管病変等をその自然経過を超えて著しく増悪させるとの観点から、労働時間が疲労の蓄積をもたらす最も重要な要因と考えられるとされています。

長期間にわたる１日４～６時間以下の睡眠不足状態では、脳・心臓疾患の有病率、発病率、死亡率を高めるという医学的知見をもとに、１日の睡眠時間がどれぐらい確保できるかという観点から、１か月の時間外労働時間数45時間、80時間、100時間が決定されています（「脳・心臓疾患の認定基準に関する専門検討会報告」平成13. 11. 16）。

日本人であっても、外国人であってもこの医学的知見は同じなので、健康に配慮する必要があることを外国人労働者に説明し、理解を得ることが必要です。

Q17－4　昼休みに働いたという場合、自己申告による労働時間の記録でいいか。

A　自己申告でやむを得ないでしょう。自己申告が不安なら、昼休みに就労するときは、上司に報告するなどの客観的な記録をとることもあり得ます。

2　精神障害による労災請求

(1) 精神障害による労災請求のしくみ

精神障害はさまざまな要因が複雑に作用して発病するので、仕事上の悩みを抱えていたというだけでは業務起因性があると断定することはできません。精神障害が業務上であるか否かの判断は、「心理的負荷による精神障害の認定基準」（令5.9.1　基発0901第２号以下、「認定基準」という。）により行われます。

ア　精神障害の認定要件

認定基準によると、以下の３つの要件を満たす必要があります。

> 1　対象疾病を発病していること
> 2　対象疾病の発病前おおむね６か月の間に業務による強い心理的負荷が認められること（※）
> 3　業務外の心理的負荷および個体側要因により対象疾病を発病したとは認められないこと

※いじめやセクシュアルハラスメントについては、発病の６か月よりも前にそれが始まり、発病まで継続していたときは、それが始まった時点からすべての行為が評価の対象となります。

（ア）対象疾病を発病しているか

「国際疾病分類第10回修正」（ICD-10）に分類される精神障害であって、認知症や頭部外傷による障害（F0）やアルコールや薬物による障害（F1）は除きます。

ICD-10 第5章「精神および行動の障害」分類

分類コード	疾病の種類
F0	症状性を含む器質性精神障害
F1	精神作用物質使用による精神および行動の障害
F2	統合失調症、統合失調症型障害および妄想性障害
F3	気分[感情]障害
F4	神経症性障害、ストレス関連障害および身体表現性障害
F5	生理的障害および身体的要因に関連した行動症候群
F6	成人のパーソナリティおよび行動の障害
F7	精神遅滞〔知的障害〕
F8	心理的発達の障害
F9	小児期および青年期に通常発症する行動および情緒の障害、特定不能の精神障害

（イ）業務による強い心理的負荷の有無

「認定基準」別表１「業務による心理的負荷評価表」（以下「評価表」という。）に列挙された項目に基づくストレス評価を基準に、どのような業務が、労働者にどの程度の負荷となっていたのかを客観的に検討します。心理的負荷の強度は、精神障害を発病した労働者が主観的にどう受け止めたかではなく、「同種の労働者」、すなわち、職種、職場における立場や職責、年齢、経験等が類似する者が一般的にどう受け止めるかという観点で評価されます。

[1] 特別な出来事

評価表の「生死にかかわる、極度の苦痛を伴う、または永久労働不能となる後遺障害を残す業務上の病気やケガをした」などの「特別な出来事」がある場合は、心理的負荷の総合評価は「強」と判断されます。

[2] 特別な出来事がない場合

以下の手順により心理的負荷の強度を「強」「中」「弱」と評価します。

i 「具体的出来事」への当てはめ

業務による出来事が、以下の別表１業務による心理的負荷評価表の「具体的出来事」のどれに当てはまるか、あるいは近いかを判断します。

なお、別表１では、「具体的出来事」ごとにその平均的な心理的負荷の強度を、強い方から「Ⅲ」「Ⅱ」「Ⅰ」と示しています。

<table>
<tr><th rowspan="3"></th><th rowspan="3">出来事の類型</th><th colspan="4">平均的な心理的負荷の強度</th><th rowspan="3">心理的負荷の総合評価の視点</th><th colspan="3">心理的負荷の強度を「弱」「中」「強」と判断する具体例</th></tr>
<tr><th rowspan="2">具体的出来事</th><th colspan="3">心理的負荷の強度</th><th rowspan="2">弱</th><th rowspan="2">中</th><th rowspan="2">強</th></tr>
<tr><th>Ⅰ</th><th>Ⅱ</th><th>Ⅲ</th></tr>
<tr><td>1</td><td>①事故や災害の体験</td><td>(重度の)病気やケガをした</td><td></td><td></td><td>☆</td><td>・病気やケガの程度
・後遺障害の程度、社会復帰の困難性等</td><td colspan="2">【解説】
右の程度に至らない病気やケガについて、その程度等から「弱」又は「中」と評価</td><td>○　重度の病気やケガをした。

【「強」である例】
・長期間(おおむね2か月以上) の入院を要する、又は労災の障害年金に該当する若しくは原職への復帰ができなくなる後遺障害を残すような業務上の病気やケガをした
・業務上の傷病により6か月を超えて療養中の者について、当該傷病により社会復帰が困難な状況にあった、 死の恐怖や強い苦痛が生じた</td></tr>
</table>

ii　出来事ごとの心理的負荷の総合評価

当てはめた「具体的出来事」の欄に示されている具体例の内容に、事実関係が合致する場合にはその強度で評価します。

事実関係が具体例に合致しない場合には、「心理的負荷の総合評価の視点」の欄に示す事項を考慮し、個々の事案ごとに評価します。

iii　出来事が複数ある場合の評価

複数の出来事が関連して生じた場合には、その全体を一つの出来事として評価します原則として最初の出来事を具体的出来事として別表１に当てはめ関連して生じたそれぞれの出来事は出来事後の状況とみなし、全体の評価をします。

関連しない出来事が複数生じた場合には、出来事の数、それぞれの出来事の内容、時間的な近接の程度を考慮して全体の評価をします（下の図を参照)。

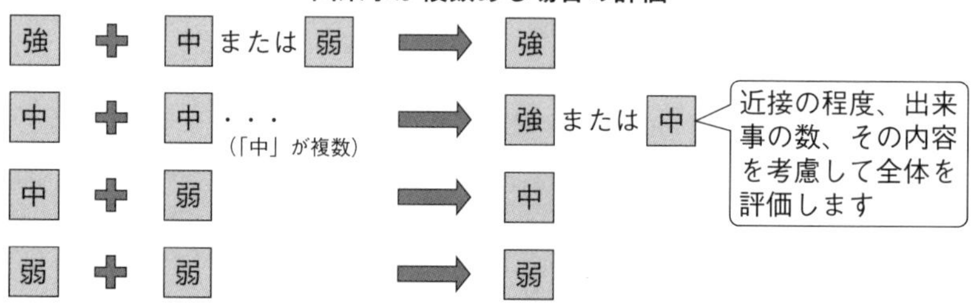

（ウ） 長時間労働がある場合の評価方法

長時間労働に従事することも精神障害発病の原因となり得ることから、長時間労働を次の３通りの視点から評価します。

①「特別な出来事」としての「極度の長時間労働」

発病直前の極めて長い労働時間を評価します。

【「強」になる例】

・発病直前の１か月におおむね160時間以上の時間外労働を行った場合
・発病直前の３週間におおむね120時間以上の時間外労働を行った場合

②「出来事」としての長時間労働（具体的出来事16)

発病前の１か月から３か月間の長時間労働を出来事として評価します。

【「強」になる例】

・発病直前の２か月間連続して１月当たりおおむね120時間以上の時間外労働を行った場合
・発病直前の３か月間連続して１月当たりおおむね100時間以上の時間外労働を行った場合

③他の出来事と関連した長時間労働

出来事が発生した前や後に恒常的な長時間労働（月100時間程度の時間外労働）があった場合、心理的負荷の強度を修正する要素として評価します。

【「強」になる例】

・転勤して新たな業務に従事し、その後月100時間程度の時間外労働を行った場合

上記の時間外労働時間数は目安であり、この基準に至らない場合でも、心理的負荷を「強」と判断することがあります。

ここでの「時間外労働」は、週40時間を超える労働時間をいいます。

（エ）　業務以外の心理的負荷による発病かどうか

「業務以外の心理的負荷表」（省略）を用い、心理的負荷の強度を評価します。この表の心理的負荷の強度がⅢ（例：離婚又は夫婦が別居した）に該当する出来事が複数ある場合などは、それが発病の原因であるといえるか、慎重に判断します。

（オ）　個体側要因による発病かどうか

精神障害の既往歴やアルコール依存状況などの個体側要因については、その有無とその内容について確認し、個体側要因がある場合には、それが発病の原因であるといえるか、慎重に判断します。

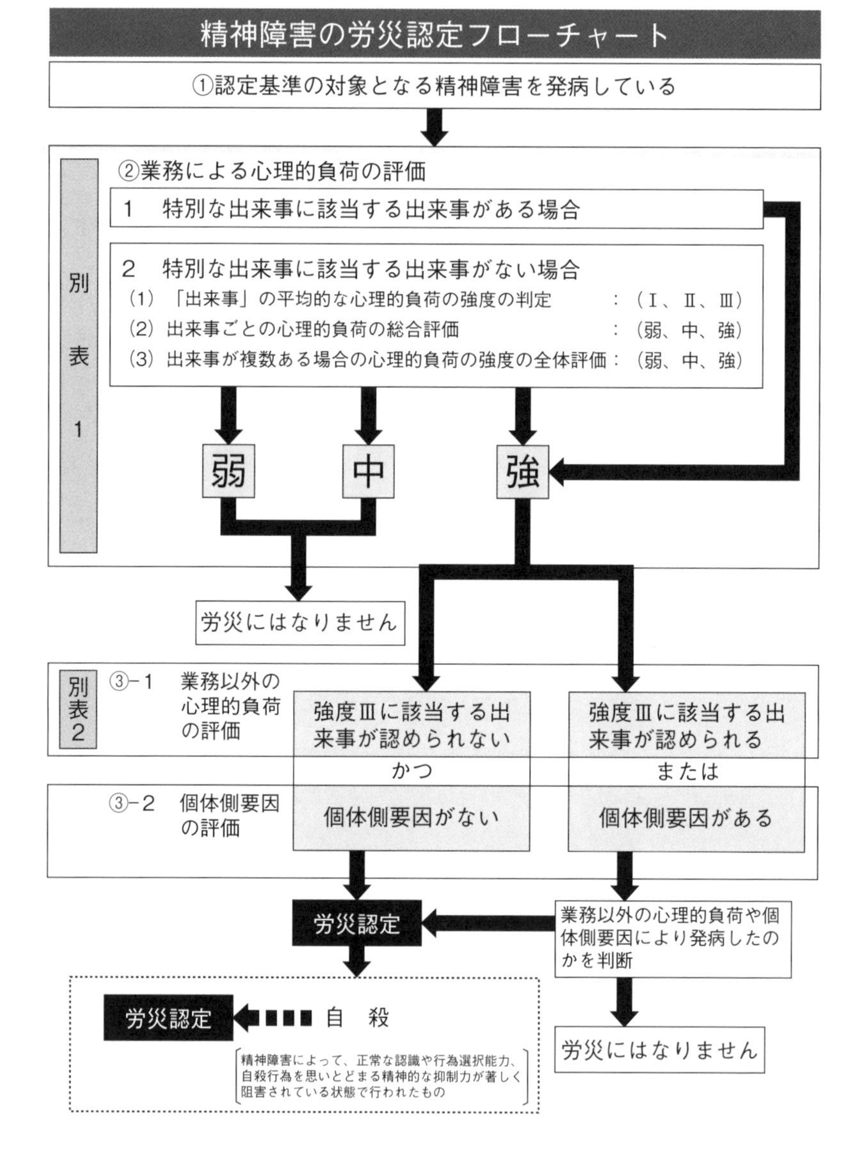

(2) 健康保険と労災保険の同時請求

健康保険法が改正されて、労災保険から給付がある業務災害以外の場合について健康保険の給付を行うとされ、協会けんぽのホームページでも、「業務上の原因による病気やケガ、通勤途上に被った災害などが原因の病気やケガについては、健康保険給付は行われず、原則として労災保険の適用となります。」と記載されています。しかし、必ずしもすべての労災保険による給付請求が業務上と認められるわけではありません。例えば、2022年度の脳・心臓疾患の労災給付請求についてみると、請求件数803件に対する業務上とされた（支給決定194件、認定率は24.1％、同様に精神障害については請求2,683件、支給決定710件、認定率は26.4％となっています。また、腰痛も業務上に認定されるのは難しい疾病です。

したがって、疾病によっては労災保険の支給決定を待ってから、健康保険による給付請求をしようとすると、請求権の一部または全部が時効によって消滅する可能性があります。腰部椎間板ヘルニアで労災保険による療養補償が不支給となり、審査請求、再審査請求、不支給処分取消訴訟まで行った後に、傷病手当金の請求をするも、時効で不支給となった事例があります。

そこで、業務上と認定されることが難しい疾病については、労災の給付請求と同時に傷病手当金の請求も行う必要があります。裁判所も、「旧健康保険法による保険給付の支給対象である療養につき、労災保険給付を受けながら旧健康保険給付を受けることはできない（旧健康保険法59条の６）。しかし、労災保険給付を請求しつつ、旧健康保険法による給付の請求をすることは、法令上、何ら妨げられない。」としています（健康保険傷病手当金不支給処分取り消し請求事件　東京地裁　平17.6.24判決）。

【実務のポイント～健康保険から労災への切り替え】

受診した病院に、健康保険から労災保険への切り替えができるかどうかを確認してください。

←できない　できる→

切り替えができない場合

一時的に、医療費の全額を自己負担した上で、労災保険を請求していただきます。

※　ただし、医療費の全額負担が困難な場合等には、一時的に医療費の全額を自己負担することなく請求する方法もありますので、希望される場合は、労働基準監督署へ申し出てください。

切り替えができる場合

病院の窓口で支払った金額（一部負担金）が返還されます。

切り替え手続きの方法

労災保険の様式第５号または様式第16号の３の請求書を受診した病院に提出してください。

労災保険の請求方法

● 一時的に医療費の全額を自己負担してから、労災保険の手続きをしてください。

① 健康保険の保険者（全国健康保険協会等）へ労働災害である旨を申し出てください。

② 保険者から医療費の返還通知書等が届きますので、返還額をお支払いください（※１）。

③ 労災保険の様式第７号又は第16号の５を記入の上、返還額の領収書と病院の窓口で支払った金額（一部負担金）の領収書を添えて、労働基準監督署へ請求してください（※２）。

（※１）医療機関から診療報酬明細書（レセプト）がご加入している健康保険の保険者に届くまでに２～３か月程度かかるため、納付書が送付されるまでに時間がかかることがあります。

（※２）労災請求の際にレセプトの写し（コピー）が必要になりますので、健康保険の保険者へ依頼してください。

一時的に医療費の全額を自己負担するのが困難な場合は…

① 労働基準監督署へ、いったん全額を自己負担せずに請求したい旨を申し出てください。

② 労働基準監督署で保険者と調整を行い、保険者への返還額を確定します。

③ 保険者から返還通知書等が届きますので、労災保険の様式第７号又は第16号の５を記入の上、返還通知書等を添えて、労働基準監督署へ請求してください（※３）。

（※３）病院の窓口で支払った金額（一部負担金）については、①～③とは別の手続きが必要となりますので、労災保険の様式第７号又は第16号の５をもう１枚ご準備いただき、必要事項を記入の上、労働基準監督署へ請求してください。

「お仕事でのケガ等には、労災保険！」
https://www.mhlw.go.jp/file/06-Seisakujouhou-11200000-Roudoukijunkyoku/0000163986.pdf

(3)　精神障害による労災請求と会社の対応

従業員や遺族が精神障害を理由に労災補償給付請求（療養補償給付、休業補償給付、遺族補償給付、葬祭料）を行うと相談があった場合には、請求は労働者または遺族が請求する（労災保険法12条の８第２項）という規定があり、会社が「請求するな」ということはできません。

ア　事業主証明

給付請求書の、「負傷年月日」、「災害発生の原因および状況」等について事業主は証明しなければなりません（労災保険法施行規則23条１項）。平均賃金などの計算も会社の協力がなければ困難であり、労働保険番号も会社に聞かなければわかりません。このような事務作業は、事業主の義務とされていて、被災労働者が入院などしていて自分では手続ができない場合には、会社が助力しなければならないものです（労災保険法施行規則23条）。

《実務のポイント～事業主証明をどうするか》

１　事業主証明を拒むとき

労災の保険給付請求書の事業主の証明は、負傷、発病年月日、災害発生状況などの「事実」について証明するものであり、「業務上である。」ということを証明するものではありません。しかし、たとえばパワーハラスメントの事実について異論があるというようなときは、事業主証明を拒否しても差支えありません。事業主証明がなくても、監督署は請求書を受け付けます。あるいは、業務上であることに異論があるのならば、労働基準監督署長へ文書で意見を述べることができます（労災保険法施行規則23条の２）。証明拒否をしたとしても、労災保険の請求に対して拒絶的態度をとるのではなく、必要な情報、たとえば労働時間の記録や平均賃金算定のための賃金台帳、健康診断の記録などの写しは提供するなど、余計なトラブルは避けたほうがいいでしょう。

2　事業主が証明を拒むとき

請求書提出時に、証明を得られない事情を書いた書面を提出することで請求書は受理されます。第一に事業主自らが証明しない理由を書いた書面（任意書式）、それが得られない場合は、証明を拒否された理由を請求人が書いた書面（任意書式）を提出します。

イ　報告書の提出

監督署から企業に「報告書（精神障害用）」を提出するよう求められます。その内容は以下のとおりです。わかる範囲で記載して提出します。

報告書の内容

1　事業場に関する事項
2　被災者に関する事項
3　被災者の業務経歴
4　直近で、転勤等があった場合は、前勤務地での勤務状況および健康状態
5　被災者の健康状態
6　被災者の精神障害等の発症に関する事項
7　被災者の家族の健康状態等
8　自殺の場合、その状況について
9　被災者の性格・趣味・嗜好等
10　被災労働者の発症直前1年間の勤務状況および健康状態
11　発症直前6ヶ月間における業務に関する出来事について
12　発症直前6ヶ月間における業務以外に関する出来事について
13　業務に関する出来事以後、事業主として講じた具体的措置の内容
14　労災請求に至る経緯について
15　本傷病の原因についての事業主の意見
16　添付書類

ウ　関係者の聴取

会社の関係者は、労働基準監督署に呼び出されて、精神障害に罹患した事情等について聴き取りをされます。聴き取りが終了した際は、内容に間違いがないか確認し、署名・押印を求められます。

第18章 安全配慮義務とは何か

1 業務上災害の補償

労働者が、業務上負傷した場合、疾病にかかった場合、障害が残った場合、または死亡した場合等は、使用者は、過失の有無を問わず、労働基準法により災害補償責任を負います（労働基準法第８章）。

しかし、労働基準法により義務付けられているだけでは、零細な企業においては業務上災害に対する補償が必ず行われるという保障はありません。そこで、労働者が確実に補償を受けられるようにするため、および事業主の補償負担の軽減のために労災保険制度が設けられ、労働者を一人でも使用すれば強制的に適用事業とすることとし、被災労働者が労災保険による補償給付を受けた場合は、使用者は労働基準法の補償義務を免除されることとされています。

2 民事上の損害賠償責任

（1）債務不履行と不法行為

労災保険の給付は、例えば、障害補償一時金であれば、給付基礎日額の503日分から56日分という予め定められた基準で補償が行われるものなので、逸失利益（もし、被災者が事故に遭わなければ、これから先、当然得られたであろうとされる利益）や精神的損害（慰謝料）は補償されません。あるいは、労災認定基準に該当しないということで、労災保険による給付を受けられないこともあります。そこで、労働者あるいは遺族は、不法行為責任や債務不履行責任（安全配慮義務違反）で損害賠償を請求することができます。

使用者の損害賠償責任

債務不履行に基づく責任損害賠償責任（安全配慮義務違反）

使用者は、労働者が安全に働ける環境を整備する「安全配慮義務」を負っている（労契法５条）。そのため、企業が安全配慮義務を怠ったことが理由で労災が発生した場合、労働者は会社の安全配慮義務違反に基づき、債務不履行による損害賠償請求をすることができる(民法415条)。

不法行為責任

①一般的な不法行為責任

不法行為責任とは、故意または過失によって他人の権利を侵害した者が、それによって生じた損害を賠償する責任を負うと言う責任（民法709条）。

②使用者責任

使用者責任とは、従業員が他人に損害を発生させた場合に、使用者もその従業員と連帯して被害者に対して損害賠償の責任を負う（民法715条１項）。

使用者は「従業員の選任及び事業の監督について相当の注意を払ったこと」「相当の注意を払っても損害が生ずべき状況だったこと」を立証できれば使用者責任を免れるとされているが（民法715条１項但し書き）、実務上、会社が損害の発生を予期して予め損害発生を防止する具体的な措置を講じているようなレベルでない限り免責が認められることは難しい。

(2) 判例によって確立された安全配慮義務

昭和40年代頃までは、労働災害による損害賠償を請求する訴訟では、不法行為により請求されるのが主流だったのですが、その後安全配慮義務違反による債務不履行責任を認める判決が地方裁判所などで出されるようになりました。

そして、車両整備をしていた自衛隊員が、同僚の運転する大型自動車の後車輪で頭部を轢かれ即死した事故に関して国に安全配慮義務違反による損害賠償責任があるとされた自衛隊八戸駐屯地事件の最高裁判決（昭和50. 2. 25）によって、使用者の安全配慮義務が確立されました。

民間労働者に関しては、18歳の新入社員が勤務先の会社の宿直中に反物を盗む目的で訪れた元従業員に殺された事案で、遺族が会社に対し宿直員の身体、生命に対する安全配慮義務の違反があったとして損害賠償の支払いを求めて提訴した川義事件（最高裁三小　昭和59. 4. 10判決）で、「使用者は、……労働者が労務提供のため設置する場所、設備もしくは器具等を使用しまたは使用者の指示のもとに労務を提供する過程において、労働者の生命および身体等を危険から保護するよう配慮すべき義務（以下「安全配慮義務」という。）を負っているものと解するのが相当である。」と判断されました。その後の裁判例の多くは債務不履行責任（安全配慮義務違反）が認められるものとなっています。

自衛隊八戸駐屯地事件（最高裁一小　昭50. 2. 25判決　労働判例222号13頁）

〈事件の概要〉

1965年７月13日自衛隊八戸駐屯地の車両整備工場で車両を整備中、勤務中の自衛隊員Ａが、後進してきた同僚が運転する大型自動車の後輪に頭部を轢かれて即死した。国は、国家公務員災害補償法に基づき遺族に対して補償金として76万円の支給をしたが、それ以外の賠償は行わなかった。遺族は、補償金額が自動車事故一般における補償金に比べ、極めて少ないことに疑念を持ちながらも、国に対して損害賠償を請求することに思い至らなかった。その後、1969年になり、遺族らは初めて国に対する損害賠償を請求できることを知り、同年10月国に対して提訴した。

〈判決の内容〉

「国は、公務員に対し、国が公務遂行のために設置すべき場所、施設若しくは器具等の設置管理または公務員が国若しくは上司の指示のもとに遂行する公務の管理にあたって、公務員の生命および健康等を危険から保護するよう配慮すべき義務（以下「安全配慮義務」という）を負っているものと解すべきである。」とし、国家公務員災害補償法並びに防衛庁職員給与法の災害補償制度も国が公務員に対し安全配慮義務を負うことを当然の前提とし、この義務が尽くされたとしてもなお発生すべき公務災害に対処するために設けられたものと解される。高裁判決は、自衛隊員であったＡが特別権力関係に基づいて国のために服務していたものであるとの理由のみをもつて、安全配慮義務違反に基づく損害賠償の請求を排斥しているが、右は法令の解釈適用を誤ったものとして、高裁に差し戻した。

川義事件（最高裁三小　昭59.4.10判決　労働判例429号12頁）民間会社で、最高裁が初めて安全配慮義務を認めた事案

〈事件の概要〉

Ａは、反物、毛皮、宝石の販売等を業とするＹ社の新入社員。無職Ｂは上司から勤務態度を注意されて嫌気がさしてＹ社を退社、退社後も宿直中の元同僚らを訪ね、雑談、飲食しながら隙を見ては反物類を盗んでいた。Ｂは、1978年８月13日午後９時頃Ｙを訪れ、宿直中のＡを殺害し反物類を盗み逃走した。Ａの両親は、Ｙに対し損害賠償の請求をした。

〈判決の要旨〉

会社が、夜間も社屋に高価な反物等を多数開放的に陳列保管していながら、社屋の夜間の出入口にのぞき窓やインターホンを設けていないため、宿直員はくぐり戸を開けなければ来訪者の確認が困難であり、そのため来訪者が押し入ることができる状態となり、これを利用して盗賊が侵入し宿直員に危害を加えることのあるのを予見しえたにもかかわらず、のぞき窓、インターホン、防犯チェーン等の盗賊防止のための物的設備を施さず、また、宿直員を新入社員１人としないで適宜増員する等の措置を講じなかったなどのような事実関係がある場合において、１人宿直を命ぜられた新入社員が勤務中にくぐり戸から押し入った盗賊に殺害されたときは、会社は安全配慮義務に違背したものとして損害賠償責任を負うというべきである。

(3) 精神衛生面についても安全配慮義務を負うことへと発展

安全配慮義務の内容は、薬品や重機などの危険・有害な職場で、生命・身体への物理的な危害を中心としていたのですが、安全から健康へと移り、また、健康の中でも典型的な職業病から作業関連疾患へとその課題は広がってきています。

電通事件（最高裁二小　平12.3.24判決　労働判例779号13頁）で、最高裁は「事業者が労働者に対してその従事すべき業務を定めて従事させているに際し、その業務の量と質を適正に把握して管理し、当該業務の遂行にともなう疲労や心理的負荷等が過度に蓄積して労働者の心身の健康を損なうことが

ないよう注意する義務」として、精神衛生面についても安全配慮義務を負うことを明らかにしました。

電通事件の最高裁判決は、①業務と過労自殺との間の因果関係を最高裁が初めて認めたこと、②労働者のメンタルヘルス不全が企業の安全配慮義務の対象となることが認められたことの二つの点において、重要な意味をもっています。

電通事件（最高裁二小　平12.3.24判決　労働判例779号13頁）

〈事件の概要〉

労働者Aは1990年４月に電通に入社。ラジオ局に配属され企画立案などの業務に携わっていたが、常軌を逸する長時間労働（推定約3,000時間/年）が続いた結果うつ病に罹患し、1991年８月自宅で自殺した。会社は労働時間の記録を取っていなかった。両親が1993年に東京地裁に提訴。一審・二審とも会社の責任を認めたが、二審では両親にも落ち度があったとして賠償額を３割減額した。

最高裁では「会社側には長時間労働と健康状態の悪化を認識しながら負担軽減措置（安全配慮義務）を取らなかった過失がある」として、東京高裁に差戻した。東京高裁で、2000年６月に和解が成立した。和解内容：（１）会社は遺族（両親）に謝罪するとともに、社内の再発防止策を徹底する。（２）会社は一審判決が命じた賠償額（１億2600万円）に遅延損害金を加算した合計１億6800万円を遺族に支払う。

〈判決要旨〉

1　大手広告代理店に勤務する労働者Aが長時間の残業を行う状態を１年余り継続した後にうつ病にり患し自殺した場合において、Aは、業務を所定の期限までに完了させるべきものとする一般的、包括的な指揮または命令の下にその遂行に当たっていたため、継続的に長時間にわたる残業を行わざるを得ない状態になっていたものであって、Aの上司は、Aが業務遂行のために徹夜までする状態にあることを認識し、健康状態が悪化していることに気付いていながら、Aに対して業務を所定の期限内に遂行すべきことを前提に時間の配分につき指導を行ったのみで、その業務の量等を適切に調整するための措置を採らず、その結果、Aは心身共に疲労困ぱいした状態となり、それが誘引となってうつ病にり患、うつ状態が深まって衝動的、突発的に自殺するに至ったなど判示の事情の下においては、使用者は民法715条に基づきAの死亡による損害を賠償する責任を負う。

2　業務の負担が過重であることを原因として労働者の心身に生じた損害の発生または拡大に労働者の性格およびこれに基づく業務遂行の態様等が寄与した場合において、性格が同種の業務に従事する労働者の個性の多様さとして通常想定される範囲を外れるものでないときは、使用者が賠償すべき額を決定するに当たり、性格等を民法722条２項の類推適用により労働者の心因的要因として斟酌することはできない。

3　安全配慮義務とは何か

（1）安全配慮義務

安全配慮義務とは、「労務の提供にあたって、労働者の生命・健康等を危険から保護するよう配慮すべき使用者の義務」をいい、労働契約を締結すれば契約に付随して当然に発生する使用者の義務です。

業務上の災害等による被災労働者やその遺族が損害賠償を請求して裁判を提起し、それらの判例によって確立した義務です。現在は、労働契約法５条に、「使用者は、労働契約に伴い、労働者がその生命、身体等の安全を確保しつつ労働することができるよう、必要な配慮をするものとする。」と明記されています。

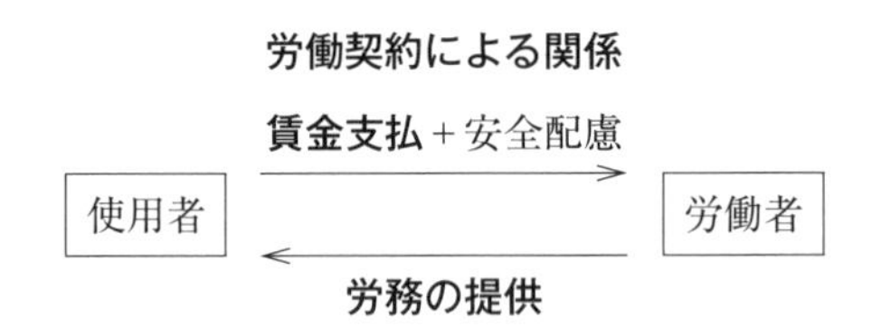

（2）安全配慮義務違反による損害賠償責任の要件

後述（３）以下の義務違反があることの他に、以下のア、イ、ウの要件がある場合に、使用者は損害賠償義務を負うことになります。

ア　損害と業務との因果関係

労働者の負傷や死亡と業務との間に因果関係がなければ、それらの損害を防止すべき安全配慮義務はありません。はさまれ、巻き込まれ、墜落などの物理的な災害の場合には、損害と業務の間に因果関係があるか否かは通常はっきりしています。

しかし、腰痛、脳血管疾患、虚血性心疾患など、業務とは必ずしも関係なく発症する疾病については、それらの疾病が業務によって生じたものか否かの判断は難しく問題となるところです。

イ　予見可能性

労働災害の発生を防止するためには、災害発生の可能性があるかを事前に予見しなければなりません。予見できるのに予見しなかったときに、予見義務違反として、安全配慮義務違反を問われます。

ウ　結果回避義務

労働災害の発生の可能性を予見することができても、それに対して有効な対策を講ずることが無かった場合や、不十分な対策しか講じなかった場合には、結果回避義務を果たしていなかったとして、安全配慮義務違反を問われることになります。

(3) 安全配慮義務の具体的内容

後述(４)による労働安全衛生関係法令などによる基準に基づく安全配慮義務の具体的内容について、裁判例を分析すると以下のアからエのように分類されています。

ア　事故・災害の場合

① 物的設備の設置義務などの物的環境を整備する義務
② 安全監視員の配置をするなどの人的設備を適切に行う義務
③ 安全教育・適切な業務指示の義務
④ 履行補助者によって適切な整備・運転・操縦等をさせる義務

イ　職業性疾病の場合

①　疾病・死亡の防止段階

　有害な化学物質排出の抑制などの作業環境整備、局所排気装置等の衛生設備の設置、保護具の装着、安全衛生教育の実施、健康診断の実施、作業環境測定の実施

②　疾病増悪の回避段階

　健康診断結果の労働者への告知、医師の意見聴取、作業軽減

ウ　過重労働に起因する疾病・死亡の場合など

①　労働時間、業務状況の把握義務

②　健康診断の実施や日常の観察に基づく心身の健康状態の把握義務

③　休憩時間、休日、休憩場所等について適正な労働条件の確保義務

④　労働者の年齢、健康状態等に応じて従事する作業時間および内容の軽減、就労場所の変更等適切な措置義務

⑤　疾病増悪の回避段階

　健康診断結果の労働者への告知、医師の意見聴取、作業軽減

(4) 安全配慮義務の内容の基準

ア　安全配慮義務と労働安全衛生関係法令

　労働災害や職業性疾病、いわゆる過労死・過労自殺の発生を回避するために、使用者がどのような対策を行うべきであったかが、裁判においては最も重要になっています。行われるべき具体的対策、すなわち安全配慮義務の具体的内容は一律に決められるものではなく、前掲川義事件最高裁判決で示されているように、労働者の職種、労務内容、労務提供場所等安全配慮義務が問題となる当該具体的状況等に応じて、労働者に必要な配慮をすることが求められています。

　裁判例では、使用者の安全配慮義務違反を判断するにあたって、労働安全衛生関係法令が義務の内容となると解されたり、義務違反の判断にあたって考慮されるという例は少なくありません。したがって、労働安全衛生関係法令は行政取締法規ですが、その規定は安全配慮義務の具体的内容となります。労働安全衛生法の規定には、罰則を伴わない努力義務規定も少なくありませんが、それらも基準となります。

イ　ガイドライン等と安全配慮義務

安全配慮義務の履行は法令遵守だけでは足りず、安全衛生に関する告示、指針、行政通達等を守ることが求められます。例えば、「過重労働による健康障害防止のための総合対策」（平18.3.17　基発0317008）で示された「過重労働による健康障害を防止するため事業者が講ずべき措置」なども法律に次いで安全配慮義務の内容を決める基準となります。

ウ　社内の安全衛生管理規程や作業手順の遵守

労働安全衛生関係法令やガイドライン等に従っていても十分ではなく、社内の安全衛生管理規程や作業手順の遵守も要求されています。

エ　労働災害の可能性の予見

職場の業務内容、機械・設備等の具体的状況に応じて労働災害の発生を防止するため、どこに、どの程度の危険があるかを予知、予見し、労働災害の可能性すなわち危険に対する対策を講ずることが求められます。危険予知訓練やリスクアセスメントも安全配慮義務の具体的な内容となるものです。

《実務のポイント～安全配慮義務を果たすために何をすればいいのか》

「使用者の右の安全配慮義務の具体的内容は、労働者の職種、労務内容、労務提供場所等安全配慮義務が問題となる当該具体的状況等によって異なるべきものであることはいうまでもない」（川義事件　最高裁三小　昭59.4.10判決）。

①　労働基準法、労働安全衛生関係法令を守る
②　労働基準法、安全衛生に関する公示、告示、指針、行政通達等を守る
③　社内安全衛生管理規程や作業手順を守る
④　労働災害発生の可能性があるかを事前に発見し、その可能性すなわち危険に対する対策を講ずること
　危険予知訓練、リスクアセスメントなど

（5）労働契約関係にない当事者間における安全配慮義務

安全配慮義務は、前掲陸上自衛隊八戸駐屯地事件最高裁判決で、「ある法

律関係に基づいて特別な社会的接触関係に入った当事者間において、その法律の付随義務として信義則上負う義務」と判示され、必ずしも労働契約関係に限定されていません。したがって、以下のように労働契約関係にない当事者間でも、安全配慮義務違反が認められています。

ア　下請の労働者に対する元請企業の安全配慮義務

三菱重工業神戸造船所事件では、元請企業の管理する設備、工具等を用い、事実上元請企業の指揮、監督を受けて稼働し、その作業内容も元請企業の従業員とほとんど同じであったなど原判示の事実関係の下においては、元請企業は、信義則上、右労働者に対し安全配慮義務を負うとしています。

三菱重工業神戸造船所事件（最高裁　平3.4.11判決　労働判例590号14頁）。

（構内請負企業の労働者の騒音性難聴と発注元企業の責任）

三菱重工（上告人）神戸造船所の下請労働者（社外工）として、ハンマー打ち作業等に従事していた労働者ら（18名）が罹患した聴力障害（難聴）につき、右労働者ないし遺族が、三菱重工に対して、安全配慮義務違反を理由とする損害賠償の支払いを求めたもの。下請企業の労働者が元請企業の作業場で労務の提供をするに当たり、元請企業の管理する設備、工具等を用い、事実上元請企業の指揮、監督を受けて稼働し、その作業内容も元請企業の従業員とほとんど同じであったなど原判示の事実関係の下においては、元請企業は、信義則上、右労働者に対し安全配慮義務を負うとして、元請企業の下請企業の労働者に対する安全配慮義務が認められた。

Q18－1　職場巡視のときに、工場の一角で、接着作業を局所排気装置などのない場所で作業している労働者をみかけました。あの労働者は、当社の社員ではなく、場所を貸しているだけで、当社とは関係ないと言われましたが、何もしなくていいのでしょうか。（産業医）

A　請負業者の労働者であっても、元請けは作業環境について配慮しなければなりません。製造業その他政令で定める業種に属する事業（特定事業を除く。）の元方事業者は、その労働者および関係請負人の労働者の作業が同一の場所において行われることによって生ずる労働災害を防止するため、作業間の連絡および調整を行うことに関する措置その他必要な措置を講じなければなりません。（安衛法30条の２）。

安全配慮義務とは、「ある法律関係に基づいて特別な社会的接触の関係に入った当事者間における義務」とされ、必ずしも雇用契約関係を必要としません（自衛隊八戸駐屯地事件　最高裁一小　昭50.2.25判決）。元請人と下請人の被用者という立場に立ち、しかも労務提供の場で、「指揮監督」「使用従属」の関係の実態を備えていることが認められれば、元請会社は下請会社の労働者に対して安全配慮義務を負うと最高裁が判断しています（三菱重工業神戸造船所事件　最高裁　平3.4.11判決）

イ　子会社の労働者に対する親会社の安全配慮義務

平和石綿工業事件では、４割の株式所有、取締役、工場長の派遣の事実から、親会社としての実質的支配により子会社の従業員との間に雇傭関係に準ずる労務指揮権に関する法律関係が成立していたとして、安全配慮義務違反による債務不履行責任を認めています。

平和石綿工業事件（長野地裁　昭61.6.27判決　労働判例478号53頁）

石綿粉じん作業に従事してきた労働者およびその遺族がじん肺（石綿肺）に罹患したことについて、使用者、その親会社を相手として安全配慮義務違反を理由に、国を相手として、監督義務違反を理由に、損害賠償を請求したものであるが、判決は使用者に関しては全面的に、最大の取引先であった親会社については、４割の株式所有、取締役、工場長の派遣の事実から、親会社としての実質的支配により子会社の従業員との間に雇傭関係に準ずる労務指揮権に関する法律関係が成立していたとして、安全配慮義務違反による債務不履行責任を認め、慰藉料の支払いを命じたが、じん肺の発生につき、国の監督機関の労働法規上の監督権限の不行使の違法があったとはいえないとして、国家賠償法１条１項の責任を否定し、国に対する関係の請求は棄却した。

ウ　派遣労働者と派遣先企業

アテスト（ニコン熊谷製作所）事件（第16章　派遣・請負参照）では、派遣元（契約上は下請となっていた。）は、派遣労働者の使用者として当該労働者の死亡による損害を賠償する責任を負い、また派遣先（契約上は元請となっていた。）には、同人の死亡につき不法行為が成立するからこれによる損害を賠償する責任を負うとされ、また、民法719条１項（使用者責任）の場合に当たり、派遣元と派遣先は連帯して責任を負うとされました。

エ　傭車運転手に対する元請運送会社に安全配慮義務

注文主と請負人との間で締結される請負契約では、労働契約ではないので直ちに安全配慮義務を負うものではありません。しかし、和歌の海運送事件のように、注文主が「指図」を越えて、「指揮命令」をすることにより、「特別な社会的接触関係にある」と認められたときは、注文主は安全配慮義務を負う場合もあります。

和歌の海運送事件（和歌山地裁　平16.2.9判決　労働判例874号64頁）

原告は、昭和54年１月ころから被告運送会社（運転手約60人）において、自己の所有・管理に属する普通貨物自動車を使用して鮮魚の運送業務に従事する傭車運転手で、労働者ではなかった。傭車運転手に運送会社の指揮監督の下に労務を提供する関係が認められ、雇用契約に準じるような使用従属関係があった場合には、運送会社には、傭車運転手の労働時間、休日の取得状況等について適切な労働条件を確保し、その労働状態を把握して健康管理を行い、健康状態等に応じて労働時間を軽減するなどの措置を講じるべき安全配慮義務があるとされた。その上で、傭車運転手が発症した脳内出血と脳梗塞の発症には、運送会社の業務と相当因果関係があるとされた。安全配慮義務違反による損害として、逸失利益、慰謝料等の合計6,887万余円が認容された。

オ　出向労働者に対する出向先の安全配慮義務違反

オタフクソース・石本食品事件では、出向元は雇用主として、出向先は被災労働者に対して実質的な指揮命令権を有する者として、労働者に対して一般的に安全配慮義務を負っていると解されました。被告らはそれぞれに要求された安全配慮義務を怠った過失により、労働契約上の債務不履行責任（民法415条）および不法行為責任（同法709条、715条、719条）を負っており、労働者が被った損害について損害を賠償する義務があるとされました。

オタフクソース・石本食品事件（広島地裁　平12.5.18判決　労働判例783号15頁）

入社半年後にオタフクソースの一製造部門であり、取締役の大部分はオタフクソースの取締役でもあり、従業員も頻繁に流動している石本食品に転籍し、ソースの製造業務に従事することとなったが、高温の作業環境で過密かつ長時間労働を余儀なくされ心身の負担が増大し、また人的環境の変化に伴い部門リーダーとしての責任や同僚の働きぶりの悪さ等の打開策について悩み、うつ病に罹患し（たとされ）、自殺した労働者の死亡について、オタフクソースと石本食品の安全配慮義務違反に対する損害賠償請求が認容された。

Q18−2　民事上の損害賠償請求をして、認められた場合、労災保険の給付と損害賠償と二重にもらえるのでしょうか。

A　損害賠償額から労災補償給付は控除されます。労災の特別給付については控除されません。

労災保険による傷病補償年金などの年金については、既給付分のみ民事損害賠償から控除でき、将来の年金給付は控除できないと最高裁により判示されました（三共自動車整備工場事件　最高裁　昭52.12.25判決）。

その後、労災保険法64条では以下のように改正されています。

事業主が有責者である場合において、障害（補償）年金または遺族（補償）年金の受給権者（前払一時金を請求することができる者に限る）が、同一の事由について事業主からこれらの年金給付に相当する民事損害賠償を受けることができるときは、事業主は、年金給付の受給権が消滅するまでの間は前払一時金の最高限度額の範囲内で、履行を請求されたとしても損害賠償の履行をしないことができる（履行猶予）。そして履行猶予された場合において受給権者に労災保険から年金または一時金が支給されたときは、事業主はその支給額の範囲内で損害賠償の責めを免れる（免責）。

角森洋子（かくもりようこ）　プロフィール

資　格：特定社会保険労務士、労働衛生コンサルタント
役職等：兵庫産業保健総合支援センター法令担当相談員
職　歴：1977年に労働基準監督官として労働省(当時)入省、
東京、兵庫、石川、富山の労働基準監督署勤務。
2000年に社会保険労務士として開業、現在は兵庫県神戸市で社労士事務所「神戸元町労務管理サポート」を運営
著　書　「改訂　労働基準監督署への対応と職場改善」労働調査会
「監督署は怖くない！労務管理の要点」労働調査会
「わかりやすい労働安全衛生管理」経営書院
「逐条解説労働基準法」経営書院
分担執筆「新・労働法実務相談　第３版」労務行政研究所

参考文献

「安衛法便覧　令和５年度版　Ⅰ、Ⅱ、Ⅲ」労働調査会　2020年
「労働衛生のしおり　令和５年度」中央労働災害防止協会　2020年
「令和２年度版　労働衛生のハンドブック」東京産業保健総合支援センター　2020年
「産業歯科保健マニュアル」兵庫県歯科医師会
「職域健康診断　問診・診察マニュアル　改訂第２版」産業医科大学産業医実務研修センター
「安全衛生委員会の進め方、活かし方」中央労働災害防止協会　2014年
「リフレッシュ安全衛生委員会　事例にみるキーポイント」」中央労働災害防止協会　2008年
土田道夫「労働契約法　第２版」有斐閣　2016年
安西愈「裁判例に見る安全配慮義務の実務」中央労働災害防止協会　2003年
「労働判例」産労総合研究所

参考サイト（主なもの）

安全衛生情報センター　法令改正一覧
https://www.jaish.gr.jp/information/horei.html

安全衛生情報センター　通達一覧

https://www.jaish.gr.jp/user/anzen/hor/tsutatsu_s40.html

厚生労働省法令等データベースサービス―通知検索―

https://www.mhlw.go.jp/hourei/html/tsuchi/contents.html

厚生労働省　職場のあんぜんサイト

https://anzeninfo.mhlw.go.jp/

厚生労働省HP　リスクアセスメント等関連資料・教材一覧

http://www.mhlw.go.jp/bunya/roudoukijun/anzeneisei14/index.html

個人情報の保護に関する法律についてのガイドライン（通則編）

https://www.ppc.go.jp/personalinfo/legal/2009_guidelines_tsusoku/

明るい職場応援団……ハラスメント裁判事例、他社の取組などハラスメント対策の総合情報サイト

https://www.no-harassment.mhlw.go.jp/

改訂3版　わかりやすい労働衛生管理

2015年３月29日　第１版第１刷発行
2021年９月16日　第２版第１刷発行
2022年９月23日　第２版第２刷発行
2023年９月１日　第２版第３刷発行
2024年５月21日　第３版第１刷発行

著　者　角　森　洋　子
発行者　平　　　盛　之

㈱産労総合研究所
発行所　出版部　経営書院

〒100-0014
東京都千代田区永田町１-11-１　三宅坂ビル
電話　03(5860)9799　https://www.e-sanro.net

印刷・製本　勝美印刷

ISBN 978-4-86326-373-4 C2032